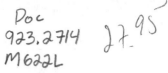

YVES M.
UN DIABLE D'HOMME !
de Jacques Lanctôt
est le mille quinzième ouvrage
publié chez VLB éditeur.

VLB ÉDITEUR
Groupe Ville-Marie Littérature inc.
Une société de Québecor Média
1010, rue de La Gauchetière Est
Montréal (Québec) H2L 2N5
Tél.: 514 523-1182
Téléc.: 514 282-7530
Courriel: vml@groupevml.com

Vice-président à l'édition: Martin Balthazar

Directeur littéraire: Alain-Nicolas Renaud
Design de la couverture: Julien Del Busso
Photo de couverture: Jules Rochon, Archives nationales du Québec à Québec (détail).

Catalogage avant publication de Bibliothèque et Archives
nationales du Québec et Bibliothèque et Archives Canada

Lanctôt, Jacques, 1945-
    Yves Michaud: un diable d'homme!
    Comprend un index
    ISBN 978-2-89649-459-0
    1. Michaud, Yves, 1930-   . 2. Québec (Province) - Politique et gouvernement - 1960-1976.
3. Québec (Province) - Politique et gouvernement - 1976-1985. 4. Hommes politiques -
Québec (Province) - Biographies. 5. Journalistes - Québec (Province) - Biographies. I. Titre.
FC2925.1.M52L36 2013   971.4'04092   C2013-942080-0

DISTRIBUTEUR:
LES MESSAGERIES ADP*
2315, rue de la Province
Longueuil (Québec) J4G 1G4
Tél.: 450 640-1237
Téléc.: 450 674-6237
*filiale du Groupe Sogides inc;
  filiale de Québecor Média inc.

Pour en savoir davantage sur nos publications,
visitez notre site: editionsvlb.com
Autres sites à visiter: editionshexagone.com • editionstypo.com

Dépôt légal: 4e trimestre 2013
Bibliothèque et Archives nationales du Québec, 2013
Bibliothèque et Archives Canada

VLB éditeur bénéficie du soutien de la Société de développement des entreprises culturelles du
Québec (SODEC) pour son programme d'édition.
Gouvernement du Québec – Programme de crédit d'impôt pour l'édition de livres – Gestion SODEC.
Nous reconnaissons l'aide financière du gouvernement du Canada par l'entremise du Fonds du livre du
Canada pour nos activités d'édition.
Nous remercions le Conseil des arts du Canada de l'aide accordée à notre programme de publication.

YVES MICHAUD

Jacques Lanctôt

Yves Michaud
Un diable d'homme!

Préface de
Pierre Karl Péladeau

vlb éditeur
Une société de Québecor Média

« La vie est une pièce de théâtre qui ne permet pas d'essais...
Alors, chante, ris, danse, pleure et vis chaque moment
avant que le rideau ne tombe. »

CHARLIE CHAPLIN

Préface

La vie d'Yves Michaud se confond avec l'histoire contemporaine du Québec. Comme beaucoup de ses concitoyens, il a grandi et s'est ouvert sur le monde avec son pays, et il s'est efforcé de s'acquitter de cette dette en travaillant à le rendre plus fort et plus libre. Il est d'une génération de politiciens québécois qui avançaient sans peur et avaient une volonté exacerbée d'affirmation; ils n'ont pas foncé sans réfléchir, mais, une fois assurés du bien-fondé et de la légitimité démocratique de leurs orientations, ils ont agi résolument. C'est ainsi qu'ils ont su donner une véritable direction au Québec.

La presse écrite a été une école pour beaucoup de politiciens d'ici. La Révolution tranquille a commencé à s'écrire dans les pages de nos journaux, et Yves Michaud a été de ceux qui se sont fait, plume en main, l'écho des demandes politiques, culturelles et linguistiques de tout un peuple. Je suis évidemment spécialement sensible au récit de ce volet de son histoire. On mesure le chemin parcouru: celui qui avait commencé sa carrière dans les journaux de T. D. Bouchard l'a poursuivie jusqu'aux années du *Jour*, le journal engagé pour l'indépendance qu'il a fondé avec René Lévesque et Jacques Parizeau. Michaud, en fait, n'a jamais cessé d'avoir l'âme d'un journaliste. Il est curieux, inquisiteur, et toujours avide de partager ses découvertes avec le public.

Le passage à la politique active s'est fait tout naturellement. Yves Michaud a été député libéral quand ce parti défendait mieux qu'aucun autre l'avenir du Québec. Il s'est battu bec et ongles pour sa langue, entre autres en s'opposant à la loi 63 en brisant la ligne de parti dans un « *filibuster* » légendaire. Son engagement aux côtés de son ami René Lévesque coulait aussi de source. Durant toutes ses années au Parti Québécois, il semble avoir eu le souci premier de servir là où le besoin s'en faisait le plus sentir. Ses talents d'organisateur et son étonnante capacité d'adaptation ont eu tôt fait, à chaque fois, de le rendre indispensable.

Les années passées à la tête de la Délégation du Québec à Paris ont compté parmi les plus marquantes de sa carrière. De 1979 à 1984, il a été la tête de pont du réseautage du Québec en France. La reconnaissance de l'État du Québec passe par la diplomatie, et la France est une pièce maîtresse de cet édifice. Dans les années tumultueuses qui ont été, entre autres, celles du premier référendum sur la souveraineté, le délégué du Québec est parvenu à établir des liens avec toute la classe politique française, du Parti communiste au RPR, en passant, bien entendu, par le Parti socialiste du président Mitterrand. Comme en toutes choses, le facteur humain a beaucoup joué : la culture, la verve et le sens de l'accueil de Michaud, tout comme son immense pouvoir de séduction, l'ont aidé à attirer des soutiens indéfectibles aux causes qu'il défendait. C'était vrai à Paris, et ce le fut aussi à la direction du Palais des Congrès de Montréal.

Un homme public doit-il être forcément un ermite ou un ascète ? Il faut croire que non. Difficile de parler d'Yves Michaud sans évoquer son esprit de camaraderie et son amour de la bonne chère et, bien sûr, du bon vin, que j'ai eu le privilège de partager avec sa merveilleuse épouse Monique. Il a su profiter pleinement des plaisirs de la vie

sans jamais profiter des autres – et surtout pas de ses compatriotes. Il est la preuve vivante qu'on peut à la fois avoir
du goût et rester un homme simple et attachant.

Dans toute vie politique, il y a des blessures, et la plus
douloureuse qu'a reçue Yves Michaud lui a été infligée par
la plus haute institution démocratique de son pays. La motion de blâme votée contre lui par l'Assemblée nationale, au
mépris des règles élémentaires de la justice, l'a meurtri dans
son honneur, et il n'aura pas de repos tant que l'on n'aura
pas pleinement restauré son intégrité. Ceux qui connaissent
sa ténacité ne douteront pas qu'il arrivera à ses fins.

Michaud a été un journaliste, un militant, un homme
politique, un diplomate et un entrepreneur. Il a aussi été un
citoyen engagé. Sa défense des petits actionnaires et sa lutte
pour la transparence des institutions financières sont le
combat d'un homme libre.

Il n'y a pas qu'une manière de faire de la politique, et
celle d'Yves Michaud est toute à lui. « C'est un personnage »,
comme on dit, et, oui, un diable d'homme, si on croit que
l'opiniâtreté, le sens de l'initiative, le charme et un certain
esprit frondeur sentent le souffre.

PIERRE KARL PÉLADEAU

Portrait d'Yves Michaud comme par lui-même

Je vis depuis soixante-deux ans avec la même femme, Monique Morissette, et, depuis près de soixante ans, nous habitons à Montréal le quartier Snowdon, à l'ouest de Côte-des-Neiges et à la frontière de Côte-Saint-Luc, un quartier que je qualifierais de cossu. Je suis donc un modèle de sédentarité. Pourtant, comme ceux de Félix Leclerc, « mes souliers ont beaucoup voyagé ».

J'aime séduire mais je déteste être conquis. Mon père me disait souvent, en rigolant : « Aime-les toutes mais garde-toi de n'en aimer qu'une seule. » Manifestement, je n'ai pas suivi son conseil, même si... En fait, avec les femmes que j'ai connues, il y a toujours eu un pacte tacite de non-belligérance ; je ne peux en dire autant de mes rapports avec les hommes. Loin de moi l'idée de jouer les victimes : je n'ai rien d'un martyr. N'empêche, on m'a souvent pris pour cible. On m'a traité de tous les noms, on a ridiculisé ma petite taille, ma façon de m'exprimer « à la française », mon amitié avec René Lévesque – on m'accusait de m'en servir à des fins personnelles – ou encore mon côté soi-disant flamboyant. Étant devenu très tôt un homme public et n'ayant jamais toléré les chaperons, il a fallu que j'apprenne rapidement à essuyer, seul, les tirs ennemis et à me construire une carapace. Cette armure, cependant, n'est pas à l'épreuve de la calomnie. Heureusement, Monique a toujours été à mes côtés pour m'empêcher de commettre un acte irréparable.

J'ai exercé trois grands métiers dans ma vie. J'ai été journaliste pendant 25 ans, maniant les mots avec plaisir, puis homme politique et, finalement, ambassadeur du Québec en France. Le journalisme m'a appris à aimer les hommes, la politique, à m'en méfier, et la diplomatie, à en rire. Mes idées ont évolué au rythme du Québec, je ne m'en cache pas. Mais j'ai toujours nourri une seule ambition, immense, celle de transformer en profondeur le Québec, aux côtés de tous les autres rêveurs de la Révolution tranquille, cette onde de choc qui a fait entrer notre pays en devenir dans la modernité. Comme tous ceux de ma génération, j'ai aussi été le témoin des événements bouleversants du xxᵉ siècle. Cela ne fait pas de moi un être exceptionnel, mais je ne serais certainement pas celui que je suis aujourd'hui si je n'avais pas connu ces moments historiques qui ont façonné, pour le meilleur et pour le pire, l'humanité.

J'aurais pu être le candidat idéal à la morne vie, à une vie de banlieusard dont la principale activité consiste à tondre sa pelouse et à vérifier la qualité de l'eau de sa piscine. Heureusement, il n'en a rien été. J'ai fait mienne cette citation : « Si vous pensez que l'aventure est dangereuse, je vous propose d'essayer la routine... Elle est mortelle. » Je suis tout le contraire de ce qu'on peut penser de moi à première vue. Ni pédant, ni prétentieux, ni ambitieux. Toujours sur la brèche et vivant pour les autres. Aujourd'hui octogénaire, je me sens une soif de vivre égale à celle que j'avais à vingt ans. Et j'aime

me rappeler cette comptine qu'on nous apprenait tout jeune,
bien avant la Chanson de Roland, et qui nous venait du vil-
lage voisin de Saint-Denis-sur-Richelieu :

Saint-Denis, près des grands bois
Un soir d'orage et de bataille
Je mis pour la première fois
Mon chapeau d'paille
Sans égard pour mon beau chapeau
Contre les Anglais la canaille
Nous nous battîmes sans repos
En chapeau d'paille

On me dit inventif, créatif, impulsif et on me reproche
parfois de préférer les coups d'éclat au patient travail de
terrain. Pourtant, je n'hésite jamais à mettre la main à la
pâte pour obtenir ce que je veux. Il ne se passe pas une jour-
née sans qu'on ne me consulte, ou qu'on ne m'invite à parta-
ger mon expérience ou à prodiguer quelques conseils à des
retraités désabusés comme à des étudiants curieux et indi-
gnés, pour qui je suis le «vieux révolté», «l'idéaliste impéni-
tent», le «cow-boy désinvolte», «le patriote résistant» ou
encore «le Robin des banques». Je suis un brin vaniteux, on
l'aura deviné. Je ne déteste pas, à l'occasion – non pas pour
épater la galerie mais plutôt pour me rassurer sur les capa-
cités encore vives de ma mémoire, à laquelle on prédit le
pire des destins –, réciter quelques phrases en latin et en
grec, apprises il y a soixante ans. «Timeo danaos et dona
ferentes... » : à mon âge, plus que jamais, je crains les cadeaux
et ceux qui les donnent.

J'ai refusé au fil des ans plusieurs invitations de la part
d'éditeurs qui me disaient que ma biographie constituerait
un sujet d'intérêt public. Mais cette fois-ci, j'ai pensé que

l'occasion était bonne de publier mes souvenirs, ou plutôt une histoire de ma vie, celle d'un octogénaire qui avoue, à l'instar de Pablo Neruda, qu'il a vécu. J'ai donc accepté l'offre d'un éditeur qui mettait à ma disposition un biographe qui, ma foi, s'il n'est pas chevronné, a, à tout le moins, la qualité de connaître intimement le climat politique dans lequel j'ai baigné pendant une bonne partie de ma vie. Même si je ne suis pas homme à me raconter et à me livrer facilement, je souhaite n'exprimer que la vérité. Mais je sais aussi combien on peut mentir ou exagérer en ne disant que des choses exactes. Ce sera à mon biographe de trancher et je lui donne carte blanche.

En dépit des apparences d'une vie bourgeoise, je n'ai pas accumulé une fortune personnelle, ayant refusé de rejoindre les rangs des cumulards de l'État. Il faut dire que j'ai brassé la cage plus d'une fois à plusieurs étapes de ma vie et que je continue à le faire, n'en déplaise à certains banquiers et aux milliers de parasites qui profitent des largesses d'un État qui a perdu la boussole. On me salue toujours dans la rue comme le Robin des banques, un surnom que je n'ai pas cherché mais qui me touche au plus haut point aujourd'hui.

Je suis homme de peu de biens mais prodigue de ma parole. Je suis sans doute le seul à avoir été l'ami intime de trois premiers ministres : Robert Bourassa, René Lévesque et Jacques Parizeau, sans parler de Jean Lesage, le père de la Révolution tranquille, avec qui je ne dédaignais pas prendre langue sur des sujets d'intérêt commun. « Cela nous fait une belle jambe ! » dira-t-on, mais tout de même, ces amitiés pourraient faire l'objet d'un livre à part.

Je ne suis pas du genre à pratiquer l'escrime de salon, avec un petit bouchon de liège épinglé au bout du fleuret. En fait, je me considère comme un dérangeur (d'aucuns diraient un emm...) face à tous ceux qui ne comprennent rien à notre façon de vivre, de travailler, d'aimer, de rêver, d'entreprendre et de bâtir notre avenir commun. Je ne reposerai en paix que le jour où je réaliserai qu'autour de moi il n'y a plus d'injustice. Bien sûr, c'est un rêve, puisque, comme disait ma grand-mère, il faut de tout pour faire un monde, y compris, donc, des profiteurs. Mais je mise sur le sens critique de plus en plus développé de mes concitoyens qui acceptent de moins en moins facilement de s'en faire passer une vite. Le printemps érable de 2012 a bien fait la preuve que la patience de la population a des limites et qu'elle a encore la capacité de s'indigner devant l'injustice.

Malgré mon âge avancé, je joue au tennis plusieurs fois par semaine quand le temps le permet, et mon service donne encore du fil à retordre à mes adversaires. Je suis d'ailleurs président honoraire du club de tennis Notre-Dame-de-Grâce. C'est aussi une façon pour moi de garder la forme pour les combats que je mène et pour ceux qui viendront.

Je n'ai jamais voulu donner un sens à ma vie, c'est la vie, en somme, qui a donné un sens à mon existence. «L'esprit souffle où il veut», et bien malin celui qui aurait pu prédire mon destin. Il n'a eu d'autre fil conducteur qu'une capacité de révolte permanente devant les injustices. Depuis mes premiers coups de gueule dans La Voix de l'Est *et dans* La Pensée de Bagot, *je suis toujours allé contre le grain. Toujours, j'ai été minoritaire, indocile et casse-cou. Toujours indigné, pour reprendre encore ce mot à la mode.*

Le combat contre la bêtise est sans fin, je le sais bien. Une des dernières manifestations de la sottise des puissants à m'avoir frappé se cache dans les images de cette fête privée organisée au château de M. Desmarais, à Sagard, où l'on vit quelques personnages, dont d'ex-premiers ministres du Québec et du Canada, s'afficher avec leurs décorations et autres médailles d'honneur remises par la France, alors que celles-ci ne doivent être arborées qu'à l'occasion de cérémonies officielles et non dans le cadre de fêtes privées. Tant d'outre-cuidance et de vanité me découragent. La vie en vase clos sécrète du vide, prédispose au conformisme le plus étriqué, et le luxe assoupit manifestement l'intelligence.

Le temps presse, la patrie est en danger – je l'ai affirmé maintes et maintes fois – et il faut agir avant que nous ne soyons obligés de planter nos racines dans le ciel, pour paraphraser l'écrivain roumain Gheorghiu, faute d'un vrai pays qui nous appartienne. En autant que nous ayons encore le goût de faire de grandes choses ensemble. «Partout où il y a des patries, disait Jean Jaurès, c'est-à-dire des groupes historiques ayant conscience de leur continuité et de leur unité, toute atteinte à l'intégrité et à la liberté de ces patries est un attentat contre la civilisation. » La patrie québécoise a quatre siècles d'enracinement. Elle est là, je le souhaite, pour durer, tenir, grandir et prospérer au rythme de son génie et de l'extraordinaire capacité de résistance à l'assimilation dont elle a su faire preuve jusqu'à ce jour.

1
La jeunesse

Les Michaud du Québec doivent une fière chandelle à leur ancêtre, Pierre Micheau, natif de Fontenay-le-Comte, en Vendée, dans l'ouest de la France. Il est arrivé à Québec à l'âge de 19 ans, à l'été 1656, avec, pour tout bagage, un contrat de travail de trois ans. Plutôt que de devenir coureur de bois, cet engagé prévoyant choisit la sédentarité et il s'installe d'abord sur la côte de Beaupré. Peu de temps après, il déménage à l'île d'Orléans, où il fonde une famille, après avoir épousé une jeune Française arrivée deux ans avant lui en Nouvelle-France. Les Micheau déménagent ensuite à l'île aux Grues, puis à Rivière-des-Trois-Saumons, pour finalement s'installer définitivement à Kamouraska, toujours face au fleuve. Le couple aura dix enfants qui, à leur tour, auront une nombreuse descendance.

Le père d'Yves Michaud, Jean-Baptiste, est né près de Mont-Joli, en Gaspésie. Très tôt, il déménage seul à Saint-Hyacinthe, à la recherche de travail. Saint-Hyacinthe est alors une ville en pleine croissance, avec plusieurs manufactures et filatures, dont la Penman's, la Dominion Textile, la Goodyear, etc. La campagne environnante est fertile et nourrit une bonne partie de la métropole qui, elle aussi, est en pleine croissance et se remplit d'ouvriers à la recherche de travail, à la veille de la grande crise économique qui va ébranler les assises du capitalisme un peu partout dans le monde. À la campagne, les cultivateurs sont équipés pour durer et ils seront moins affectés par la crise.

En 1927, Jean-Baptiste épouse Robertha Robert, une fille de la région issue d'une famille nombreuse, dont le père est cordonnier. Le couple aura deux enfants, Robert et Yves. Après avoir exercé différents métiers, Jean-Baptiste se découvre une vocation de vendeur. Il excelle, semble-t-il, dans l'art de la placote et n'a pas son pareil pour convaincre son prochain de l'utilité d'acheter ses produits. Simple agent d'assurances pour La Mutuelle du commerce, qui assure surtout les particuliers pour les dégâts d'incendie, il gravit rapidement les échelons de cette compagnie appartenant aux puissants Saint-Germain de Saint-Hyacinthe. Robertha, une femme très minutieuse et disciplinée, ne se plaint guère des absences de son homme qui apporte toujours à la maison ce qu'il faut pour nourrir la famille. Le ménage est heureux et tout semble sourire aux Michaud, devenus de fiers Maskoutains.

Un jour, la compagnie, enchantée des résultats de Jean-Baptiste, lui offre un immense territoire qui va de Lévis à Percé, où plusieurs incendies ont ravagé des villages entiers. Pour Jean-Baptiste, c'est une consécration et un retour aux sources. Il aura désormais les coudées franches. Il s'absente alors pour de longues périodes, jusqu'à deux mois, puis revient au bercail pendant quelques semaines. Sa réputation de bon vendeur et de bon vivant résonne jusqu'à Saint-Hyacinthe. Connu entre autres pour ses virées légendaires dans les bars et les tavernes du Bas-du-Fleuve, il ne se fait jamais prier pour lever le coude. Mais cela ne l'empêche nullement de demeurer un excellent vendeur car il ne mêle jamais sa carrière d'agent d'assurances et ses loisirs. Ce sont deux mondes bien séparés et Jean-Baptiste ne perd jamais la tête tout à fait.

Yves naît le jeudi 13 février 1930 à Saint-Hyacinthe, en pleine crise économique et sociale. Ce jour-là, *La Patrie* titre à la une : « Désordre en Espagne » et « Agitation anti-soviétique à Paris ». Yves est né sous le signe de l'agitation politique, de parents qui ne craignent ni l'effort ni l'Église. La même année, le libéral T. D. Bouchard est nommé président de l'Assemblée législative, les femmes voient rejetée leur demande d'avoir le droit d'adhérer au Barreau du Québec et de voter aux élections, le premier ministre Taschereau s'entend avec l'épiscopat pour créer une commission scolaire juive à Montréal, alors que commence la construction de l'oratoire Saint-Joseph, qu'on inaugure le pont Jacques-Cartier et que le dirigeable britannique R-100, parti d'Angleterre, survole la vallée du Saint-Laurent en direction de Montréal.

Trois ans plus tard, la famille quitte Saint-Hyacinthe pour Rivière-du-Loup, quelque 400 kilomètres à l'est, le long de la côte du Saint-Laurent. Yves y vivra jusqu'à l'âge de dix ans. Il passe donc sa petite enfance dans cette région où le fleuve se fait mer, regardant les bateaux passer, tantôt lourdement chargés du fer de la Côte-Nord, en route vers les aciéries américaines sur les Grands Lacs, tantôt allèges et retournant dare-dare aux ports du Nord pour embarquer un nouveau chargement. Le soir, assis sur la véranda, il assiste au rituel magique du coucher du soleil sur le Saint-Laurent, l'heure bleue, alors que le soleil dessine un pont d'or sur les eaux du fleuve et que peu à peu s'allument les lumières, sur l'autre rive.

À l'école, il est un enfant dissipé et curieux. Mais on ne doit jamais le rappeler à l'ordre car il franchit rarement les limites au-delà desquelles il serait immanquablement réprimandé. Il se fait de nombreux amis, même s'il fait figure d'enfant venu d'ailleurs, ni tout à fait maskoutain ni tout à fait louperivois. Grand rêveur, on doit souvent le ramener à la réalité. Le jeune Yves excelle déjà dans l'art oratoire, se passionne pour les louveteaux, adore les excursions en forêt et connaît tous les secrets des jeux de nœuds. Mais aux romans d'aventures de la collection « Signe de piste », il préfère *Les malheurs de Sophie* et autres livres de la comtesse de Ségur. À douze ou treize ans, il a lu au complet l'œuvre de la célèbre romancière pour la jeunesse.

Chaque été, la famille boucle ses malles et prend le train pour Saint-Hyacinthe où Yves retrouve avec beaucoup de plaisir ses grands-parents, chez qui la famille loge. Tout un contraste avec les effluves salés du fleuve Saint-Laurent et les grands espaces qui permettent les rêves les plus fous. Sa famille est plutôt libérale et n'affiche aucune bigoterie, ce qui contraste avec le courant dominant de la société québécoise d'alors. Qu'à cela ne tienne, Yves sera enfant de chœur et servant de messe. Il découvre, dans cette pratique de la religion catholique, où rien ne lui est imposé, précise-t-il, un monde enchanté et magique. Les odeurs d'encens se mêlent aux incantations en latin du curé : « *Introibo ad altare Dei. Ad Deum, que laetificat juventutem meam!* Il y avait de l'or, de l'encens, de la beauté, de l'exotisme. Je me retrouvais du côté d'Alice au pays des merveilles, confie-t-il. La seule contrainte était de se lever tôt le matin, beau temps, mauvais temps, parfois même par des froids sibériens. J'entends encore la neige craquer sous mes pas. Rien ne pouvait m'arrêter. »

Une fois son cours primaire complété, Yves revient à Saint-Hyacinthe où on l'inscrit à l'académie Girouard, une école secondaire publique située dans le quartier ouvrier. La famille habite à deux pas, dans le quartier du Marché à foin, le quartier des « quétaines », des gens mal vêtus, loin des bourgeois de la rue Girouard dont les enfants fréquentent le chic séminaire de Saint-Hyacinthe où est dispensé le cours classique. Mais la famille Michaud fait un peu bande à part dans ce quart-monde peuplé d'ouvriers des filatures qui vivent dans la misère noire, reçoivent des salaires minables et dont les poumons sont intoxiqués par la poussière organique. Les Michaud se sont émancipés et vivent plutôt à l'aise, grâce aux bons résultats de Jean-Baptiste. Il faut dire que son patron verse directement le salaire de son employé à Robertha, pour ne pas que le père dilapide ses revenus pendant ses temps libres en taquinant la dive bouteille.

La porte de leur maison est grande ouverte et les amis d'Yves y viennent écouter la radio qui diffuse, entre deux chansons, des nouvelles inquiétantes de la Seconde Guerre mondiale où de nombreux jeunes Québécois, enrôlés dans l'armée de Sa Majesté, luttent férocement pour stopper l'avancée des troupes hitlériennes dans le nord de la France. Un drame qui marquera une bonne partie des familles québécoises. Yves Michaud conservera un souvenir impérissable de cette période trouble qui bouleversait la quiétude de la société québécoise, peu habituée à voir les siens mourir au loin. Le Québec découvre le monde et la chronique locale prend soudain des dimensions internationales.

L'été, il participe aux activités des scouts. Pour lui, il s'agit davantage d'aider son prochain tout en développant son sens de la débrouillardise et en favorisant l'entraide et la solidarité, deux vertus qui ne l'abandonneront jamais. Cette expérience lui servira indéniablement en d'autres circonstances, au moment de se lancer à l'aventure dans de nouveaux projets. Ces journées passées en forêt, loin de toute contrainte, le marquent à jamais. Il en sort lavé des soucis quotidiens, si minimes soient-ils.

Un événement tragique et soudain menace de bousculer cette douce quiétude. Jean-Baptiste meurt d'une hémorragie à l'estomac, à l'âge de 51 ans. Yves n'a alors que 15 ans, mais l'adolescent, qui ne semble pas avoir souffert outre mesure des absences professionnelles de son père, n'est pas effondré par son décès prématuré. C'est sans doute l'absence d'une présence paternelle forte qui encouragera Yves Michaud, garçon aimable et un brin taquin, à foncer et à se lancer dans des apprentissages de toutes sortes, sans tuteur.

Sa mère ne se remariera jamais. La petite famille peut néanmoins continuer de s'épanouir sur les bords de la rivière Yamaska. Le père, qui s'y connaissait en assurances tous risques, avait pris ses dispositions pour ne pas que les siens se retrouvent sans ressources. Après ses études secondaires à Saint-Hyacinthe, Yves préfère se lancer sur le marché du travail plutôt que de parfaire ses connaissances à l'université, contrairement à son frère qui poursuivra ses études jusqu'à la faculté de médecine.

Le jeune homme ne tardera pas à ressentir le besoin de remonter à ses origines et d'apprendre le grec ancien et le latin, en suivant des cours du soir au séminaire de Saint-Hyacinthe, mais sans contrainte aucune, une liberté qu'il valorise au plus haut point. De toute façon, Yves a toujours l'impression qu'il a appris tout ce qu'il devait apprendre au bout des deux premiers mois en classe et il accepte difficilement de devoir se frotter le lard pendant les huit mois suivants. Le reste du temps, il s'ennuie, fait le pitre et amuse ses condisciples. Une telle attitude n'est pas nécessairement bien vue, mais comme il a d'assez bons résultats, on ne l'embête pas trop. Son apparente nonchalance ne l'empêche pas d'être curieux et de lire tous les livres que son frère aîné ramène à la maison, dont ceux de Paul-Louis Courrier, Bernanos et Chateaubriand. Ces fréquentations littéraires lui donnent rapidement une vision d'ensemble de l'organisation du monde.

C'est durant cette période qu'il rencontre Monique Morissette, une jeune fille de Saint-Hyacinthe. Cultivateur, vendeur de fourrure, bricoleur, touche-à-tout et authentique patenteux québécois, le père de Monique, qui appartient lui aussi à la famille libérale, possède un restaurant sur la rue Cascade, en plein centre-ville. Il le vendra pour ouvrir, juste à côté, une boutique de vêtements pour dames. Monique et Yves se fréquentent pendant un an puis se marient, en mars 1951. Elle a 20 ans, et lui, 21. Ils s'installent à Acton Vale, un bastion conservateur tout près de Saint-Hyacinthe.

Le hasard sera toujours très présent dans la vie d'Yves Michaud. Il trouve un premier emploi comme commis de bureau dans une usine d'Acton Vale. Le soir, il se rend en train à Montréal pour suivre des cours sur le taylorisme à l'Université McGill, tandis que le jour, il met en application les théories qu'il a apprises en mesurant de façon scientifique le temps que prennent les ouvriers pour réaliser différentes opérations, tout cela dans le but d'augmenter leur productivité. Curieux de nature, il s'implique dans la Chambre de commerce des jeunes. Quand on lui propose de diriger le secrétariat de la Chambre de commerce des jeunes du district de Montréal, il accepte d'emblée. Pendant ses temps libres, il s'occupe d'un camp scout. Yves a besoin de s'investir dans ce qu'il entreprend, il ne fait rien en dilettante et est incapable de demeurer sans projet. Il a horreur du vide et des temps morts. Par contre, côté manuel, c'est la catastrophe.

Après avoir passé quelque temps à Acton Vale, le couple revient s'installer à Saint-Hyacinthe. Yves prend très à cœur son nouveau travail à la Chambre de commerce des jeunes à Montréal. Il va même mettre sur pied un mensuel, *Le vigilant*, où il peut déjà donner libre cours à ses opinions, sous la supervision d'un jeune avocat encore peu connu, Raymond Daoust, qui deviendra un criminaliste réputé. Tous les jours, il se rend en autobus à Montréal, pour rentrer tard le soir à Saint-Hyacinthe. En 1952, il devient père d'un premier enfant. Luc héritera des qualités de bidouilleur de son grand-père maternel et inventera Webcreator, un logiciel qui permet de créer des sites internet dans toutes les langues.

Ces va-et-vient entre Saint-Hyacinthe et Montréal durent un peu plus d'un an. Grâce à ses piges journalistiques, Yves Michaud commence à avoir la réputation d'un bagarreur qui n'a pas la langue dans sa poche. Venu de nulle part sans s'annoncer et sans plan de match, il allume de petits brasiers partout où il passe. Michaud n'appartient, pour l'instant, à aucune école, à aucun groupe, c'est un franc-tireur qui porte un regard attentif sur les problèmes de sa société. En 1953, le député libéral de Saint-Hyacinthe, Adélard Fontaine, fonde *Le Maskoutain*, un hebdomadaire qui prétend rallier les troupes opposées au courant duplessiste. Il faut dire que la campagne qui entoure Saint-Hyacinthe est très bleue et très conservatrice. D'ailleurs, le futur premier ministre Daniel Johnson père règne en maître à Saint-Pie-de-Bagot, fief de l'Union nationale, et il ne se gêne pas, on le verra, pour pourfendre Yves Michaud et ceux qui, comme lui, cherchent à ébranler les assises des conservateurs.

Le député libéral approche donc le jeune Michaud pour lui offrir de diriger les pages du *Maskoutain*. Le voilà passé de la condition de brebis égarée à celle de jeune loup de clan. Moins de deux ans plus tard, *Le Clairon*, propriété de T. D. Bouchard, libéral, anticlérical notoire et grand pourfendeur des nationalistes, achète *Le Maskoutain*, qui accepte de fusionner avec *Le Clairon*. Les forces libérales doivent faire front commun devant la grosse machine bleue de Duplessis. Yves Michaud se retrouve donc au *Clairon*, où René Lévesque a déjà une chronique hebdomadaire, et T. D. Bouchard, celui que l'on surnomme « le diable de Saint-Hyacinthe », lui confie la direction de l'hebdomadaire. Tout l'avale, comme dirait Réjean Ducharme, mais le jeune Michaud est costaud, il est de la trempe des inventeurs qui, dos au mur, se nourrissent non pas de la crédulité des autres mais de leur soif de savoir.

Michaud a désormais la piqûre de l'écriture, et il a la chance inouïe de pouvoir se réaliser pleinement. Sa façon de dire les choses en toute liberté sans répéter les litanies de chapelle, sa passion de la parole qui transforme le box des accusés en forum ne le quitteront jamais tout à fait tout au long de sa vie, même pendant sa carrière diplomatique. Dénoncer la turpitude, les passe-droits, les injustices et scandales sera sa vocation. Au *Clairon*, il se sent comme en famille et l'anticléricalisme de son patron le sert à merveille. La classe intellectuelle de l'époque a le vent dans les voiles malgré les ruelles étroites qu'elle doit emprunter, et les occasions sont nombreuses de dénoncer les censures de toutes sortes, dont celle de l'Index, où l'on retrouve des auteurs comme Montaigne, Diderot ou Gide. Au Québec, le Bureau de censure est fort actif dans le domaine du cinéma, « véritable bastion de l'immoralité et du libertinage », selon l'Église catholique. « On n'a pas le droit de lire n'importe quoi, on n'a pas le droit de regarder n'importe quoi », clame haut et fort le cardinal Léger, et le pire, c'est que la majorité de la population vénère toujours cette ganache pourprée, vecteur volontaire de la Grande noirceur.

À cette époque, le monde se divise simplement entre les Rouges et les Bleus, entre les « libéraux communistes ou communisants » et les conservateurs protégés par le clergé omniprésent, entre le Parti libéral et l'Union nationale. Mais comme l'Union nationale, de droite, joue la carte du nationalisme, le Parti libéral du Québec, plus à gauche avec un programme social-démocrate, doit s'afficher résolument antinationaliste.

T. D. Bouchard, libéral notoire, s'est monté une solide réputation d'anticlérical lors de son passage comme ministre dans le gouvernement d'Adélard Godbout, au début des années 1940. Franc-maçon avoué, il ne se gêne pas pour critiquer les nationalistes québécois, dont ceux de l'Ordre de Jacques-Cartier, qu'il associe au courant conservateur, voire raciste, qui balaie le Québec d'alors. Dans les années soixante, Pierre Elliott Trudeau prendra la relève et donnera un nouveau souffle à ce courant peu subtil qui associe sans discernement nationalisme, catholicisme et obscurantisme et ne voit pas dans le mouvement nationaliste québécois un désir d'émancipation sociale. Un véritable drame pour ceux qui, à gauche, croient en la nécessité de transformer le Québec en un pays laïc et ouvert sur le monde et qui pourront un jour s'exprimer, entre autres, dans la revue *Parti pris*.

Le jeune Michaud, lui, a choisi sans hésiter son parti : celui d'un libre penseur dans cette société tissée serré dominée par une élite formée essentiellement de quelques hommes d'affaires et de nombreux clercs. « Une presse qui se contente d'informer sans contester est une presse servile », se dit-il, et il est prêt à jouer dans les grandes ligues. Et il entend s'exprimer dans une langue claire, précise, sans affectation ni désir de trop bien paraître, car, écrit-il, « nous parlons mal, et l'exemple nous vient de haut. J'ai souvenance d'un premier ministre de notre province [Maurice Duplessis] qui commença en ces termes les quelques phrases de remerciement qu'il adressait à un membre de l'Académie française : "Nous autres, on n'est pas des *Franças* de France, on est des *Franças* améliorés." » Le caractère, l'énergie et la culture d'Yves Michaud semblent plaire à T. D. Bouchard, qui confie sans hésiter les rênes de son hebdomadaire à ce jeune blanc-bec touche-à-tout que rien ne prédestinait à une telle carrière.

La Grande noirceur ne semble pas encore près de disparaître, même si de nombreux symptômes laissent présager l'arrivée d'une ère nouvelle. À l'été 1948, des artistes, avec à leur tête le peintre Paul-Émile Borduas, avaient tiré une première salve avec la publication de leur manifeste *Refus global*. Les Automatistes réclamaient une révolution aussi bien artistique que sociale en appelant à une rupture avec l'immobilisme ambiant. Par ailleurs, peu à peu, les campagnes se vident au profit des villes, et l'arrivée dans de nouvelles zones urbaines de cette main-d'œuvre

peu spécialisée mais désireuse de se tailler une place au soleil va secouer les mentalités et les vieilles assises sociales
et favoriser l'éclosion de courants de liberté que plus rien
ne semble pouvoir arrêter. On assiste en même temps à la
formation d'une bourgeoisie québécoise, en opposition à
la puissante bourgeoisie canadienne-anglaise, qui se tra-
duira, plus tard, par ce qu'on appellera le Québec Inc.

Dans *Le Clairon maskoutain*, un des rares journaux
d'opposition au régime de Duplessis, Yves Michaud ma-
nie la plume avec culot et habileté. Il affronte à visière levée
les démons réactionnaires de l'époque, malgré sa jeune
vingtaine et son peu d'expérience. Daniel Johnson, le puissant député de Saint-Pie-de-Bagot, menace ceux qui an-
noncent dans les pages du journal de les priver de juteux
contrats du gouvernement. Ce type de patronage et de
chantage est monnaie courante, surtout dans les campagnes
où le changement tarde à se manifester.

Tout indépendant qu'il soit, Yves n'est pas imper-
méable aux grands courants de pensée qui secouent les
mentalités habituées au conservatisme. Il n'est pas le seul
à estimer que le vent tourne parfois un peu trop radicale-
ment. Aussi éprouve-t-il le besoin de mettre un bémol à
l'enthousiasme révolutionnaire en évoquant le danger du
socialisme sur la foi de ce qui se passe en URSS d'où filtrent
les rumeurs de purges, de camps de travail et d'exécutions.
Nous sommes alors en pleine guerre froide, le maccar-
thysme sévit au sud et la chasse aux communistes est ouverte des deux côtés de la frontière. Le Québec avait pourtant
fait figure de pionnier en élisant et en réélisant le premier
et le seul député communiste de l'histoire du Canada,
Fred Rose, qui siégea à la Chambre des communes entre

1943 et 1946, année où il fut arrêté et accusé d'espionnage au profit de l'URSS. Libéré après six ans d'incarcération, il s'exile en Pologne, sa terre natale, incapable de se refaire une vie dans son pays d'adoption. Malgré sa citoyenneté canadienne, il ne fut jamais autorisé à revenir au pays, même pour raisons humanitaires, et mourra en 1983 sans avoir revu le Québec.

Dès 1952, un an avant la mort de Staline, Michaud sonne l'alarme dans *Le Clairon maskoutain* :

> N'en déplaise aux évangélisateurs du socialisme, à tous ceux qui prétendent convertir le monde avec leurs idées « nouvelles », seule une liberté bien comprise dans le cadre d'un sain capitalisme peut apporter un soulagement adéquat aux aspirations légitimes de l'individu.

À cette époque du boom économique d'après-guerre, le « sain capitalisme » peut paraître à plus d'un comme un objectif tout à fait réalisable et mobilisateur. Quelques années plus tard, en 1961, il écrit dans le même journal :

> Depuis une quinzaine d'années, dans la province de Québec, les électeurs sont conviés à de curieuses cérémonies où politique et religion sont mêlées dans un indéfinissable chaos. Les « bénédictions » politiques de l'Union nationale, de simples cas isolés, ont atteint les proportions d'un vicieux système de propagande électorale, orchestré de façon à faire croire aux citoyens que le duplessisme a l'appui plus ou moins ouvert des autorités religieuses de la province.

Plus loin, il réfute les schémas simplificateurs de Daniel Johnson, qui a « l'envolée religieuse facile » et qui aspire à la direction de l'Union nationale après la mort de Duplessis.

Michaud cite, railleur, Johnson qui affirme vouloir être
« l'instrument de la divine providence pour faire progresser
la race canadienne-française ». On l'a dit, Daniel Johnson fait
alors régner une véritable terreur dans son comté et ses
alentours, et ses menaces portent bien souvent fruit. Il n'hésite pas, dans ses discours publics, à attaquer nommément
le jeune directeur du *Clairon*, le présentant comme l'ennemi à abattre et invitant même sa femme, « très gentille », à
se séparer de lui.

C'est dès 1953 qu'Yves Michaud se lie d'amitié avec le
jeune René Lévesque, qu'on ne voit pas encore sur les écrans
télé mais qu'on entend fréquemment à la radio de Radio-
Canada. Déjà, Lévesque s'est taillé une solide réputation
d'analyste politique avec ses reportages sur la Seconde
Guerre mondiale puis lors de la guerre de Corée en 1952.
Les Michaud et les Lévesque se fréquentent assidûment.
Cette amitié ne se démentira jamais, même si elle peut paraître étonnante à plusieurs, car les deux hommes n'ont pas
le même caractère ni les mêmes habitudes de vie. Michaud
est plutôt exubérant, il aime déclamer, citer des auteurs,
s'entourer de personnes qui l'écoutent, tandis que Lévesque
est un introverti, généralement solitaire et réservé. Mais
tous deux ont ceci en commun qu'ils sont, en grande partie,
des autodidactes. Issus de milieux modestes, ils ont l'un et
l'autre fait leur marque grâce à leur talent de journalistes.
Ils partagent aussi deux passions : le poker et les femmes
de tête, sensibles à leurs talents de baratineurs mais qui
savent répondre du tac au tac à leurs avances badines.
Toutefois, contrairement à ce que plusieurs ont pu penser
ou affirmer, Michaud ne s'est jamais prévalu de son amitié avec Lévesque pour se grandir. Au contraire, ce lien lui
jouera de drôles de tours et l'entraînera sur des sentiers ha-

sardeux qui lui sembleront souvent une longue traversée du désert.

En 1956, il est invité en Europe par les Forces armées canadiennes pour faire un reportage sur la participation du Canada aux forces de l'OTAN. Il doit visiter les bases aériennes de Marville et de Grostenquin, en France, et de Zweibrücken et de Baden-Baden, en Allemagne. Une brève escale est prévue à Terre-Neuve, mais les conditions météorologiques empêchent l'appareil militaire de poursuivre sa route au-dessus de l'Atlantique. De nombreux avions en provenance des États-Unis doivent également se poser à l'aéroport de Gander, en attendant que la météo s'améliore. C'est alors que Michaud, qui s'est rendu au bar pour y passer le temps, fait la rencontre d'Ava Gardner, la grande actrice américaine étant elle aussi immobilisée à l'aéroport. Elle s'en retourne en Espagne pour y tourner un nouveau film, *Le soleil se lève aussi*. La star vient de se séparer de Frank Sinatra et elle a un nouvel amour, Luis Miguel Dominguín, un toréro célèbre. Ils passeront la nuit ensemble, à parler de tout et de rien. Michaud se souviendra longtemps de cette rencontre avec l'une des plus belles femmes du monde même s'il n'aura pas la chance d'un Ernest Hemingway qui la vit se baigner nue dans la piscine de sa ferme La Vigia, à Cuba. À Paris, il tentera de distraire son spleen en récitant « Le drapeau de Carillon », du poète Octave Crémazie, au Lapin agile, le fameux cabaret de Montmartre. À son retour au Québec, il publiera un reportage dans *Le Clairon de Saint-Hyacinthe*, mais il ne fera pas mention de sa rencontre inspirante avec Ava.

Trois ans plus tard, en 1959, grâce à une bourse de 3500 $ du Conseil des arts du Canada (CAC) qu'il a sollicitée sur les conseils du père dominicain Georges-Henri Lévesque, alors vice-président du CAC, Michaud se rend de nouveau en Europe pour perfectionner son métier de journaliste au Centre d'enseignement supérieur du journalisme de Strasbourg. Il doit y rédiger une thèse sur la presse de province au Canada français. En dépit de sa jeune carrière, Yves Michaud avait déjà gagné de nombreux prix de journalisme, dont, à deux reprises, le prix du meilleur éditorial décerné par l'Association des hebdomadaires de langue française du Canada et par l'Union canadienne des journalistes de langue française, en 1957. Décidément, le petit gars de Saint-Hyacinthe a fait énormément de chemin en quelques années à peine. Ses valises en main, Yves s'embarque sur un cargo de la marine marchande tandis que sa femme Monique part avec leurs deux enfants, Luc et Anne, sur un paquebot transatlantique, l'*Homeric*, qui fait la navette entre le Québec et la France et qui offre des conditions de traversée nettement meilleures que sur un cargo, surtout pour qui voyage avec de jeunes enfants.

Surprise! Le poète Gaston Miron, qui a fondé quelques années auparavant les éditions de l'Hexagone en compagnie de cinq autres poètes, est également à bord du paquebot, lui aussi détenteur d'une bourse du Conseil des arts pour aller étudier en France le métier d'éditeur à l'école Estienne. Le moins que l'on puisse dire, c'est que Miron ne passe pas inaperçu parmi ces centaines de passagers, même si à l'époque il est encore peu connu. Monique le découvre avec un immense plaisir. Le jeune poète, que rien ne semble intimider, annonce à qui veut l'entendre, avec sa gouaille habituelle, les bras grands ouverts comme s'il prenait le ciel et la mer à témoin, qu'il s'en va expliquer le Québec aux Français, une tâche qu'il accomplira volontiers une bonne partie de sa vie; il ne craint pas l'éloignement de sa patrie car il se sent à l'aise partout. Lorsqu'il parle, tout devient clair et ses explications, toujours entrecoupées d'anecdotes savoureuses et de grands éclats de rire, mettent fin aux doutes et aux interrogations. Miron le magnifique a soif de vivre, et cette soif est contagieuse.

Yves et Monique retrouvent Miron à la Maison du Canada à Paris, où séjournent de nombreux étudiants du Québec. Il faut dire que Michaud avait entendu parler de Miron à l'Ordre de Bon Temps, qu'il fréquentait tout comme Miron et de nombreux autres artistes de l'époque. Le couple fait également la connaissance d'Hélène Pilotte, qui est liée aux éditions de l'Hexagone et qu'ils reverront par la suite à Montréal. C'est le début d'une longue et fertile amitié qui durera jusqu'à la disparition de l'auteur de *L'Homme rapaillé*, en décembre 1996. « C'est un cliché de dire, écrira alors Michaud, que tu pouvais sortir du Québec sans que le Québec sorte de toi. [...] Rentrant chez toi au milieu de la nuit, au retour d'une manifestation à Québec contre la loi 63, tu avais écrit pour ta fille Emmanuelle, âgée de deux mois à peine, ces vers que je souhaite voir gravés sur ta pierre tombale: "Je ne suis pas revenu pour revenir/je suis arrivé à ce qui commence". »

Durant ce second séjour dans la vieille Europe, Yves découvre une France qui n'a pas perdu la splendeur tant vantée par les écrivains et artistes de toutes origines, une France qui tente de cicatriser les blessures de la Seconde Guerre mondiale. On a placé Luc, le fils aîné, dans une école de quartier pour un an. Pendant son séjour en France, Yves en profite pour nouer des liens de franche amitié avec la grande famille de la francophonie. Comme si une petite voix intérieure lui disait que ce qu'il semait lui serait utile plus tard. Lorsqu'il reviendra par la suite en France, il sera toujours accueilli avec une fraternité déférente, bien différente de la diplomatie obligée. Au fil de ses séjours, son cercle d'amis s'agrandit, du boulanger du coin au haut fonctionnaire intéressé à mieux connaître les héritiers de cette Nouvelle-France abandonnée, qui s'est forgée dans l'adversité et la survie.

Depuis 1954, la France est prise dans l'engrenage meurtrier de la guerre d'Algérie. En 1962, de Gaulle signe les accords d'Évian qui doivent mettre fin à la tutelle de la France sur l'Algérie, qui devient ainsi un pays à part entière. René Lévesque y consacrera quelques *Point de mire*, à Radio-Canada. Cette guerre de libération aura duré une dizaine d'années, et elle a influencé de nombreux intellectuels et hommes politiques au Québec. Plusieurs nationalistes vont reprocher à certains intellectuels qui appuient cette lutte des Algériens pour leur libération de ne pas avoir la même ferveur envers le combat des Québécois. La direction de la revue *Cité libre* est ainsi pointée du doigt.

Les luttes anticoloniales sont à l'ordre du jour, et les grands débats du temps alimentent indéniablement la pensée d'Yves Michaud, plutôt pétrie jusqu'alors des œuvres catholiques de Bossuet ou de Bernanos. Il trouve qu'il a une chance inouïe de vivre une époque où tout se bouscule, où les vieux concepts sont remis en question. Son voyage d'étude de 1959, qui devait durer un an, sera écourté car deux événements majeurs viennent bousculer son programme: le premier ministre Duplessis meurt en avril, puis son successeur, Paul Sauvé, s'éteint également quelques mois plus tard. Les Michaud ne sont en Europe que depuis huit mois, mais Yves se sent interpelé par la nouvelle donne politique. La mort de deux premiers ministres, c'est amplement suffisant pour changer de programme: il faut rentrer au plus vite. Il sent déjà la fièvre et l'agitation le gagner. L'actualité, sa matière première, l'interpelle. Le «peuple aux chaînes dorées» va peut-être, enfin, sortir de sa torpeur.

À son retour au pays, au printemps 1960, un vent libérateur commence, en effet, à souffler sur tout le Québec. Un groupe de militants et d'intellectuels, dont Yves Michaud, Thérèse Casgrain, Jacques Hébert et Pierre Elliott Trudeau, fondent la Ligue des droits de l'homme, qui a pour but de contrer toute forme de discrimination. Les grèves se multiplient, avec la syndicalisation massive des employés de l'État et les revendications de plus en plus radicales des travailleurs du privé. Un mouvement indépendantiste apparaît, qui donnera naissance par la suite au premier parti politique indépendantiste du pays, le Rassemblement pour l'indépendance nationale (RIN), que dirigera un orateur hors pair, Pierre Bourgault. Des émules du Mahatma Gandhi, qui luttait lui aussi contre l'administration britannique, organisent des grèves de la faim ici et là. Marcel Chaput, un biochimiste, et Reggie Chartrand, un boxeur, sont de ceux-là. Le dossier noir du colonialisme canadien s'alourdit avec la publication des premiers rapports de la Commission royale d'enquête sur le bilinguisme et le biculturalisme, créée en 1963: le revenu moyen des Canadiens français est de 35 % inférieur à celui des Canadiens anglais; les salaires des Canadiens français arrivent au douzième rang sur quatorze, juste après ceux des Esquimaux et des immigrés italiens.

Petit à petit, la résistance s'organise. Son expression la plus radicale et spectaculaire vient avec la création des premiers mouvements clandestins et l'explosion des premières bombes du Front de libération du Québec. C'est la fin d'une époque, clame-t-on, celle de la soumission, de la crainte et de la stérilité. Rien ne sera jamais plus pareil. On a ouvert grandes les vannes de la liberté, bien malin serait celui qui pourrait prédire quand cette vague gigantesque qui déferle sur le Québec va s'arrêter et comment elle va transformer le paysage politique et social.

Les Michaud retrouvent leur demeure de Saint-Hyacinthe et Yves reprend son travail au *Clairon*. Mais ils rêvent désormais de la liberté qu'offrent les grandes villes. Ils se rendent fréquemment à Montréal, pour assister à toutes sortes de manifestations culturelles. Les pièces de Gratien Gélinas et de Marcel Dubé ont la cote et on peut les voir à la Comédie canadienne, où se produisent également des chanteurs français en tournée au Québec. C'est dans ce théâtre qu'ils découvrent un chanteur à la voix rauque, venu de sa lointaine Côte-Nord, Gilles Vigneault. Ils assistent aussi à des concerts symphoniques, des opéras, des ballets, et visitent les boîtes de jazz et les cabarets où l'on offre de très bons spectacles. À l'époque, la vie nocturne de Montréal est très animée ; la ville est une plaque tournante et un trait d'union incontournable entre la culture européenne et la culture américaine. Parfois, Monique et Yves font de courtes escapades en auto jusqu'à New York, pour y découvrir l'insolente prospérité de nos voisins du Sud.

Un an plus tard, on confie à Yves la direction de *La Patrie*, l'hebdomadaire fondé en 1879 par l'écrivain et homme politique Honoré Beaugrand, dont il signera en plus la page éditoriale. Il quitte donc Saint-Hyacinthe avec sa famille, pour s'installer avenue Lajoie, à Outremont. Michaud s'est déjà fait un nom, avec ses éditoriaux tout en nuances sur le Québec en ébullition, ses travers et ses espoirs. Un de ses textes, d'ailleurs, lui vaut des poursuites judiciaires, car il a pris parti en faveur du livre de Jacques Hébert, *J'accuse les assassins de Coffin*, paru d'abord aux éditions La Patrie, puis aux Éditions du Jour, en 1963. C'est Me Pierre Elliott Trudeau, ami de Jacques Hébert, qui le défend. Il devient également une figure connue à la télévision, aussi bien à Radio-Canada qu'à Télé-Métropole, où il participe à plusieurs émissions de débats, et même à la CBC, avec l'émission *Front page Challenge*. La personnalité publique de Michaud commence à être très connue et on l'invite pour commenter l'actualité québécoise et canadienne. On apprécie sa bonne diction, son érudition, son calme, son humour, son sens de la répartie et, surtout, son franc-parler. Il représente à lui seul l'esprit de la Révolution tranquille, même s'il n'a pas encore une très longue feuille de route et s'il semble venu de nulle part, lui qui s'est fait hors du sérail des facultés, des chambres de commerce et des cabinets d'avocats.

Pour l'instant, aucun radicalisme ne se manifeste dans ses prises de position, mais un juste équilibre entre la nécessité de conserver certaines valeurs propres à notre culture et le besoin de secouer les vieilles structures oppressantes imposées par le clergé :

> Une révolution qui ferait taire chez nous les voix de la contradiction et de la discordance serait une révolution perdue. [...] La démocratie, avec ses airs de vieille fille fardée, n'est peut-être pas tout à fait « dans le vent ». Mais il reste qu'elle nous a débarrassés d'encombrants régimes et donné naissance à la Révolution tranquille.

Ce n'est que plus tard, lorsque le pouvoir fédéral resserrera son étau sur le Québec, quand la réforme fédérale lui apparaîtra impossible et que le débat autour de la nécessité de faire du français la seule langue officielle au Québec fera rage, qu'Yves Michaud précisera sa position en faveur d'un Québec résolument libre. La circonspection des premiers temps fera alors place à un engagement indéfectible envers la liberté, la langue française et la justice sociale.

À *La Patrie*, il innove à plus d'un titre. Il permet à de nombreux collaborateurs, dont Alice Parizeau et Yves Thériault, de s'exprimer. Pierre Foglia, récemment arrivé au Québec et qui s'était fait la main dans des journaux de province, est également embauché. René Lévesque tient une chronique hebdomadaire. Michaud est le premier à publier au Québec un cahier de bandes dessinées en français, dont *Astérix le Gaulois*. Son fils Luc n'est pas peu fier de cette collaboration : c'est lui qui a conseillé à son père de publier dans les pages de son journal des extraits des bandes dessinées de Goscinny, plutôt que des *comic strips* américains. Il n'en faut pas plus pour donner l'idée à Yves Michaud de se rendre à Paris pour y rencontrer Georges Dargaud, l'éditeur d'*Astérix*, puis le fameux idéateur du légendaire Gaulois, René Goscinny, qui deviendra un ami de la famille. Anne Michaud effectuera même un stage chez Dargaud, à Paris.

La Patrie publie donc par tranches de deux pages chaque nouvelle aventure d'Astérix puis les Messageries de *La Patrie* en distribuent les albums dans différents points de vente au Québec. Lorsque Michaud entrera en politique, c'est Monique qui se chargera de diriger la petite maison, qui distribue également d'autres albums Dargaud (dont *Lucky Luke*, *Iznogoud* et *Achille Talon*) et le journal *Pilote*.

2
Le saut en politique

Quatre ans ont passé. Le journalisme et la politique n'ont cessé d'enfiévrer notre bouillant polémiste et de le maintenir sur la brèche. Le Parti libéral a maintenu la cadence et secoué les vieilles structures. Le Québec peine tout de même à rejoindre la modernité, en raison des nombreux obstacles que le conservatisme jette sur son chemin. L'électricité a été nationalisée, le ministère de l'Éducation a finalement vu le jour, malgré les valses-hésitations et l'opposition du clergé, et le puissant bureau de la censure cinématographique a dû mettre de l'eau dans son vin. Le RIN offre maintenant une voix à ceux qui ne croient plus au fédéralisme et il semble en passe de bouleverser passablement l'échiquier politique québécois. Le nouveau parti propose plusieurs mesures sociales, qui pourraient rogner l'électorat de gauche associé à un PLQ de plus en plus divisé et polarisé. La rue est souvent le lieu privilégié de l'expression politique, et les manifestations dégénèrent parfois en affrontements violents avec les forces policières. À droite, l'Union nationale, dirigée par Daniel Johnson, a trouvé une formule courte et cinglante qui n'est pas sans plaire à un électorat changeant : « Égalité ou indépendance ».

C'est dans ce contexte que René Lévesque invite son ami à se joindre au Parti libéral, qui a manifestement besoin

de sang neuf. Michaud œuvre depuis de nombreuses années en compagnie de Monique dans les coulisses du parti,
et cette entrée officielle semble des plus naturelles. Reconnu pour sa pugnacité face aux adversaires de droite dont
il dénonce le patronage et les magouilles, Yves quitte le
confort des locaux de *La Patrie*, rue Sainte-Catherine, pour
faire cette première incursion en politique active. Après
toutes ces années à jouer dans les journaux les pourfen-
deurs du conservatisme, ce Danton jouisseur fera la paire
avec son ami, infatigable fumeur de cigarettes. À 36 ans, il
se dit que cela ne pourra être qu'une expérience formidable,
une aventure palpitante à l'intérieur de la Révolution tranquille, qui a besoin de donner un sérieux coup de barre
pour rattraper la jeunesse et tous ceux qui veulent mettre
les bouchées doubles et qui ne se reconnaissent plus dans le
programme du Parti libéral.

Il prend donc officiellement contact avec « l'équipe du
tonnerre » de Jean Lesage. Au cours de ses années de journalisme, il a vigoureusement brassé la cage du conformisme. Ayant suivi l'actualité récente de très près, il croit
plus que jamais que le fruit est mûr et que seul le pouvoir
politique peut briser le carcan qui opprime sa patrie et
chambouler un certain fatalisme. L'écart entre le journalisme et le politique n'est pas si grand. N'a-t-il pas été aux
premières loges pour observer les pratiques douteuses des
années duplessistes et pour mesurer l'efficacité de certaines
lois votées par le parti au pouvoir? De toute façon, il conti-
nuera d'écrire et de distiller une parole libre et engagée, et il
se promet bien de demeurer critique, de ne jamais diluer
ses principes de justice et de ne rien ménager pour continuer le combat pour le français, qu'il sait menacé.

En juin 1966, des élections générales ont lieu et Michaud se fait élire dans le comté montréalais de Gouin. Malheureusement, la politique n'est jamais un chemin rectiligne et son parti, le Parti libéral, est défait même s'il obtient la majorité des voix. Le pouvoir passe aux mains de leurs ennemis jurés, l'Union nationale, dirigée par Daniel Johnson. Les réformes menées par les libéraux en quelques années à un rythme d'enfer – mentionnons seulement la réforme de l'Éducation, la syndicalisation des employés de la fonction publique et du corps professoral de même que la nationalisation de l'électricité – ont quelque peu déstabilisé la population québécoise, trop habituée à se laisser bercer par les propos lénifiants d'un clergé encore tout-puissant et d'une élite compromise pour qui nous sommes nés pour un petit pain afin de mériter le paradis à la fin de nos jours. Le fameux « Travail, famille, patrie » du Maréchal Pétain n'est pas très loin et le crucifix trône toujours dans une majorité de foyers du Québec. « Une majorité de l'électorat du Québec, écrit Michaud un an après la défaite libérale, a pu penser, le 5 juin 1966, que le gouvernement de M. Lesage allait trop vite. Le moins que l'on puisse dire est que cette fraction du corps électoral est généreusement servie avec M. Johnson, l'admirable serre-frein de la Révolution tranquille. »

D'autres attribueront plutôt la défaite de l'équipe du tonnerre au retard pris dans la mise en œuvre des réformes annoncées. On blâmera les mous, et particulièrement le premier d'entre eux, Jean Lesage. Enfin, la présence d'un parti résolument indépendantiste a fait perdre des votes aux libéraux et permis, dans certains comtés, l'élection de candidats unionistes. Il s'en est fallu de peu que le chef du RIN, Pierre Bourgault, ne soit élu dans le vaste comté de Duplessis, sur la Côte-Nord.

« Feu l'unanimité ! » écrivait Gérard Pelletier dès 1960. Quoi qu'il en soit, Michaud juge que le Québec est désormais sorti de sa torpeur. Sept ans plus tard, il écrit :

> Songeons seulement au Québec d'avant 1960. Un Québec languissant sous la férule d'un gouvernement arriéré, un Québec dans lequel un petit nombre d'oligarchies, plus ou moins solidaires, se disputaient la direction des affaires publiques en manipulant des masses amorphes et indifférentes. Le Québec des certitudes, du « meilleur système d'enseignement au monde » (*sic*), des solutions toutes faites, des génies de profession. Le Québec de la docilité et de l'inconscience.

Ce triste Québec qu'il dépeint est bien loin et la discussion politique occupe maintenant toute la place publique, où l'on s'exprime sans crainte d'excommunication, même si l'Union nationale dénonce la « crise d'autorité », l'« empoisonnement des ondes publiques » et le « scandale d'une jeunesse athée », en prêchant le retour au conservatisme, la soumission aux dogmes et le respect de l'ordre établi. Peine perdue ! Le Québec est résolument en marche, le retour en arrière est impossible et la montée indépendantiste se confirme jour après jour.

Car ce n'est pas pour autant l'impasse pour la Révolution tranquille. Michaud, devenu député de l'opposition, ne demeure pas muet, comme il se l'est promis. Profitant des différentes tribunes que lui procure son nouveau statut, il ne se gêne pas pour faire valoir ses opinions.

> Le vice du régime, écrit-il en avril 1968, c'est qu'il condamne presque irrémédiablement les députés ministériels et oppositionnistes à la médiocrité et à l'inca-

pacité. La toute-puissance de l'Exécutif, l'initiative des lois qui revient à toutes fins utiles au cabinet, le prestige victorien dont se nourrissent les ministres, la discipline de parti qui est un élément vital de la stabilité gouvernementale, tous ces facteurs concourent à faire des députés les invalides permanents de la société parlementaire.

De toute évidence, Michaud ne se sent pas un député comme les autres. Il en profite pour fouetter les troupes et appeler à une plus grande participation des élus à l'administration des affaires publiques, afin que les députés cessent d'être « des eunuques et des castrés politiques ». Le journaliste et chroniqueur politique n'est jamais bien loin et il maintient ses collaborations avec les hebdomadaires *Sept Jours* et *Le Clairon*.

Avec de tels propos cinglants, Yves Michaud n'est sans doute pas le bienvenu dans la députation libérale. Ce franctireur, à qui rien ne semble échapper, a un je-ne-sais-quoi de flamboyant derrière son apparente bonhomie. Il n'a pas la langue dans sa poche et il ne cherche surtout pas à plaire à tout le monde, ni même à se faire aimer de ses collègues. S'il est souvent détesté, c'est qu'on ne supporte pas son indépendance d'esprit. Son côté cabotin, rebelle, insoumis, son impatience à changer le *statu quo* déplaisent également à plus d'un. Il n'est pas seul pour autant. Georges-Émile Lapalme, ex-ministre de la Culture du gouvernement Lesage, sera son mentor, tandis que Jean Lesage l'initiera aux procédures parlementaires. Mais ceux dont il se sent le plus proche sont les députés René Lévesque, bien entendu, et François Aquin, respectivement députés de Laurier et de Dorion. Candidat à l'élection de 1966, à l'invitation de René

Lévesque, lui aussi, Aquin a été élu dans Dorion, le comté voisin de ceux de Michaud (Gouin) et de Lévesque (Laurier,). Il est le cousin de l'écrivain Hubert Aquin qui a publié, un an plus tôt, son premier roman, *Prochain épisode*, qui a créé une onde de choc dans le milieu littéraire québécois.

Réduit à l'ingrate tâche de député d'opposition, Michaud se retrouve parfois dans le sous-sol de la maison du jeune Robert Bourassa, élu comme lui pour la première fois en 1966, en compagnie de René Lévesque, «pour préparer les premières étapes d'un Québec maître en sa demeure». Les discussions passionnées, le prosélytisme des uns et des autres laissent entrevoir, à court terme, des perspectives encourageantes. Mais Robert Bourassa, timoré, n'ira pas plus loin et ne franchira jamais «le seuil de la nouvelle frontière dessinée par le fondateur du Parti québécois», dira Michaud.

C'est donc depuis les bancs de l'opposition que Michaud suivra attentivement, à l'été 1967, la visite du général de Gaulle au Québec. Empruntant le chemin du Roy jusqu'à Montréal, le président de la France prononcera, du haut du balcon de l'hôtel de ville, quatre mots mémorables: «Vive le Québec libre!» Cette toute petite phrase, lancée par un chef d'État puissant, provoque une véritable hystérie un peu partout au Canada anglais mais un vent d'euphorie parmi les troupes souverainistes. «J'étais là, dans un salon de l'hôtel de ville, en compagnie de quelques personnalités invitées, dont René Lévesque, et nous regardions dans un moniteur ce qui se passait sur le balcon de l'hôtel de ville, juste en face de nous. Nous vivions un moment historique.» Une photo immortalise d'ailleurs ce moment magique. Michaud se réunira, plus tard, avec Lévesque et Aquin dans un café pour tenter d'analyser l'impact de la visite du général. Tous trois sont enthousiastes, mais craignent de paraître à la remorque du président français. Le désir d'affranchissement existait bel et bien avant que de Gaulle ne prononce ces paroles historiques, mais qui en doute ? Aquin est sans doute celui des trois qui veut aller plus loin dans les revendications du Québec et le rapatriement des pouvoirs. Il n'a jamais caché à ses compagnons qu'il fréquente, à l'occasion, André D'Allemagne et Pierre Bourgault.

Le caucus du Parti libéral prend très mal la déclaration du général de Gaulle. Il accuse Daniel Johnson d'avoir manigancé cette sortie du président de la France pour se faire du capital politique et semer la discorde entre Québec et Ottawa. Johnson ne fera pas mine de se repentir, au contraire il célébrera le courage de son invité. Du général, on a surtout retenu sa phrase lapidaire : « Vive le Québec libre ! », mais il en a dit davantage à l'hôtel de ville de Québec :

> Nous sommes liés par le présent. Parce qu'ici, comme dans le Vieux Pays, nous nous sommes réveillés ! Nous acquérons toujours plus fort, les moyens d'être nous-mêmes ! Nous sommes liés par notre avenir... Mais on est chez soi, ici, après tout ! Ce que nous faisons ici et là-bas, nous le faisons toujours un peu plus ensemble. Toute la France, en ce moment, regarde par ici. Elle vous voit. Elle vous entend. Elle vous aime.

Il n'y avait donc aucune improvisation de la part de De Gaulle. D'ailleurs, s'il avait préféré effectuer le voyage de la France au Québec à bord du croiseur français *Colbert*, plutôt qu'en avion, c'était pour éviter d'être pris en main à l'aéroport d'Ottawa par le chef du gouvernement fédéral, Lester B. Pearson, comme le protocole l'aurait demandé. C'est le premier ministre Daniel Johnson qui vient donc l'accueillir au port de Québec. Tout a été planifié minutieusement en France par Philippe Rossillon et Bernard Dorin. Commentant quelques mois plus tard sa visite au Québec, le général donnera, devant un auditoire acquis sans doute à sa cause, un cours magistral d'histoire du Québec. Il citera le poète Paul Valéry:

> Ce Canada français affirme notre présence sur le continent américain. Il démontre ce que peuvent être notre vitalité, notre endurance, notre valeur de travail. C'est à lui que nous devons transmettre ce que nous avons de plus précieux, notre richesse spirituelle. Malheureusement, trop de Français n'ont sur le Canada que des idées bien vagues et sommaires.

Michaud et Aquin se trouvent plutôt isolés. Sans approuver totalement l'ingérence du général de Gaulle dans les affaires politiques québécoises et canadiennes, ils sont bien conscients que ces propos controversés ont un impact majeur sur le mouvement d'émancipation nationale. En août 1967, Michaud écrit dans *Sept Jours*:

> Qu'on le veuille ou non, le Général de Gaulle a bousculé des échéances. En cautionnant les «efforts libérateurs» du peuple canadien-français, il encourage celui-ci à choisir la forme de son destin collectif dans un plus proche avenir. L'indépendance, le statut particulier, les États associés cesseront d'être ce que Gérard Bergeron appelle un «approvisionnement de vocables» pour devenir des options concrètes, définies, claires.

La visite de De Gaulle a été un véritable accélérateur, on ne peut en douter. C'est ce qu'affirme, entre autres, le jeune

sociologue Gilles Bourque dans la revue *Parti pris*, en septembre : « La visite du général de Gaulle a accéléré la marche
vers l'indépendance. [...] On doit en comparer l'importance
avec la naissance du FLQ, la mort de Duplessis ou la grève
de l'amiante. » À peine un mois plus tard, Michaud ne
parle plus des « Canadiens français » mais du « peuple québécois » : « La question nationale est indiscutablement au
centre de nos préoccupations [celles du Parti libéral]. Elle
est abordée à chacune de nos réunions [...]. Elle ne suscite
pas les mêmes vibrations chez tous mais elle a le mérite de
poser le problème de l'avenir collectif du peuple québécois. » Une lecture qui préfigure déjà des débats qui ont
cours aujourd'hui : faut-il voter pour le Parti québécois pour
se donner d'abord un pays ou ne doit-on pas voter plutôt
pour Québec solidaire, qui assure que les questions sociales
sont indissociablement liées à la question nationale ?

Le danger de l'option du « social d'abord », écrit encore
Michaud, est de rapetisser la notion de patrie aux dimensions plus étroites des problèmes de consommation, de sécurité sociale, voire de la planification économique ou d'une meilleure distribution de la richesse
collective. Toutes choses, à vrai dire, qui sont d'une
grande importance mais qui demeurent quand même
subordonnées au problème, non moins concret celui-là,
de la lente dégradation d'un peuple asphyxié dans un
carcan constitutionnel dont il souhaite se défaire. [...]
D'aucuns croient qu'il est possible de résoudre le problème global de l'Homme québécois par la seule média-
tion du social [...], qu'en libérant le consommateur-
citoyen de son esclavage, la question nationale serait
automatiquement résolue. Mais il n'est pas dit que dans
une situation idéale, jouissant du plus haut standard de

vie au monde, le citoyen du Québec ne se cherchera pas quand même une patrie.

On le voit, Michaud ne craint pas d'évoquer le sujet de l'avenir du Québec dans la confédération canadienne, qui célèbre justement en 1967 son centième anniversaire. Mais il préfère pour l'instant demeurer au sein de la députation libérale tandis que son ami François Aquin démissionne, le 28 juillet 1967, pour siéger comme indépendant. Aquin devenait ainsi le premier député indépendantiste à l'Assemblée nationale du Québec. On le retrouvera aux côtés de René Lévesque au moment de la création du Mouvement souveraineté-association (MSA), l'année suivante.

Au cours de la même période, quelques militants libéraux plus engagés en faveur des revendications traditionnelles du Québec sentent le besoin de se réunir pour discuter stratégie et programme politique. En 2007, François Aquin racontait dans une entrevue réalisée pour la série *Mémoires de députés* de l'Assemblée nationale, que c'est à Paul Gérin-Lajoie qu'on doit l'adoption du terme « souveraineté » pour remplacer le mot « indépendance » que mettait de l'avant le RIN, une expression dont il a jugé qu'elle était juridiquement plus solide et qu'elle ferait moins peur. Bourassa aurait ajouté au cours d'une de ces réunions que si l'on y adjoignait le mot « association », avec un trait d'union, il ne serait pas exclu qu'il y adhère.

Le 14 octobre 1967, René Lévesque démissionne à son tour du Parti libéral parce que le congrès du parti refuse de débattre d'une proposition constitutionnelle qu'il entendait faire adopter et qu'il avait résumée dans *Option Québec*, un manifeste sur la souveraineté-association. Lévesque siégera donc lui aussi comme député indépendant. Ceux qui se réunissaient avec lui depuis quelques mois en donnant l'impression qu'ils l'appuyaient le laissent tomber. Michaud n'ira pas jusqu'à imiter le geste de son camarade, car il croit que tous les recours n'ont pas été épuisés, mais il s'étonne néanmoins de l'animosité de certains délégués envers René Lévesque :

> Je comprends encore mal, écrit-il dans *Sept Jours*, les conditions extrêmement rigides du débat : le vote à main levée, l'incapacité de déposer des amendements aux deux thèmes débattus, et surtout l'hostilité manifeste de certains délégués à l'endroit de la personne de M. Lévesque. [...] Au cours des prochains mois, le PLQ sera appelé à définir le « statut particulier » qu'il souhaite obtenir pour le Québec au sein de la confédération canadienne.

Soixante-sept, c'est aussi l'année de l'Exposition universelle dont Montréal est la ville hôte. Cette grande fête des nations est l'occasion de faire connaître la province rebelle du Canada et ses principales ressources naturelles (l'eau, la forêt et les mines), et sa culture n'est pas en reste. C'est dans le pavillon du Québec, où Monique Morissette Michaud est la chef du groupe des hôtesses, que Georges Dor chante pour la première fois sa célèbre complainte « La Manic ». Le Québec s'ouvre au monde et se donne des airs de liberté.

Les 18 et 19 novembre de la même année, René Lévesque fonde avec quelque 400 délégués venus de partout au Québec le Mouvement souveraineté-association, qui va donner naissance, en octobre 1968, au Parti québécois, alors que le RIN de Pierre Bourgault et d'André D'Allemagne se saborde, non sans grincements de dents. Quant à Andrée Ferretti, elle a quitté le RIN au printemps 1968, un peu

avant sa dissolution, pour fonder le Front de libération populaire (FLP). On ne peut certes pas parler d'une véritable
unification des forces indépendantistes, mais bien plutôt
d'une dissolution des petites formations dans le grand tout,
le Parti québécois. C'était la volonté de René Lévesque et
de sa garde rapprochée, qui redoutaient le pouvoir d'attrac-
tion de Pierre Bourgault, que Lévesque jugeait trop proche
de la rue.

C'est bien souvent dans la rue, en effet, que Pierre Bourgault va porter le combat pour l'indépendance. On le verra
à la fameuse manifestation de la Saint-Jean-Baptiste, le
« lundi de la matraque », le 24 juin 1968, alors qu'il sera arrêté brutalement avec plus de 300 autres manifestants,
presque tous blessés par les matraques en folie de la police
de Montréal. Ce jour-là, Michaud se trouve parmi les dignitaires présents sur la tribune d'honneur installée devant la
bibliothèque centrale, face au parc Lafontaine. Si les manifestants du RIN et du FLP se sont donnés rendez-vous devant cette estrade, c'est pour protester contre Pierre Elliott
Trudeau, qui a été invité par le maire de Montréal, Jean
Drapeau, et dont la présence en ce jour constitue une véritable provocation aux yeux des militants indépendantistes.

Dans les deux années suivantes, malgré les liens
d'amitié qui l'unissent à René Lévesque, Michaud se range
du côté des rebelles libéraux, avec Paul Gérin-Lajoie, Éric
Kierans et Marc Brière. Il a mauvaise conscience, sans doute,
mais il attend le moment approprié pour faire le grand
saut. Il veut, surtout, demeurer fidèle à ceux qui l'ont élu
sous la bannière du Parti libéral : c'est la principale raison pour laquelle il n'a pas imité le geste de son ami
René Lévesque.

Pendant qu'il siège à Québec, Michaud ne perd pas sa liberté de penser. Il continue d'écrire pour *Le Clairon* de Saint-Hyacinthe et pour le nouvel hebdomadaire *Sept Jours.* Il tient également une chronique radiophonique quotidienne. Ses courts billets d'humeur sont lus à la station CJMS, depuis un petit studio aménagé à Québec. Ce n'est pas la première fois qu'il utilise les ondes pour faire valoir ses idées (et gagner sa vie). Quelques années auparavant, il avait animé une chronique hebdomadaire intitulée « Le mauvais quart d'heure » sur les ondes de CKAC.

Je n'irai pas par quatre chemins, lance-t-il, et je retracerai, en un préambule de quelques phrases, l'histoire du monde. Le Moyen Âge a été placé sous le signe de la théologie, le xvie siècle sous celui de la cosmologie, le xviie sous celui des mathématiques, le xviiie sous celui des sciences naturelles, le xixe a vu fleurir la biologie et l'économie politique, tandis que ce siècle de fous dans lequel nous vivons a vu naître et grandir, pour le grand malheur des hommes, un monstre dévorant pire que l'abominable homme des neiges, à la fois plus mythique et plus légendaire : la publicité.

Dans une autre chronique lue sur les ondes de Radio mutuelle, il stigmatise une nouvelle profession à la mode, créée par la grande entreprise américaine, celle des « *public relations* », où l'honnête journaliste devient « un expert du serre-main, un médiateur habile, une super vedette des coquetèles mondains ». Ailleurs, il dénonce le « climat de pessimisme généralisé qui est en voie de s'installer au pays du Québec dans à peu près toutes les couches de la société. Pessimisme des hommes politiques, des groupes de pression, des hommes d'affaires comme des travailleurs. Il semble que nous ayons, par les temps qui courent, un goût maladif de nous détruire comme si nous étions le dernier peuple au monde à mériter de survivre ».

Ou encore, il s'étonne des mœurs politiques des administrations municipales, quarante-quatre ans avant la commission Charbonneau :

> Les comptes rendus de certaines audiences publiques sont à faire dresser les cheveux sur la tête. Contrats sans soumissions, favoritisme aux parents et amis, ristournes plus ou moins clandestines en dessous de la table, des corps policiers terrorisés par des maires et des échevins, tous ces témoignages en disent long sur le niveau de malpropreté administrative et de corruption politique...

Ses sujets sont divers et non uniquement politiques, et toujours il met le doigt sur nos travers, avec humour et intelligence, pour mieux faire ressortir nos richesses, nos forces, nos talents, notre ouverture :

> Malgré nos extrémismes et nos exagérations, des choses précises se dessinent. Par exemple, un souci de mieux répartir la richesse collective par la relance de l'activité économique. C'est par là qu'il faut commencer. Un peuple pauvre ne négocie pas, il accepte. Économiquement prospère, il devient égal aux autres.

En 1969, le gouvernement de l'Union nationale décide de faire adopter le bill 63, qui consacre le libre choix des parents pour la langue d'instruction. C'est ni plus ni moins la consécration de la bilinguisation du Québec. Cette « loi infâme, scélérate, assimilatrice » que dénonce Michaud va immanquablement inciter les immigrants à envoyer leurs enfants à l'école anglaise, l'anglais étant la langue de la majorité en Amérique du Nord, la langue des affaires et de l'enrichissement. « Mettre sur le même pied au Québec le français et l'anglais, c'est mettre les deux pieds sur notre langue.» L'adoption de la loi soulève une vive opposition, surtout à Montréal, où la prédominance de l'anglais se fait sentir dans de nombreux secteurs d'activité courante. Plusieurs, dont Claude Morin qui est alors sous-ministre des Affaires fédérales-provinciales et homme généralement bien informé, pensent que le premier ministre Jean-Jacques Bertrand, chef de l'Union nationale depuis la mort en fonctions de Daniel Johnson, a été piégé par le gouvernement fédéral et son secrétaire exécutif, Julien Chouinard, qu'on retrouvera plus tard. Bertrand croyait bien faire et ne s'attendait pas à un tel tollé.

À l'époque, à Hydro-Québec, fleuron de l'industrie et de l'économie québécoise, on voit encore d'un mauvais œil les ingénieurs qui communiquent en français entre eux. Certes, la construction du barrage de Manic-5, sur la Côte-Nord, inauguré en 1969, a pu se dérouler en français, mais c'était une première dans les annales de la compagnie d'État fondée en 1944. La même situation prévaut dans d'autres milieux de travail. Chez Bell, où la majorité des patrons, gérants et superviseurs sont anglophones, tous les employés doivent travailler en anglais. La langue de travail et des communications dans les grands centres industriels, financiers et commerciaux est l'anglais. Et c'est sans parler de l'affichage anglais qui prédomine à Montréal et qui bafoue son statut de deuxième ville française du monde. Ici et là, comme au Canadien national, on interdit même explicitement à des cadres francophones de communiquer entre eux dans leur langue maternelle, leurs patrons craignant qu'ils ne complotent contre eux car ils ne comprennent rien à la langue des « *natives* ».

Michaud, lui, réclame « la francisation et l'assimilation des immigrants et l'adoption de la langue française comme seule langue de travail au Québec » :

> Il est temps que nous adoptions une loi-cadre incitant les entreprises commerciales à posséder une raison sociale française, à franciser leur administration ainsi que leur rapport avec le public, et à se doter d'un personnel de cadres français. Il faut que le français soit proclamé seule langue officielle et qu'il devienne la langue d'usage, la langue de travail et la langue d'enseignement pour tous les Québécois, quelle que soit leur origine.

C'est dire que ce débat ne date pas d'hier ! Dans un tout autre ordre d'idée, Michaud réclame « une politique sérieuse d'assistance économique aux familles québécoises à lourde charge, en prévoyant des allocations pour les périodes de grossesse, afin de mieux veiller à la santé de la mère et de l'enfant ». Il va jusqu'à proposer des garderies et des maternelles « sous le contrôle du gouvernement qui les subventionneraient afin que la mère puisse participer plus activement à notre société ». Dans la société de 1969 en plein questionnement, de tels propos, qu'on pourrait qualifier de révolutionnaires, contribuent à ébranler les vieilles structures. Décidément, Michaud ne cesse de surprendre – et d'inquiéter l'establishment.

Le bill 63 est la goutte qui fait déborder le vase. Pour ne pas déplaire à l'électorat anglophone, le Parti libéral décide de ne pas s'opposer à l'adoption de cette loi qu'a introduite l'Union nationale. On l'a dit, ce texte, qui prétend faire la promotion du français au Québec, consacre *de facto* le libre choix de la langue d'enseignement. Majoritairement, les immigrants de fraîche date préfèrent inscrire leurs enfants à l'école anglaise, même s'ils ne maîtrisent, au départ, ni l'anglais ni le français. Aucune « classe d'accueil » ne pourra venir à bout de cette tendance dans le contexte de cette loi. Le bill 63 plonge le Québec dans la tourmente sociale et politique. Michaud déclare devant l'Assemblée nationale au moment de l'adoption :

> J'ai bien l'impression que je vais livrer mon chant du cygne. C'est le temps de rendre les armes parlementaires, parce que tout a été fait ou dit pour essayer d'amener le gouvernement à ce que nous croyons être une cause et des idées justes et défendables. Notre combat n'a pas été mené en vain, parce qu'il aura eu, je le crois, une valeur de témoignage.

Yves Michaud avise aussitôt son chef, Jean Lesage, qu'il démissionne. Il reçoit l'appui de l'exécutif libéral de Gouin au grand complet, qui le félicite « pour son courage et la fidélité dont il fait preuve aux grandes idées qui animent son action politique ». Robert Bourassa, lui, se tient coi. Pour Michaud, il est clair que les droits individuels, comme le libre choix en matière d'enseignement, doivent être subordonnés aux droits collectifs quand la nation québécoise est menacée. Il affirme devant les élus de l'Assemblée nationale :

> La preuve est déjà faite que les politiques d'incitation ne suffisent pas. Ce débat a été centré toujours sur le droit des autres, mais jamais sur le droit de nous autres ; peut-être faudrait-il en arriver un jour très prochain à penser un peu à nous.

Ce « nous » sera repris plus tard, lors du deuxième référendum, par le premier ministre Jacques Parizeau.

Trois députés de l'Union nationale au pouvoir imitent
Michaud et démissionnent de leur parti : Jérôme Proulx,
Antonio Flamand et Gaston Tremblay, tandis que des manifestations de protestation rassemblant des milliers d'étudiants sont organisées un peu partout. À Québec, l'armée
canadienne est mise en état d'alerte lorsque 20 000 manifestants se rassemblent devant l'Assemblée nationale. François-
Albert Angers parle même d'une « nouvelle bataille des
plaines d'Abraham », tandis que pour René Lévesque, « on
donne ainsi la liberté aux renards dans le poulailler de dé-
vorer les poules une par une ».

À l'Assemblée nationale, il y a maintenant cinq députés
opposés au bill 63 : René Lévesque, Jérôme Proulx, Antonio
Flamand, Gaston Tremblay et Yves Michaud, qui a entrepris, le premier et seul pendant 48 heures, un *filibuster*.
Tous se mobilisent pour s'opposer à l'adoption du bill 63,
portés par l'effervescence soudaine de cet automne chaud.
Ils présentent une « opposition circonstancielle » (l'expression est de Michaud) afin de faire durer le débat le plus
longtemps possible. Pour obtenir la tenue de ce que l'on
appelle un « vote enregistré », il faut que cinq députés le
demandent, à la suite de quoi, on sonne les cloches pour
appeler tous les députés à se présenter à l'Assemblée nationale pour voter un à un. Mais quand le président de l'Assemblée nationale demande le vote, quatre députés seulement se lèvent pour signifier leur opposition. « Il en manque
un », fait remarquer le président. René Lévesque, surpris,
constate en effet qu'un des siens manque à l'appel : Yves
Michaud. Lévesque s'écrie, assez fortement pour que tout le
monde l'entende : « Où il est passé, l'animal ? » Michaud est
tout simplement en train de griller une cigarette à l'extérieur
de l'Assemblée nationale ; on l'envoie rapidement chercher

pour compléter la manœuvre. Tous les députés connaissent les liens d'amitié qui unissent Lévesque et Michaud et personne ne s'offusque de l'expression familière employée par Lévesque à l'endroit de son ami.

L'affaire est faite. Michaud siégera désormais comme député indépendant, aux côtés de René Lévesque et de François Aquin. À Québec, il sera porté en triomphe par une foule immense, rassemblée pour protester contre l'adoption du bill 63. C'est un moment grisant et émouvant. Michaud n'en demandait pas tant, il ne voulait pas jouer les sauveurs de la patrie et ne se sentait pas l'âme d'un héros. Il ne faisait qu'obéir à sa conscience et n'avait pas réellement de plan de match. C'est un comportement qui contredit l'image qu'on se fait souvent du député, qui ne chercherait qu'à assouvir des ambitions personnelles en se réfugiant dans la sécurité de l'appartenance à un groupe parlementaire.

Ce modeste triomphe est un petit velours. Une nouvelle génération est en marche, qui ne craint pas la contestation et est prête à lutter pour ses idées. Michaud n'est plus seul, et il a l'impression qu'il est à bord d'un train roulant à très grande vitesse dont rien ne peut désormais arrêter la course. On lui doit d'avoir été le premier à alerter le Québec sur les risques de minorisation de la langue française, ce qu'il a fait sans craindre de mettre sa carrière de député en jeu. Ce ne sera pas la dernière fois qu'il se lancera à l'assaut de forteresses à première vue imprenables.

Mais 1969, c'est aussi l'amorce d'un premier « printemps érable », un mouvement qui s'étendra jusqu'à l'automne. Deux ans après la création des cégeps, les étudiants manifestent un peu partout leur mécontentement en occupant leurs institutions. Les professeurs se joignent à ce mouvement inscrit dans un contexte mondial de contestation étudiante. Leurs revendications rappellent sensiblement celles des étudiants du printemps érable de 2012 : « Ce que nous refusons, c'est cet ordre ancien des choses que les aînés nous proposent, les valeurs exclusivement matérielles de la société de consommation, le double jeu des partis politiques, le règne de l'argent et l'hypocrisie des bien-pensants. » Ils s'inquiètent du rôle du Québec dans la confédération canadienne, de la faillite des élites, de la trahison des notables, de leur désir de participation aux grandes décisions sur l'avenir de la société et du rôle de l'État dans l'organisation de la prospérité collective.

En mars, une première manifestation monstre est organisée dans les rues de Montréal pour réclamer la francisation de l'Université McGill. L'« opération McGill français », organisée entre autres par un ex-membre du FLQ, Mario Bachand, rassemblera 15 000 manifestants qui marcheront du Carré Saint-Louis jusqu'au centre-ville de Montréal, bravant un fort dispositif policier. Le 24 juin, lors du traditionnel défilé de la Saint-Jean-Baptiste, la statue du saint patron des Canadiens français, un symbole de la soumission selon les manifestants, sera jetée par terre et décapitée. C'en sera fini du défilé de la Saint-Jean pour de nombreuses années. En septembre, de nouvelles manifestations sont organisées dans les rues de Saint-Léonard par le Mouvement d'intégration scolaire de Raymond Lemieux pour protester contre le libre choix de la langue d'enseignement aux enfants d'immigrants, que consacre le bill 63.

La mobilisation culmine à Québec, le 31 octobre 1969. Des milliers d'étudiants, de syndicalistes et d'artistes s'y sont donné rendez-vous pour entendre, entre autres tribuns,

Michel Chartrand, Pierre Bourgault et Gaston Miron. Parmi les manifestants, le fils d'Yves Michaud, Luc, fera pour la première foi l'expérience du zèle d'une police particulièrement déchaînée. Mais peu importe les vapeurs de gaz lacrymogène, Luc est fier de son père qui, à l'intérieur de l'enceinte de l'Assemblée nationale, a sonné la charge, le premier, et lutte à sa façon, lui aussi, pour empêcher l'adoption de cette loi rétrograde.

À bord du train de la contestation, on trouve également Jacques Parizeau, celui qui avait été un haut commis de l'État pendant la Révolution tranquille en servant sous les premiers ministres Jean Lesage, Daniel Johnson et Jean-Jacques Bertrand. Depuis peu, il est retourné à l'enseignement aux HEC et vient de terminer ses devoirs à la Commission d'études sur les institutions financières. Comme il se plaît à le raconter, c'est en revenant de Banff, dans l'Ouest canadien, où il était allé prononcer une conférence sur le fédéralisme canadien, qu'il est devenu souverainiste:

> Je suis devenu souverainiste parce que j'ai vu que la souveraineté du Québec constituait l'une des deux avenues disponibles, mais la seule possible pour assurer la croissance de l'emploi et de l'économie, l'égalité des chances des citoyens, un bon filet de sécurité sociale protégeant vraiment contre les aléas de la vie, sans que ces protections fassent toutefois l'objet d'une surenchère ruineuse entre deux gouvernements qui courtisent le même électorat. (*Pour un Québec souverain*, VLB éditeur, 1997).

Il entre au Parti québécois que vient de fonder son ami René Lévesque. Peu de temps après, il se fait élire à l'exécutif du PQ, puis il en devient le président.

Un mois avant les élections générales du mois d'avril 1970, des écrivains et des poètes organisent à Montréal la première Nuit de la poésie, au Gesù. L'événement sera immortalisé par les cinéastes Jean-Claude Labrecque et Jean-Pierre Masse. « Ce sera la campagne électorale des poètes », clame Claude Haeffely. Gaston Miron, sur scène en compagnie de dizaines d'autres poètes, en sera en quelque sorte l'âme dirigeante. Michèle Lalonde lira son fameux *Speak white* devant 4000 assoiffés de poésie, dans une atmosphère des plus fébriles où plane l'ombre de deux prisonniers politiques, Pierre Vallières et Charles Gagnon, membres du FLQ. Quelques semaines plus tard, Gaston Miron publiera la somme de son œuvre poétique, *L'Homme rapaillé*, aux Presses de l'Université de Montréal.

Malgré les rapports étroits qu'il entretient avec René Lévesque, Yves Michaud ne se joint pas au jeune Parti québécois. Il préfère se présenter comme un libéral indépendant, c'est-à-dire sans parti. C'est qu'il croit encore au grand parti qui a lancé la Révolution tranquille et a été au centre des réformes les plus importantes que le Québec a connues, mais qui s'est malheureusement dévoyé en cours de route. Fort du mécontentement populaire suscité par le bill 63, le Parti libéral du Québec, malgré son appui à cette loi controversée, remporte 72 des 108 comtés et forme le nouveau gouvernement. Michaud semble d'abord battu de justesse : 12 voix le séparent de Guy Joron, le candidat du Parti québécois, qui a fait élire ses sept premiers députés. Un recomptage le donne gagnant, parce que le directeur des élections a commis une grave erreur dans le numérotage des boîtes de scrutin. Que faire ? Demander une nouvelle élection qui pourrait enlever un député au jeune Parti québécois avec qui il se sent des affinités ? Michaud a un mois pour se décider.

Avant que son père prenne une décision, Luc réussit à le convaincre d'aller au Japon rejoindre Monique, qui est chef des hôtesses au pavillon du Canada à l'Exposition universelle d'Osaka. Il y restera quelques semaines. Pendant ce temps, Robert Bourassa appelle fréquemment à son domicile pour connaître la décision de Michaud. Mais Luc, qui préférerait nettement que son père ne conteste pas l'élection de Guy Joron et ne cache pas ses sympathies pour le Parti québécois, n'en souffle mot à son père avec qui il communique fréquemment.

À son retour à Montréal, Yves appelle le directeur des élections et l'avise que pour lui, c'est terminé. Il veut passer à autre chose et garder sa liberté de penser et d'agir. En fait, il a le sentiment de tourner en rond depuis quelques années et il veut chasser cette exécrable impression. Il préfère, de loin, le bouillonnement de la vie montréalaise au côté pépère de la vie de parlementaire à Québec. Toutefois, Michaud ne ferme pas définitivement la porte à la politique active.

3
Au service de l'État

Les événements d'octobre 1970 vont déstabiliser les activités du Parti québécois, c'est le moins qu'on puisse dire.
Avec le déchaînement médiatique, le déploiement de l'armée dans les rues de Montréal, les arrestations arbitraires
et massives, les forces souverainistes sont placées sur la
défensive. Les fédéralistes, eux, multiplient les attaques
contre le nouveau parti, en s'efforçant de l'associer aux actions violentes du FLQ. On connaît la formule : répétez cent
fois le même mensonge et il devient une vérité. C'est dans
ce climat malsain et extrêmement tendu que des élections
partielles sont convoquées en 1971 dans le comté de Chambly, laissé vacant par la mort de Pierre Laporte. Même s'il
s'agit d'une élection québécoise, le ministre fédéral Jean
Marchand et son premier ministre Pierre Elliott Trudeau
s'invitent dans la campagne électorale et prédisent sur
toutes les tribunes que le PQ sera bientôt complètement
effacé du paysage politique. Le PQ s'attend au pire, mais il
présente tout de même un candidat, un jeune avocat à l'emploi de la CSN, Pierre Marois, qui avait été défait aux élections
générales de 1970.

Durant la campagne, les forces policières et l'armée ra-
tissent le comté à la recherche des frères Rose et de Francis
Simard. Dans ce climat de paranoïa, le PQ décide de ne tenir

aucune assemblée publique. Il y a fort à parier que les forces policières et l'armée feraient irruption dans une assemblée, sous prétexte de chercher les felquistes en cavale. Des désordres s'ensuivraient très certainement qui n'aideraient en rien le candidat péquiste. On organise plutôt une soixantaine d'«assemblées de cuisine», plus discrètes mais tout aussi efficaces compte tenu du contexte. L'organisation de Pierre Marois apprend que les libéraux s'apprêtent à diffuser une publicité électorale qui affirme, avec le plus grand sérieux, que le Parti québécois a les mains tachées du sang de Pierre Laporte. Jean Drapeau avait réussi à se faire élire en associant le FRAP, le seul parti d'opposition qui le menaçait à l'Hôtel de ville, au FLQ, et le Parti libéral s'apprête à appliquer le même stratagème de l'amalgame et de la terreur. On entend distribuer le document le dimanche précédant les élections. C'est le comble!

Jacques Parizeau demande à rencontrer Yves Michaud, dont il connaît la trajectoire nationaliste et la proximité avec le premier ministre Robert Bourassa. Même s'il est toujours associé au Parti libéral, Michaud veut prêter main-forte au Parti québécois, qu'il juge injustement malmené. «Si on essaie d'écraser quelqu'un, Michaud sera toujours du côté de la personne qu'on cherche à écraser», dira Parizeau. Pour la circonstance, le président de l'exécutif du PQ est accompagné de René Lévesque. Mis au courant de la manœuvre que s'apprête à effectuer le Parti libéral, Yves Michaud ne décolère pas. Il bondit sur le téléphone pour joindre le bureau de Robert Bourassa. «Robert, tu n'as pas le droit de faire ça, lui dit-il au bout du fil. C'est obscène et ça n'a aucun bon sens.» Bourassa écoute sagement les doléances de son ami et il lui promet d'intervenir. La publication du document calomnieux n'aura jamais lieu. Le Parti québécois s'en sortira honorablement avec près de 35 % des voix, malgré le climat d'insécurité. C'est durant cet épisode que se sont noués les premiers liens d'amitié entre Parizeau et Michaud.

Commence alors pour Yves Michaud une nouvelle carrière au service de l'État. Il est nommé par Robert Bourassa, avec qui il entretient toujours de bonnes relations, Commissaire général à la coopération avec l'extérieur, un poste rattaché au ministère des Affaires intergouvernementales qu'il occupera jusqu'en 1973 en remplacement de Guy Frégault, qui a repris son poste de sous-ministre. Bourassa se défend d'avoir procédé à une nomination partisane : « Il s'agit d'utiliser les ressources de M. Michaud pour la bonne gouverne de la province et il pourra également être affecté à certaines tâches en tant que chargé de mission », assure le premier ministre.

À l'aise dans le milieu de la diplomatie où il est nécessaire de maîtriser les codes mondains tout en sachant de se faire discret lorsque besoin s'en fait sentir, Yves Michaud s'y fait petit à petit une place, multipliant les relations avec les principaux artisans de la francophonie internationale, en France, en Suisse ou en Afrique, et ouvrant de nouveaux espaces de coopération et d'échange. Il rencontre, à l'occasion, de grandes figures comme Albert Memmi, Aimé Césaire et Léopold Sédar Senghor. Ce dernier lui apprendra à ne pas craindre d'utiliser le mot « nègre » pour parler d'art : « On ne parle pas de l'art noir, mais bien de l'art nègre. Tout comme on ne dit pas la musique noire, mais la musique nègre. » Michaud en prendra bonne note.

Dans le cadre des activités de l'Office franco-québécois pour la jeunesse, il envoie en France les premiers contingents de professeurs québécois pour effectuer un stage de quelques mois. Michaud négocie directement avec Pierre Elliott Trudeau et Pierre Laurent, le secrétaire général du Quai d'Orsay, les premières ententes sur l'immigration avec la France. En 1971 est également créée l'Association Québec-France. Ces activités le passionnent. Il lui arrive même d'héberger, dans sa maison de la rue Méridian, des étudiants français en stage au Québec.

Ses activités lui font côtoyer Louise Beaudoin, alors responsable à l'École nationale d'administration publique (ÉNAP) des stages des étudiants en France. En octobre 1971, Claude Morin démissionne de son poste de sous-ministre aux Affaires intergouvernementales et devient professeur à l'ÉNAP. « Mon bureau était voisin de celui de Louise et nous nous voyions tous les jours », me dira Claude Morin. Cette proximité n'est sans doute pas étrangère au fait que l'ancien ministre adhère, en 1972, au Parti québécois dont est déjà membre l'influente fonctionnaire de l'ÉNAP. Lorsque Morin est de passage à Montréal pour donner ses cours ou pour l'une des conférences qu'il prononce fréquemment devant divers auditoires, il visite souvent les Michaud, dont il devient un ami assidu.

Durant cette période, le Québec ouvre plusieurs délégations et bureaux d'immigration à l'étranger: Düsseldorf, Bruxelles, Athènes, Beyrouth et Rome, entre autres. Les fonctionnaires du ministère des Relations internationales du Québec ne chôment pas et le monde entier est leur terrain d'activités. Le puissant ministère des Affaires extérieures canadiennes, qui jusqu'alors faisait la pluie et le beau temps dans ce domaine, ne voit certainement pas d'un bon œil l'irruption du Québec, qui vient jouer dans ses plates-bandes en revendiquant une voix spéciale. Les fédéraux vont tenter de reprendre petit à petit le terrain perdu et recruter de nouvelles taupes pour exécuter en douce leurs basses besognes.

Les premiers contacts de Michaud avec les hauts fonctionnaires du ministère des Relations internationales du Québec sont dignes de la réputation du personnage. Un jour, Denis Vaugeois, qui a été maintenu en poste au ministère malgré le changement de gouvernement de 1970 et qui œuvre alors à la direction générale des Relations internationales, lui présente la somme des dossiers à l'étude depuis un an, comme cela se fait toujours à l'arrivée d'un nouveau patron. Il faut dire que ça bouge au MRI ; entre 1970 et 1973 seulement, le Québec ouvrira une quinzaine de bureaux à l'étranger. C'est un temps fort de la coopération. Vaugeois, qui est fier de son travail, dépose donc sur le bureau de son nouveau supérieur, d'un geste solennel, la pile de dossiers sur lesquels il planche depuis plusieurs mois. Michaud, qui ne semble nullement impressionné, lui répond poliment : « Vous n'avez pas compris. Je ne suis pas le genre à me ruer sur le travail... »

Si cette boutade – risquée pour un fonctionnaire recruté de fraîche date – donne la mesure de l'indépendance d'esprit d'un Michaud pince-sans-rire, elle ne signifie nullement qu'il entend se croiser les bras. Mais il sera avant tout un accoucheur. Avec lui, tel projet, telle idée audacieuse prennent forme rapidement, sinon précisément. Il sait par la suite distribuer les rôles, après avoir jaugé les capacités de chacun. Robert Bourassa ne se doutait sans doute pas qu'il ouvrait un nouveau front en plaçant cet intello intrépide au cœur de la coopération avec les pays de la francophonie.

Le gouvernement canadien n'avait qu'à bien se tenir, Michaud venait ouvrir les premières brèches dans l'enceinte des chasses gardées fédérales.

Yves Michaud est un homme authentiquement cultivé, extrêmement bien informé et doué d'une mémoire exceptionnelle. Il est capable de saisir très rapidement les tenants et aboutissants d'une situation nouvelle, un talent qui est peut-être dû à sa maîtrise hors du commun de la lecture rapide. Vrai de vrai, il peut lire un livre en une soirée et même l'annoter au besoin. C'est également un bourreau de travail qui ne craint pas de se retrousser les manches, contrairement à ce qu'il laissait entendre lors de sa rencontre avec Denis Vaugeois. Il se porte toujours volontaire pour aller à l'étranger, en Afrique entre autres, où il multiplie les bons coups et s'attire des sympathies précieuses. Et puis, comme il a ses entrées auprès du premier ministre Bourassa, son entourage immédiat se sent rassuré et ose davantage. Lorsqu'un supérieur veut leur imposer un collaborateur « tabletté » ou incompétent, par exemple, ses fonctionnaires s'adressent aussitôt à Michaud pour qu'il intervienne auprès du bureau du premier ministre afin d'empêcher la manœuvre. Avec lui, aucune compromission possible.

À Québec, c'est l'euphorie. Le gouvernement a réussi, au terme de nombreux combats, à obtenir le statut de gouvernement participant à l'Agence de coopération culturelle et technique (ACCT), aujourd'hui l'Organisation internationale de la francophonie. Fondée en 1970 à la Conférence de Niamey, au Niger, l'ACCT compte au départ 21 États membres et son siège social est à Paris. Les deux délégués du Québec au conseil d'administration de cette organisation, Yves Michaud et Denis Vaugeois, auront les mêmes prérogatives que leurs vis-à-vis canadiens, et n'en sont pas peu fiers.

De leur côté, les Français découvrent, grâce en partie aux multiples interventions des fonctionnaires québécois, que le Canada n'est pas une société monolithique, qu'il y a aussi une autre province qui demande à être entendue en français et reconnue avec sa spécificité propre. Cette entité, c'est le Québec, une province pas comme les autres, avec une majorité francophone, avec une histoire différente et dont les ancêtres sont venus de provinces françaises au xvie et xviie siècle, bref une société distincte qu'on a long-temps refoulée et ignorée, sans doute inconsciemment, et que le général de Gaulle a enfin reconnue. Il ne faut y voir, cependant, aucun relent de colonialisme de la part de la France. Bien plutôt, c'est comme si la quête d'identité du Québec était l'occasion, pour la France, de se replonger dans sa propre histoire. Un véritable vent de fraîcheur pour tout le monde.

Cette redécouverte du Québec est capitale et permet d'apprécier le travail de tous ces fonctionnaires québécois qui ont défriché l'Hexagone pour y semer les graines de la solidarité. Anne Cublier fait partie de ces Français qui, par l'entremise de l'ACCT, ont fréquenté Yves Michaud dès les débuts des années 1970 et ont découvert, grâce à ses expli-cations, à sa passion et à sa patience, que lorsqu'ils effec-tuent un « voyage au Canada », il leur faut désormais distin-guer si c'est au Québec ou en Ontario, si c'est à Montréal ou à Québec, ou bien à Toronto, Ottawa ou Vancouver.

Quiconque approche Yves Michaud pour une raison ou pour une autre en sort transformé profondément, ra-conte-t-elle. On ne peut plus parler du Canada lorsqu'on

parle du Québec. Et on n'a plus d'excuse pour se tromper. Yves est aussi un grand séducteur, et il séduit autant avec la langue, qu'il maîtrise parfaitement, qu'avec
son cœur. Après une première rencontre, on est aussitôt
acquis à la cause du Québec. Yves a le talent de la parole,
il a une énorme culture et j'ai rarement vu une personne
capable de réciter des passages de Richelieu ou de Voltaire avec une telle éloquence. Il a aussi de grands talents d'acteur, il est capable de mettre en scène ses
propres déclarations, avec des envolées lyriques.

Michaud se sent de plus en plus à l'aise dans son travail
aux côtés de Vaugeois dans ce ministère ouvert sur le
monde. Il se dit que la diplomatie n'est que la continuation
de la lutte politique sous d'autres formes. Michaud et Vaugeois, qui sont sur la même longueur d'onde, ont une idée
géniale: organiser un festival international de la jeunesse
francophone calqué sur le modèle des Jeux du Common-
wealth. Les fédéraux, qui sont aussi présents au conseil
d'administration de l'ACCT, commencent à s'énerver drôle-
ment. Ils craignent l'effet de contagion d'un tel événement
qui pourrait dégénérer en un élan de sympathie pour les
aspirations politiques du Québec. Leurs élucubrations de
branquignoles convainquent malgré tout Robert Bourassa
de mettre la pédale douce. Ce premier ministre chez qui
l'art du calcul était une seconde nature, pressentant le vent
de frénésie qui pourrait souffler sur le Québec, convoquera
des élections anticipées en 1973, un an avant la fin de son
mandat et la tenue de la rencontre internationale, tout en se
défendant bien de faire le jeu des fédéralistes aux abois.
Cette précaution permettra d'éviter que le Parti québécois
ne profite des retombées médiatiques de ce festival pour se
hisser au pouvoir.

Ce sont des années fébriles de grande agitation sociale et syndicale. La FTQ, la CEQ (aujourd'hui CSQ) et la CSN, dont le Conseil central de Montréal est dirigé par Michel Chartrand, se radicalisent et se lancent dans l'action politique, en publiant des manifestes nettement orientés à gauche. On remet carrément en question les rouages de l'économie capitaliste et on met sur pied un premier front commun. Le Parti québécois ne veut pas être en reste et publie son propre manifeste, *Quand nous serons maîtres chez nous*. De nombreux comités de citoyens voient le jour, qui visent l'amélioration des conditions des locataires, des chômeurs, des consommateurs, des assistés sociaux, etc. Bref, la Révolution tranquille semble nettement débordée sur sa gauche. De plus, en février 1973, la Commission royale d'enquête sur la situation de la langue française au Québec et sur les droits linguistiques des francophones, commandée en 1968 par le premier ministre Jean-Jacques Bertrand, dépose la dernière tranche de son rapport, le rapport Gendron, où elle recommande que le français soit l'unique langue officielle au Québec.

Sur le plan international, les Américains s'enlisent au Vietnam et de nombreuses recrues de l'armée américaine tentent d'échapper à la conscription en traversant la frontière. On appelle ces déserteurs les « *draft-dodgers* ». En Amérique du Sud, une expérience démocratique attire l'attention du monde entier. Au Chili, le Parti socialiste a réussi à prendre le pouvoir à la suite d'élections libres en 1970. Cette victoire socialiste ouvre de nouvelles perspectives pour toute l'Amérique latine. Mais elle sera assombrie, trois ans plus tard, par le putsch sanglant du général Pinochet et l'assassinat du président Allende.

Pendant ce temps, les officines fédérales s'agitent. On y est bien informé des intentions des fonctionnaires québécois, et par nul autre que Julien Chouinard, le secrétaire général du Conseil exécutif du Québec, et l'homme d'Ottawa à Québec, en lien direct avec Marc Lalonde. Ils imaginent un plan d'ensemble où le festival international de la jeunesse francophone serait éparpillé à travers le Canada, un petit peu à Toronto, un petit peu Ottawa, un petit peu à Québec ou Montréal, un peu au Nouveau-Brunswick. Cela calmerait les ardeurs nationalistes, mettrait un frein à l'éventuelle frénésie qui pourrait s'emparer du Québec.

En 1972, Michaud et Vaugeois doivent participer à une réunion importante de l'ACCT à Paris, dont le directeur de cabinet du secrétaire général est un fier Québécois, Jean Tardif. Ce professeur d'anthropologie qui a fait ses premières armes en Afrique sera plus tard le conseiller politique d'Yves Michaud à la Délégation générale du Québec à Paris. C'est à cette rencontre que tout doit se décider.

À la dernière minute, Michaud et Vaugeois apprennent que leurs billets d'avion ne sont pas prêts. Quelqu'un, de toute évidence, veut les empêcher de participer à la rencontre; y aurait-il du Julien Chouinard là-dessous? En fait, Oswald Parent, ministre d'État aux Affaires intergouvernementales, recevait ses instructions de Julien Chouinard et d'Ottawa, et avait fait en sorte que Vaugeois et Michaud ne puissent avoir leur titre de voyage payé par le gouvernement. Heureusement, ils font fréquemment appel aux services d'Air Canada pour le transit de centaines de jeunes coopérants, étudiants et professeurs dans le cadre de l'ACCT, et ils ont un contact précieux à l'agence de voyage avec laquelle le gouvernement québécois fait affaire. Après un coup de fil à Michel Fragasso, ils réussissent *in extremis* à faire débloquer deux billets pour Paris. Les fédéraux, eux, les croient retenus à Québec et ils savourent déjà leur victoire.

Les deux représentants du Québec ont chargé un collègue d'une mission spéciale et délicate. Michel Chaloult est un haut fonctionnaire à Québec qui a toute leur confiance : or la discrétion est capitale, car il s'agit d'annoncer une décision qui n'a pas encore été prise ! Chaloult doit, le lendemain de leur départ, envoyer à l'hôtel George V, où va se tenir l'importante réunion de l'ACCT, un télex adressé à Vaugeois et Michaud dans lequel il explique et confirme la décision du Conseil des ministres d'engager le Québec à hauteur d'un million de dollars pour mener à bien le projet du festival international. Il est impossible de savoir à qui revient la paternité de cette astuce géniale.

Vaugeois et Michaud, qu'on ne peut certes pas accuser de paranoïa, savent que les communications par télex du gouvernement sont passées au crible par les services fédéraux. (C'est aussi pour cette raison que Claude Morin prend à l'époque un malin plaisir à saluer parfois la GRC dans ses messages, en s'imaginant sans doute dans la peau d'Hubert Aquin pourfendant son ennemi H. de Heutz.) En faisant expédier le télex à une heure bien précise, ils s'assurent que l'ambassade du Canada sera mise au courant à la toute dernière minute de l'intention (fictive pour l'instant) du gouvernement du Québec d'investir dans la tenue du festival. L'effet de surprise sera total.

Pour l'instant, la délégation fédérale est toujours persuadée que le Québec ne sera pas présent à la rencontre. Lorsque les délégués canadiens s'aperçoivent que les deux fonctionnaires du Québec sont bel et bien au George V en dépit de leurs manigances, ils sont sans doute déstabilisés. Mais ils doivent conclure rapidement que même s'ils ont pu arriver à temps, ils n'ont aucun véritable mandat du gouvernement du Québec. C'est du moins ce qu'a dû leur confirmer leur homme au Conseil exécutif, Julien Chouinard, qui ignore évidemment tout de l'astuce de Vaugeois et de Michaud.

C'est Michaud, comme convenu, qui ouvre le feu en se lançant, tel un jeune coq plein d'enthousiasme, dans de grandes envolées lyriques. La francophonie, l'histoire, la coopération internationale, les aspirations légitimes du Québec, l'état de la langue française, les relations humaines, tout y passe. C'est une rude synthèse de près de 400 ans d'histoire. À ce jeu, il n'y a personne pour l'égaler et il réussit même à faire verser quelques larmes à des représentants africains. « Nous nous enrichissons de nos différences », clame-t-il, ému. Manifestement, le courant passe très bien – sauf avec les représentants du gouvernement canadien, qui sont gagnés par la consternation devant cette époustouflante performance. Ils n'ont plus qu'à se recroqueviller et attendre la prochaine étape. Michaud l'inimitable a remporté la première manche, mais il n'est pas dit que la chance sera toujours de son côté.

À la pause de midi, alors que tout le monde est réuni pour le repas, un employé de l'hôtel vient livrer aux deux membres de la délégation du Québec le fameux message de Michel Chaloult. « J'ai un télex pour messieurs Michaud et Vaugeois », lance l'employé à la cantonade. « Tous les regards se sont tournés vers nous, raconte Denis Vaugeois. Nous avons commencé à respirer, notre astuce semblait fonctionner, l'ennemi était déjoué. » Dans ce « message officiel », le gouvernement du Québec s'engageait à financer à hauteur d'un million de dollars le Festival international de la jeunesse francophone. C'est plus qu'il n'en faut pour convaincre les délégués de l'ACCT de choisir la ville de Québec.

La délégation canadienne est médusée, elle qui était convaincue, malgré la présence surprise de Vaugeois et de Michaud à Paris, que le Québec n'avait aucune chance de s'imposer dans les négociations. Leur entreprise de torpillage a lamentablement échoué et le pire, c'est qu'ils n'ont jamais décelé le moindre signe du « complot ». Michaud et Vaugeois jubilent, savourant leur triomphe entre deux accolades. « À l'an prochain, à Québec », se disent-ils. Vaugeois sait qu'avec Michaud de son bord, il va facilement obtenir l'imprimatur du premier ministre Bourassa qui récoltera, de toute façon, les retombées médiatiques de l'opération. Le repas peut continuer mais pour la délégation canadienne, il doit être bien indigeste.

Il ne reste plus à Michaud qu'à convaincre, à son retour, Robert Bourassa que le Québec a besoin de cet événement prestigieux et que, de toute façon, il est trop tard pour reculer. Toujours très réservé, le premier ministre se montrera beau joueur et donnera son accord. Il fallait maintenant se mettre à la tâche pour être à la hauteur des attentes des pays participants. L'année suivante, du 13 au 24 août 1974, le Québec sera bel et bien l'hôte du Festival international de la jeunesse francophone et de la Superfrancofête. La victoire semble totale.

Pendant son court mandat comme Commissaire général à la Coopération (1970-1973), Yves Michaud obtient des gains importants pour le Québec. Denis Vaugeois ne peut se plaindre de son patron, la majorité des dossiers sur lesquels il travaillait au moment de l'arrivée de Michaud à l'Agence ont été complétés et menés à bien. À son départ, la coopération ne s'est jamais si bien portée et le Québec a étendu son influence un peu partout dans les pays francophones, en dépit des résistances et des manigances du gouvernement fédéral qui, lui, dispose de moyens énormes. Il faut préciser que le ministère de l'Éducation du Québec (MEQ) alloue également un budget pour la coopération avec la France et les pays africains et qu'il forme bien souvent un front uni avec le MRI pour faire face aux offensives diplomatiques du fédéral, en dépit parfois des résistances de certains hauts fonctionnaires québécois, plus portés à pactiser avec le fédéral. Michaud s'est imposé comme l'homme de la situation, le plus apte à tenir la barre d'une organisation encore jeune et fragile.

En août 1974, la Superfrancofête est inaugurée par Robert Bourassa et Pierre Elliott Trudeau, sous les huées des spectateurs qui, cette fois encore, n'apprécient pas la présence du premier ministre du Canada. Pour la soirée de clôture, « le loup, le renard et le lion » sont réunis sur une même scène pour un concert mémorable : Félix Leclerc, Gilles Vigneault et Robert Charlebois. L'événement hante encore aujourd'hui les plaines d'Abraham, près de quarante ans après sa tenue. Plus de 100 000 personnes, le premier rassemblement d'une telle envergure à Québec, se sont donné rendez-vous pour entendre ces trois grands de la chanson québécoise entonner ensemble, entre autres, « Quand les hommes vivront d'amour », de Raymond Lévesque. Pour l'occasion, Gilles Vigneault a composé une nouvelle chanson : « Il me reste un pays à te dire / Il me reste un pays à

nommer...» Tous les arts sont représentés dans cette première réunion planétaire de la francophonie, qui a eu lieu,
non pas sur le sol de la mère patrie, mais au Québec, un
véritable tour de force. Mission accomplie pour Michaud
et Vaugeois.

Malheureusement, Michaud n'est plus en poste au
moment de l'ouverture de la fête, car il a démissionné de
ses fonctions pour se présenter aux élections générales,
le 29 octobre 1973, sous la bannière du Parti québécois.
René Lévesque, qu'il n'a jamais cessé de fréquenter, l'a
convaincu qu'il a un rôle à jouer dans sa jeune formation
politique et dans ce Québec qui réclame plus de pouvoirs,
plus d'autonomie.

Volontaire, «toujours prêt» comme au temps des scouts
à prendre des risques pour la cause, mais doté d'un pragma-
tisme qui fait l'économie des illusions, Michaud accepte
l'invitation de son ami de reprendre du service comme candidat péquiste. Faire une campagne électorale sans grands
moyens financiers, c'est la croix et la bannière, mais il a
épousé le Québec tout juste après avoir épousé Monique et
depuis, il a toujours sauté sur l'occasion de servir son pays,
pour peu qu'on lui donne l'assurance d'une certaine liberté
de mouvement. Lévesque sait que son ami remplira sa mission avec compétence et passion, car il est allé à la bonne
école, celle de la Révolution tranquille.

Terminés, pour l'instant, les nombreux voyages à l'étranger et la valise toujours faite. Terminée aussi, l'agitation un
peu vaine des réceptions guindées en Europe ou en Afrique.
Il quitte le confort de la diplomatie, où son œil s'était habitué à l'élégance feutrée des salons, pour descendre dans
l'arène de la politique élective où les Brutus sont légion. Il

n'est pas ce qu'on appelle un militant de la base mais, malgré ses airs de grand seigneur, il est un coureur de fond et un bagarreur. Cependant, au lieu de brandir le poing, il offre souvent une main tendue, et plutôt que de frapper un adversaire à terre, il éveille les consciences et séduit avec une faconde un peu théâtrale qui pique la curiosité et inspire la confiance.

Le Parti québécois l'envoie dans le comté de Bourassa, dans le nord de Montréal, où il affronte Lise Bacon, qui dirige alors les destinées du Parti libéral du Québec. Mission impossible? Michaud a perdu sa naïveté politique il y a belle lurette et il sait qu'il a peu de chance de battre cette militante libérale de longue date. Il fonce néanmoins avec l'ardeur d'un jeune premier, toujours encouragé par l'infatigable Monique, qui n'a pas son pareil pour organiser des assemblées de cuisine, comme elle le faisait déjà à Saint-Hyacinthe avec les femmes libérales, dans les années 1960. Doué pour la parole, habitué à serrer des mains et à converser avec chacun, Michaud parcourt la circonscription en mouton noir, c'est-à-dire en dehors du troupeau, ce qui en exaspère plus d'un.

Mais il n'aura guère la chance d'assouvir sa boulimie de politique. Comme il s'y attendait, il est battu par sa rivale libérale. Il obtient néanmoins 40,59 % des votes. Cela reste un terrible constat d'échec après tant d'efforts, tant de nuits de veille passées à faire du pointage avec son équipe de bénévoles. Comble de malheur, son parti ne fait élire que six députés (Marc-André Bédard, Robert Burns, Claude Charron, Marcel Léger, Lucien Lessard et Jacques-Yvan Morin); c'est un de moins qu'à l'élection précédente, même si le PQ obtient plus de 30 % des voix, une injustice que plusieurs journalistes et analystes politiques ne manquent pas de souligner. Certains y voient l'influence néfaste du coup d'État sanglant au Chili, le 11 septembre 1973, où l'armée a renversé le gouvernement socialiste démocratiquement élu d'Allende. L'image de l'armée canadienne patrouillant dans les rues de Montréal pendant la crise d'Octobre est encore bien présente dans la mémoire collective.

Jacques Parizeau prend l'entière responsabilité de la défaite électorale, en raison de la présentation de son « budget de l'An I », qui a peut-être mal servi le PQ. En démissionnant du Conseil national, il déclare :

> Je suis entré au PQ parce que je crois que l'indépendance doit se faire. Mais il faut être réaliste. Le PQ n'est pas rassurant et ne le sera jamais. Nous faisons peur quand nous parlons de langue, nous faisons peur quand nous parlons de notre place en Amérique du Nord. C'est la fierté qui nous amènera à faire l'indépendance, mais la frousse jouera toujours. Certains auront peur de se faire tuer, comme au Chili ou au Biafra, d'autres de perdre leur culotte. Il faut dégonfler la peur en l'usant.

C'est un juste constat qui part d'une analyse solide, mais sa décision de démissionner en déconcerte plus d'un.

À l'été 1974, Robert Bourassa fait adopter la loi 22, un chef-d'œuvre d'ambiguïté qui fait du français la seule langue officielle du Québec tout en reconnaissant les deux langues, le français et l'anglais. Au chapitre de l'éducation, cette loi n'a pas suffisamment de mordant pour contrer les effets dévastateurs de la loi 63. Les enfants d'immigrants continueront d'être dirigés vers l'école anglaise. Le message passe mal dans la population. La paix sociale était déjà soumise à rude épreuve avec des conflits majeurs, comme la grève des travailleurs de la United Aircraft, à Longueuil, qui reçoivent l'appui de René Lévesque, celle des chauffeurs et préposés à l'entretien des autobus et du métro, ou encore le saccage du chantier de LG-2, à la Baie-James. La crise linguistique éclate dans ce climat déjà passablement lourd. Plusieurs manifestations de protestation sont organisées, dont l'une à Québec qui réunit 15 000 personnes.

Luc Michaud travaille à cette époque comme consultant économique à la Banque royale, au siège social de Montréal, à la Place Ville-Marie. La banque avait déposé un mémoire au moment de l'étude de la loi 22 en commission parlementaire et les journaux s'en sont emparés. L'institution y déclare, entre autres, que pour elle toutes les langues se valent, et qu'il ne faut en favoriser aucune. Une telle attitude dénote une totale méconnaissance des revendications du Québec. La Banque royale perd alors une bonne partie de sa clientèle francophone, choquée par cette prise de position qui ne tient pas compte de la réalité du fait français. La haute direction, aux abois, demande à Luc son avis sur la situation. Luc ne se gêne pas pour les rabrouer : « Vous avez mal été conseillés par les quelques Canadiens français que vous avez consultés, qui sont eux-mêmes colonisés et à plat ventre devant vous. Ne vous fiez surtout pas à leur jugement », les prévient-il.

Il leur propose ensuite tout bonnement de leur présenter René Lévesque et Jacques Parizeau pour que les deux dirigeants péquistes les renseignent adéquatement : « Ils sauront le faire mieux que tous vos conseillers. » Les dirigeants n'en reviennent pas, car ils ne se doutaient nullement que le père de Luc était un ami personnel de René Lévesque et de Jacques Parizeau. « Mais vous les connaissez ? » lui demandent-ils, incrédules. « Ils viennent manger à la maison toutes les deux semaines », leur répond-il comme si de rien n'était.

Quelques jours plus tard, les deux chefs souverainistes débarquent à la Place Ville-Marie pour rencontrer la haute direction de la Banque royale du Canada. La rencontre, cordiale et à huis clos, dure environ deux heures. Jamais, par la suite, la Banque royale ne se mêlera des affaires politiques du Québec, même durant les deux référendums. Ce jour-là, Lévesque et Parizeau ont réussi à convaincre les dirigeants d'une institution financière majeure que leurs intérêts ne seraient pas menacés advenant l'arrivée au pouvoir d'un gouvernement souverainiste.

4
Le Jour

Tout amère qu'elle a été, cette expérience en politique n'a pas eu que des aspects négatifs. Yves ne croit pas une miette en la fatalité. Il est de ceux qui posent des jalons et avancent patiemment leurs pions. Il arrive parfois qu'une défaite nous permette de nous surpasser en ouvrant de nouveaux horizons. Des liens étroits d'amitié et de confiance unissaient le journaliste Michaud et le chef du Parti québécois. On dit même qu'Yves pouvait lire les pensées de René. Quant à Jacques Parizeau, alors qu'il était professeur aux HEC, il avait entendu parler d'Yves Michaud à l'occasion de son opposition circonstancielle au bill 63, à l'Assemblée nationale, en 1969. Mais les deux hommes ne s'étaient guère fréquentés jusque-là, sauf lors des élections partielles, en 1971, dans Chambly. Tous les trois étaient candidats du PQ aux dernières élections et tous les trois ont été défaits. Né en 1922, René Lévesque est le plus âgé, les deux autres étant nés la même année, 1930.

Le soir même de la défaite, vers minuit, ils se réunissent au restaurant-bar Le Bouvillon, dans le quartier Côte-des-Neiges, un endroit fréquenté par la faune universitaire, tout près du non moins légendaire Café Campus et de la librairie Renaud-Bray. Un peu plus tard Camille Laurin et Pierre Marois viendront se joindre au trio. La campagne électorale a été épuisante, le discours officiel de la défaite a été prononcé devant des troupes démoralisées et les trois hommes ne demandent pas mieux que de marquer un temps d'arrêt pour mieux réfléchir à l'avenir tout en se détendant autour d'un verre.

On ne sait trop qui a convoqué la réunion du Bouvillon mais on y fait le *post mortem* de cette défaite difficile à avaler, étant donné l'excellent pourcentage des votes récoltés par le Parti québécois. «Plus de 30% des votes, avec seulement six députés, un de moins qu'aux dernières élections, il y a quelque chose qui ne tourne pas rond», lance Yves Michaud, mi-figue mi-raisin. Lévesque et Parizeau sont tout aussi perplexes devant ce résultat décevant. Le PQ vient d'essuyer un deuxième revers en trois ans mais il est vrai que le parti n'a que cinq ans. «Que diriez-vous d'un journal, d'un quotidien, qui défendrait nos idées en tout temps? Il faut porter cette espérance, il faut la véhiculer, la traduire», lance à brûle-pourpoint Michaud qui, étant donné l'endroit où il se trouve, s'interdit pour une fois de se lancer dans de grandes envolées lyriques. Il faut dire que le Parti québécois s'est mépris en croyant que *Le Devoir* allait l'appuyer durant la campagne électorale. Claude Ryan, le directeur, a bien jonglé, un moment, avec cette possibilité, mais son appui est finalement allé au Parti libéral, ce que René Lévesque a perçu comme une trahison. Aucun journal, sauf l'hebdomadaire *Québec-Presse*, n'a appuyé la jeune formation politique souverainiste, qui en a indéniablement payé le prix.

La réaction de Lévesque et de Parizeau ne se fait pas attendre : ils sont tous deux d'accord avec l'idée, et ils piaffent même d'impatience. Sur près de trois millions d'électeurs,

900 000 voix pour le PQ, ça représente un bassin de sympa-
thisants plus qu'intéressant, estime le professeur des HEC.
Il faut tenter de les joindre, grâce à un journal partisan qui
pourra entretenir la flamme et gagner de nouveaux soutiens.
« Il faut être en mesure de leur expliquer notre projet », répète René Lévesque, comme s'il se souvenait de l'époque où
il expliquait à la population du Québec les problèmes de la
planète à l'émission *Point de mire*, à Radio-Canada, dans les
années 1950. Et comme aucun éditorialiste ne les a appuyés,
il leur faut créer leurs propres instruments et ne compter
que sur leurs propres moyens. C'est dans l'air du temps, d'ailleurs, et il est urgent de réquisitionner les consciences des
militants. Et puis, pour les éditoriaux, Michaud possède une
solide expérience, aucun doute là-dessus.

À une table voisine, un petit groupe d'amis se sont
réunis, eux aussi, pour discuter du résultat des élections.
Parmi eux, Paule Beaugrand-Champagne, fin de la vingtaine,
qui travaille au ministère du Travail et de la Main-d'œuvre.
L'oreille tendue, elle a tout entendu de la conversation entre
les trois célèbres candidats défaits qu'elle a reconnus d'emblée. Le projet de lancer un nouveau journal l'intéresse au
plus haut point car elle a déjà œuvré dans le milieu journalistique. Quelques jours plus tard, prenant son courage à
deux mains, elle réussit à joindre au téléphone celui qui lui
semble être le maître d'œuvre du projet pour lui avouer
son indiscrétion et lui faire part de son désir de participer à
l'entreprise. Yves Michaud, nullement choqué, lui donne
rendez-vous chez lui le lendemain pour lui expliquer
plus en détail son plan d'action. Paule est embauchée sur-
le-champ, en compagnie de quelques autres journalistes,
dont Évelyn Dumas, qui quitte son bureau au *Devoir*.

Il s'agit maintenant de mettre la main à la pâte, ce qui n'est, en quelque sorte, que pure routine pour le jeune lion Michaud, qui sait qu'il est nécessaire de se lancer *hic et nunc* dans l'action. Après quelques séances de *brainstorming*, on trouve le nom du futur quotidien : ce sera *Le Jour*, même si le journal du même nom fondé par Jean-Charles Harvey, qui avait paru de 1937 à 1952, s'était illustré par son anti-nationalisme virulent ; la nouvelle publication serait donc aux antipodes idéologiques de son ancêtre. L'aventure extraordinaire du *Jour* démarrera sur des chapeaux de roue, avec une équipe réduite mais fort aguerrie, comme on le verra. Ses trois fondateurs, dont deux sont issus du milieu journalistique, espèrent que cette union de talents durera le plus longtemps possible, le temps, au moins, que le rêve de l'indépendance se réalise.

À 44 ans, Yves Michaud quitte donc la fonction publique – il avait maintenu son lien d'emploi, en cas de défaite électorale – pour lancer le quotidien d'opinion qu'il dirigera de 1974 jusqu'à sa fermeture, en août 1976. Ce n'est pas la première fois qu'il coupe les ponts avec ses habitudes et avec un employeur et qu'il se lance à l'aventure, pour entreprendre une nouvelle carrière. Cette fois encore, le défi est de taille. Il commence à apprécier ce courant électrique qui lui parcourt le corps, cette montée d'adrénaline qui l'envahit chaque fois qu'il dit « oui », qu'il accepte de créer quelque chose de nouveau.

Monique est encore et toujours à ses côtés, prête à lui faciliter les choses. Elle donne donc son aval à la nouvelle entreprise de son rondelet mari, qui est toujours animé d'une ardente passion. Il veut être directeur du journal, il le sera, et ses amis Lévesque et Parizeau lui promettent qu'il aura les coudées franches.

Michaud doit d'abord trouver des fonds, comme c'est toujours le cas pour une entreprise en démarrage. Il n'existe pas, à cette époque, de programmes d'aide comme on en trouve aujourd'hui dans les différents ministères, à Québec comme à Ottawa. Le futur directeur du *Jour* décide donc d'aller voir son banquier, Michel Bélanger, qui a fait ses classes au sein du ministère des Richesses naturelles que dirigeait René Lévesque, pour solliciter un prêt de 50 000 $. Il est en terrain connu, mais cet engagement revêt tout de même un caractère solennel. Par ailleurs, il n'est pas fréquent qu'on lance un nouveau journal avec si peu de moyens.

Michaud et Parizeau possèdent chacun une maison qu'ils peuvent déposer en garantie hypothécaire ; Lévesque, lui, a trois fois rien. Néanmoins, les trois propriétaires du journal *Le Jour* s'engageront auprès de la banque. Michel Bélanger sait fort bien que ses débiteurs ne sont pas n'importe qui, qu'ils ont du cran et du métier à revendre, et qu'ils sont loin d'être des kamikazes. Leurs qualités humaines font le reste. La promesse d'un journal rentable est émouvante mais l'avenir est tout de même incertain. Il reste que le mouvement souverainiste pourrait reprendre du poil de la bête si on le dote d'un bon outil de communication.

Toutefois, on ne veut pas que le journal soit une courroie de transmission du Parti québécois, même s'il doit véhiculer ses grands objectifs. Le nouveau journal ne doit pas être perçu comme un instrument de propagande. La marge est mince, cependant, et on devra faire preuve d'imagination. Pour assurer l'indépendance du *Jour*, Michaud a l'idée de lancer une campagne de souscription en vendant des actions à 20 000 $ ou 25 000 $ à un groupe restreint de 150 à

200 personnes dont les affinités politiques se rapprochent des idées du journal et du Parti québécois. On les appellera « Les amis du *Jour* ». Cet argent servira de fonds initial pour le démarrage du quotidien. Ces actionnaires, minoritaires, ne pourront en aucun cas influencer la direction du quotidien. Quant aux fonds provenant du Parti québécois, ils ne représenteront que 5 % du budget annuel.

Cependant, l'arrivée d'un journal inféodé aux lignes du Parti québécois ne plaît pas à tout le monde. Plusieurs militants, surtout ceux de Montréal-Centre, et quelques députés s'y opposent ouvertement, mais ils sont minoritaires. Claude Charron, le plus jeune des députés, de même que Robert Burns, entre autres, estiment que ce seront encore les militants qui financeront les activités du *Jour*, alors que cet argent pourrait servir à consolider les assises du jeune parti qui ne peut pas compter sur les grands bailleurs de fonds des partis traditionnels. De plus, « une presse partisane n'aura jamais mes faveurs », me confiera Claude Charron. Il préfère lire un quotidien écrit par des journalistes qui ne partagent pas ses idées que de partager celles d'« amis », dont on ne sait jamais jusqu'où ira leur fidélité. L'avenir lui donnera raison, car certains soi-disant amis se transformeront en loups dans la bergerie.

À l'époque, le *Journal de Montréal* tirait à 141 000 exemplaires, *Le Devoir* à 40 000, *La Presse* à 168 000 et *Montréal-Matin* (fermé en 1978) à 128 000. *Le Jour* vise, dans un premier temps, un tirage compris entre 25 000 exemplaires, avec 15 % de publicité dans ses pages, et 30 000, avec seulement 10 % de publicité. Il compte trouver son lectorat dans toutes les couches de la société, mais d'abord parmi ces 30 % d'électeurs qui ont voté pour le Parti québécois. *Le*

Jour veut présenter une image jeune et dynamique sans pour autant sacrifier le sérieux qui se reflétera dans sa page éditoriale. Il y aura, de plus, une demi-page consacrée exclusivement à la bande dessinée québécoise, une première.

Troisième étape : trouver un modèle de fonctionnement. Yves Michaud avait déjà entendu parler du modèle de gestion d'Hubert Beuve-Méry, le fondateur du fameux quotidien français *Le Monde*. Beuve-Méry avait mis au point un système qui fonctionnait à merveille depuis sa création, à la Libération, à l'initiative du général de Gaulle. Les journalistes avaient leur mode de fonctionnement et leur autonomie propres au sein de l'entreprise de presse, sans ingérence aucune de la direction. Ils étaient regroupés dans une Société de rédacteurs et ils avaient le plein contrôle de l'information. La direction se réservait, quant à elle, le soin de déterminer la ligne éditoriale du journal. On est aussi à l'époque de l'autogestion : la CSN avait publié en 1971 un manifeste au ton radical intitulé *Ne comptons que sur nos propres moyens*. Yves Michaud estime que ce type de direction permettra de résoudre de nombreux problèmes et créera une salle de rédaction responsable et solidaire.

Sans plus tarder, il se rend à Paris pour rencontrer le fondateur de son prestigieux modèle afin de lui soutirer quelques conseils. Beuve-Méry l'entretient longuement et c'est fort de ces enseignements que le directeur du *Jour* revient au pays, plus décidé que jamais à innover pour lancer un quotidien indépendantiste d'un genre nouveau. Il a la ferme intention d'appliquer un modèle unique en Amérique du Nord qui garantira aux journalistes leur autonomie, tout en gardant le cap sur le projet souverainiste. « Ce journal sera libre, clame-t-il, et les amours ancillaires seront interdites. »

Ce journal grand format – un an après sa parution, il sera transformé en tabloïd –, qui paraîtra tôt le matin et sera imprimé sur un papier blanc de qualité, sera donc « indépendantiste, social-démocrate, national et libre », c'est-à-dire qu'il n'appartiendra à aucun groupe de presse et n'aura aucun lien organique avec le Parti québécois, même s'il fera la promotion de la souveraineté-association. Il s'agira d'« interpréter les enjeux majeurs des débats publics à la lumière du projet d'une nouvelle société québécoise qui se prend en main et qui tend à l'égalisation des chances de tous ses citoyens ». On y parlera de la politique québécoise et internationale, sans négliger les questions économiques.

Le journal se donne une véritable mission pédagogique. On renseignera notamment les lecteurs sur le prix des aliments et autres produits de consommation de masse, en dénonçant tous les cas d'abus. Ce côté combatif et militant, basé sur une éthique journalistique qu'on veut irréprochable, n'attirera pas, on en est conscient, la sympathie des gros annonceurs, qui craignent d'être associés au projet indépendantiste encore balbutiant ; mais on assume ce choix, au grand dam des deux ou trois personnes chargées de vendre de la publicité. Certaines publicités seront même frappées d'interdit, entre autres celles à caractère sexiste et élitiste. Les compagnies de financement qui pratiquent des taux d'intérêts abusifs et usuraires seront dénoncées ; Le Jour s'autorisera même à les poursuivre, avec l'appui de citoyens qui auraient été lésés par ces pratiques douteuses. Comme on peut le constater, le Robin des banques, qui n'apparaîtra que beaucoup plus tard, sommeille déjà en Yves Michaud et la protection des consommateurs compte parmi ses préoccupations premières.

Il faut aussi trouver des locaux pour installer la salle de
rédaction, et le choix se porte dans le secteur industriel de
Ville Saint-Laurent, là où se trouvent déjà les bureaux de
Dargaud Canada, le distributeur, entre autres, des albums
Astérix, où travaille toujours Monique. Par ailleurs, *Le Jour*
disposera de son propre service de messageries, celui qu'Yves
Michaud avait mis sur pied à l'époque de *La Patrie*. Ses
camions à moitié vides, où s'empilent les caisses d'*Astérix* et
de *Tintin*, seront désormais remplis des exemplaires du
quotidien, six jours par semaine. De Percé à Rouyn-Noranda,
en passant par les grands centres urbains, le territoire à
couvrir est vaste mais la fièvre et l'agitation qui règnent
dans la salle de rédaction et dans le bureau du directeur
font des miracles. Du moins dans les premières années.

Vient ensuite la délicate mission de trouver les journalistes compétents qui partagent le même idéal d'une société
libre et plus juste, axée sur la social-démocratie. Réunir dans
une équipe des contributeurs provenant d'horizons divers
et aux intérêts parfois divergents n'est pas une tâche de tout
repos, mais Yves Michaud ratissera large et brisera certains
tabous. Avec la nomination d'Évelyn Dumas au poste de rédactrice en chef, *Le Jour* devient le premier journal dont la
salle de rédaction est dirigée par une femme. Évelyn, au
début de la trentaine, est déjà une journaliste chevronnée
qui a fait ses preuves à *La Presse*, au *Devoir* et au *Montreal
Star*. « Elle a déjà passablement d'expérience pour son âge
et surtout le courage de ses opinions, à une époque où tous
les médias sont fédéralistes », dira Michaud en annonçant
sa nomination.

D'autres journalistes seront embauchés peu à peu.
Feront partie de l'équipe impressionnante du *Jour* Gil

Courtemanche, Jacques Guay, Alain Pontaut, Antoine Char, Paul Paré, Jean-Pierre Fournier, Gisèle Tremblay, Maurice Giroux, Bruno Dostie, Rose-Anne Giroux, Jean Chartier, le caricaturiste Berthio, qui a quitté *La Presse* tout comme le photographe Antoine Désilets, Christian Nobert (Christian Fournier), Pierre Tanguay, Pierre Godin, Laurent Laplante, qui quitte *Le Devoir* parce qu'il devait sans cesse justifier ses choix et ses opinions, Jean-Marcel Paquette, Pierre Sormany, Alain Duhamel, Michel Samson, Jean-Marc Desjardins, Henri Jalbert, Pierre Vallières, François Demers, Michel C. Auger, André Chartrand et Marie Vallée, sans oublier Paule Beaugrand-Champagne et sa sœur Claire, photographe, de même que le photographe Pierre Boisclair et Henri-Paul Bronsard, le graphiste qui a créé le logo du journal. Claude Morin signera une chronique deux fois par mois. Marcel Pinsonneault dirigera la section « publicité » où seront embauchées deux vendeuses, Jacqueline Avril et Lisette Lapointe, qui deviendra beaucoup plus tard la compagne de Jacques Parizeau après le décès d'Alice et sera un jour élue dans la circonscription de Crémazie sous la bannière du Parti québécois. Michaud s'adjoindra les services de Jean-Pierre Neveu à la direction de l'administration. Tous se lancent corps et âme dans l'aventure, armés de leur bonne volonté et d'un désir immense de livrer jour après jour un journal différent des autres.

C'est le 28 février 1974, un jeudi, que paraît enfin le premier numéro du *Jour*. Dans son premier éditorial intitulé « Le début d'un temps nouveau », Yves Michaud, débordant d'enthousiasme, résume ainsi l'aventure : « Pour tous ceux qui depuis quatre mois ont rêvé de la téméraire entreprise de publier ce quotidien, il marque la fin d'un songe et le commencement d'une pratique. L'une des plus belles qui soient.

Traduire, diffuser, interpréter la vie.» Et il conclut: «Ce n'est pas un mince honneur que d'apporter sa modeste contribution à la venue d'un temps nouveau. Il faut le payer. Nous sommes prêts.» Une journée inoubliable pour toute l'équipe.

Michaud n'a pas oublié l'expérience tout à fait nouvelle qu'il a menée à *La Patrie* avec la publication de bandes dessinées. Cette aventure lui avait été très profitable, et il veut récidiver avec des bédéistes québécois. Ainsi, c'est au *Jour* que naîtra le personnage de «Sombre vilain», sous la plume (textes et dessins) de Jacques Hurtubise, qui lancera plus tard la revue humoristique *Croc*, avec Hélène Fleury et Roch Côté.

L'hebdomadaire *Québec-Presse*, dirigé par le journaliste et poète Gérald Godin, a un tirage d'environ 25 000 exemplaires au moment de sa fermeture, en novembre 1974, neuf mois après la naissance du *Jour*. Ses journalistes sont de gauche, indépendantistes et favorables au mouvement syndical. Ils ont donc le profil que recherche Yves Michaud, et plusieurs se joignent naturellement à la rédaction du quotidien indépendantiste, dont Louis Fournier, Robert Lévesque, Roch Côté et Jacques Keable.

Gérald Godin en voudra longtemps aux fondateurs du *Jour*, qu'il accusait d'avoir contribué au déclin, puis à la fermeture de son hebdomadaire. «*Le Jour* s'est révélé un trou qui a bouffé, je pense, 400 000 $ en investissements. Si cet argent avait été souscrit dans *Québec-Presse*, nous aurions peut-être aujourd'hui, au Québec, un quotidien indépendantiste fort. [..] Il y a eu un manque de vision assez terrible, assez aberrant, de la part des syndicats et du Parti québécois.» Rappelons que deux ans plus tard, en novembre 1976, Gérald Godin sera élu sous la bannière du PQ en battant dans son propre comté de Mercier le premier ministre sortant, Robert Bourassa.

Paule Beaugrand-Champagne, qui s'occupe au journal des questions de travail, de main-d'œuvre et d'éducation, assume la direction de l'information. Elle sera aussi fréquemment appelée à remplacer la rédactrice en chef durant ses absences pour raisons de santé. Évelyn Dumas souffre en effet d'un trouble bipolaire qui la contraint de ralentir sa cadence de travail, bien malgré elle. Elle subira, en plus, un certain ostracisme de la part du clan des journalistes plus radicaux, car on l'associe à la direction du journal, ce qui n'aide pas à améliorer son moral. Quant à Pierre Godin, il est le troisième dans la hiérarchie du journal, dont il est le chef de pupitre jusqu'au début de 1976, période où il quitte *Le Jour* pour se lancer dans la culture des tomates avec sa compagne, l'historienne Micheline Lachance. La mode du retour à la terre bat alors son plein.

Petit à petit, *Le Jour* gagne en crédibilité et les autres quotidiens le mentionnent plus souvent dans la couverture de leurs nouvelles. L'éminent quotidien de la rue Saint-Sacrement, *Le Devoir*, commence à en subir les contrecoups, son tirage baissant de près du tiers. *Le Jour* a indéniablement été une immense bouffée d'air frais dans les milieux journalistiques. Certes, divers courants de pensée peuvent s'exprimer dans le nouveau journal, mais l'orientation est claire : on est indépendantiste et social-démocrate. Pas de ni oui ni non. Très tôt, *Le Jour* apparaît sur le radar des politiques qui visitent ses pages d'opinion. L'accoutumance les gagne. Il faut dire que l'équipe de journalistes, formée d'intellectuels, d'érudits, d'écrivains et d'universitaires, impressionne et fait l'envie de nombreuses salles de rédaction.

Un jour, un groupe de journalistes approche Michaud pour lui proposer d'insérer dans ses pages, une fois par mois, un exemplaire du mensuel *Maintenant*, que les Dominicains ont décidé de ne plus financer en raison de ses prises de position en faveur de l'indépendance du Québec. Cet encart ne rapporterait rien au *Jour*, mais permettrait de donner une seconde chance à un mensuel qui proposait de réformer la pensée catholique grâce à l'apport d'intellectuels engagés. Parmi ceux-ci, Hélène Pelletier-Baillargeon, qui rencontre Yves pour la première fois dans les locaux du *Jour*. Elle deviendra une grande amie des Michaud et militera à leurs côtés pour la reconnaissance du français comme langue officielle du Québec. L'aventure de la revue *Maintenant*, devenue un supplément, durera jusqu'à la fin de la parution du *Jour*.

Tous les après-midis, vers 16 heures, la rédaction se réunit dans le bureau du directeur pour tracer les grandes lignes de la une du lendemain. La réunion se déroule dans la plus grande convivialité, et Michaud n'est jamais perçu comme un patron encombrant et autoritaire. L'analyse sur le vif de la société québécoise est effectuée avec une grande rigueur, jusqu'à arriver à un consensus qui ne brime aucune sensibilité, du moins au début. Cette pratique a défini, au fil des mois, les grands principes et les règles de fonctionnement de la société des rédacteurs.

En plus de s'occuper de la page éditoriale, Yves Michaud doit aussi voir à la bonne gestion du journal. Parfois, il part en tournée avec quelques journalistes de l'équipe pour visiter les régions et alimenter le cercle des Amis du *Jour*. Le directeur fondateur organise aussi, à l'occasion, des soirées de financement. Lorsqu'un trop grand manque d'argent

se fait sentir, il court chez son banquier pour lui demander une rallonge. Ou encore, il emprunte à sa maison de
distribution, où travaille Monique, qui est toujours vice-
présidente de Dargaud Canada.

Mais lorsque la situation devient plus critique, quand
les fins de mois tournent au cauchemar pour la trésorerie
exsangue et que l'insécurité financière l'assaille, Michaud court
à la salle de rédaction pour avertir les journalistes d'une
catastrophe imminente. « Ça va mal, on va faire faillite, on
n'a plus d'argent ! » lance-t-il à la ronde, en agitant fréné-
tiquement les bras en l'air. C'est une scène qui se répète
trop souvent et qui a le don de déprimer et de stresser énormément les journalistes qui y assistent, impuissants, sans
trop savoir que répondre à ce patron sympathique qui est
manifestement aux abois. Ces travailleurs de l'information
se donnent corps et âme, ils ne comptent pas leurs heures,
carburant au café et à l'espoir, pour des salaires inférieurs à
ceux que l'on paie dans les autres journaux. S'ils se dé-
mènent ainsi, c'est tout simplement parce qu'ils croient en
ce projet, parce qu'ils aiment leur travail et l'ambiance sti-
mulante qui règne à la rédaction. Tout comme la confiance
de la direction les galvanise, ses doutes les démoralisent.
Aussi, Paule Beaugrand-Champagne, qui a ses entrées auprès
du directeur, l'enjoint un jour de ne plus visiter la salle de
rédaction pour préserver le moral des troupes.

Michaud apprécie la franchise de sa directrice de l'information, et il accepte de s'effacer, en ronchonnant un peu.
Mais il ne peut demeurer seul bien longtemps, il doit être
heureux à plusieurs. Le fait d'être isolé dans son bureau lui
pèse. Il a besoin du contact quotidien avec sa salle de rédaction. Chaque nouvelle édition du journal est un défi exal-

tant, avec sa dose d'adrénaline dont il ne sait pas se passer. Que pèse *Le Jour* face à des machines de presse bien huilées, à des organisations politiques puissantes et établies depuis fort longtemps ? Très peu, sans doute, mais jour après jour, contre vents et marées, le journal paraît. C'est l'éternel combat de David contre Goliath. Il faut durer le plus longtemps possible. À la longue, la fronde de David finira bien par faire mouche.

Mis à part ces problèmes financiers récurrents, Michaud est très fier du tour de force qu'il a accompli, car son journal indépendantiste fonctionne plutôt bien, et semble remplir sa mission. Avec son visage qui irradie un enthousiasme communicatif et sa bonhomie légendaire, il se montre toujours charmeur et séduisant, et sa capacité d'écoute est énorme. Il est toujours invité lorsque le personnel du journal se réunit autour d'une bière dans une brasserie du centre-ville, pour discuter de tout et de rien, mais surtout de politique. « C'est un homme d'une rigueur remarquable, dira de lui Gil Courtemanche en 2001, dans *La Presse*. Je me souviens de l'avoir vu, un dimanche vers midi, passer le balai dans la salle de rédaction. Lorsque nos presses étaient en retard, il donnait un coup de main pour charger le camion. »

C'est vrai, le journal n'a pas les moyens d'offrir à son personnel des salaires compétitifs. Les journalistes le savaient à leur embauche ; dans les plus beaux moments du journal, ils sont une quarantaine à y travailler presque jour et nuit, pour la cause. « Mais, on aimait ça, on était tous passionnés », raconte Paule Beaugrand-Champagne, qui demeura fidèle au journal jusqu'à la fin. En contrepartie, la société des rédacteurs a obtenu plusieurs pouvoirs, dont celui de décider de l'embauche des journalistes qui, après

une période de probation d'un an, voient leur contrat re-
nouvelé ou révoqué. Il s'agit toutefois d'un exercice très
délicat. Ainsi, au terme de la première année du *Jour*, la société des rédacteurs doit renvoyer six journalistes, après une
évaluation de leurs compétences. Cette façon de procéder
est tout à fait nouvelle et suscite des débats houleux dans
la profession. Mais l'image du *Jour* n'en est pas entachée.

Le Jour est, malgré ses défauts et la relative inexpérience
de son équipe, un véritable vivier de talents que plusieurs
salles de rédaction commencent à convoiter. Ce n'est pas un
magasin de chaussures où le client est roi et où le personnel
est mis au service de ses moindres caprices et contraint de
faire les quatre volontés de la direction. Son rayonnement
ne fait plus de doutes et dépasse même les seules frontières
du Québec. Certains envient l'indépendance et la jeunesse
de sa salle de rédaction, d'autres, sa souplesse et sa liberté
d'expression, bien différente, entre autres, de ce qu'on peut
voir au *Devoir*, où le poids du passé n'est pas nécessairement garant d'une pensée libre, intelligente et sans carcan.
Yves Michaud dira à l'occasion du 25ᵉ anniversaire de fondation du *Jour* :

> Je nous revois tous, chichement payés, sous les toits
> brûlants d'un misérable entrepôt, peinant sous le poids
> du jour et de la chaleur, tâcherons d'un idéal exigeant,
> renouveler le miracle quotidien de la parution d'un
> journal libre des puissances d'argent, devant la coalition
> des forces enragées de la politique régnante et le rou-
> leau compresseur d'un fédéralisme de tutelle dégradant
> pour notre peuple. Je nous revois tous, compagnes et
> compagnons de l'écriture, dans notre harmonie et nos
> différends, nos joies et nos tristesses, nos enthousiasmes et

nos morosités. Compagnons et compagnes aussi de notre grande petite administration, nos services de publicité, de tirage, de distribution, nos bénévoles et les milliers de lecteurs cherchant à la barre du jour, sous leurs portiques enneigés, le soleil de leur matin.

Tous, nous avons dit non, à notre façon, au silence des pauvres et des sans-voix, à la soumission, à la religion perverse des intérêts, aux prédateurs d'un capitalisme sauvage, à l'égoïsme corporatif, au maintien de notre peuple dans un état permanent de minorité en déshérence, à une société sans partage et à l'infirmité d'une moitié d'État, dépouillé des indispensables attributs de la souveraineté. (*Les raisons de la colère*, Fides, 2005).

Mais certains journalistes du *Jour*, une poignée, éprouvent eux aussi le besoin de faire connaître leurs opinions et ils entendent disputer ce monopole à la direction. Ils justifient leur action en alléguant que le Parti québécois s'est défait de ses objectifs premiers et a abandonné ses principes de social-démocratie. Les journalistes « ne croyaient pas à la théorie des petits pas, aux compromis, aux étapes, aux demi-étapes et aux quarts d'étapes », affirmera après coup un Jacques Guay en colère. À la longue, ils ont perdu leurs illusions. Le PQ s'est embourgeoisé et il n'est plus question, pour les journalistes du *Jour*, de suivre la ligne de parti. C'est un constat lourd de conséquences pour l'avenir du quotidien, qui place les journalistes devant un dilemme déchirant : choisir entre la direction ou les consignes de la salle de rédaction.

Avec l'arrivée sur le tard de Jacques Keable dans la salle de rédaction, les journalistes obtiennent l'autorisation d'écrire à tour de rôle, à la une du journal, sur une colonne, une sorte d'éditorial qu'on appelle « Le point du *Jour* ». Cette décision va précipiter l'arrivée du chaos. Jacques Keable devient le nouveau président de la société des rédacteurs. Sans trop faire de bruit au début, une guerre de tranchées vient de se déclarer. Un petit noyau de journalistes critique les positions du Parti québécois, dont ils estiment qu'il n'est pas assez à gauche, et qu'il est trop bourgeois. Des points de vue radicaux paraissent de plus en plus souvent dans « leur » colonne. Chaque fois, Michaud débarque dans le bureau de sa directrice de l'information, Évelyn Dumas ou Paule Beaugrand-Champagne, pour protester. Il juge inadmissible que la mission première du *Jour* soit détournée à d'autres fins. « C'est mon journal, après tout », affirme-t-il, au bord du désespoir. Sur le fond d'une bataille pour la liberté d'expression, l'exaspération commence à croître. Jacques Parizeau, qui était l'administrateur du journal, me raconte :

> Il se passait des choses absolument incorrectes. Ainsi, un samedi, nous avions organisé une grande assemblée d'initiation au journal *Le Jour*, à l'école secondaire de la Cité-des-Jeunes à Vaudreuil, à laquelle ont assisté des centaines de personnes qui voulaient entendre parler du journal et rencontrer ses directeurs. L'événement fut un immense succès. Le lundi matin, le journal a fait mention de cette assemblée en publiant une photo de René Lévesque devant un mur blanc, assis devant une bouteille de bière. Voilà le « reportage » qu'on avait fait de cet événement ! J'étais indigné. J'ai sauté dans un taxi pour me rendre directement chez l'imprimeur. Michaud avait fait la même chose, sans me consulter, et nous nous sommes retrouvés chez l'imprimeur en même temps. Les employés avaient laissé le montage en place sur le marbre, car à l'époque, on montait encore le journal de

cette façon. C'est ainsi que nous avons découvert que la photo de René Lévesque était en fait un collage!

Jacques Parizeau est en colère, c'est pour lui une véritable trahison. La fameuse photo de Lévesque assis devant une bouteille de bière n'était qu'un montage visant à le discréditer. Le procédé était odieux. Il fallait réagir, et vite, avant qu'il ne soit trop tard. Ce trucage était digne d'un coup monté par des ennemis de la cause souverainiste.

La fin du *Jour* fut extrêmement désagréable, poursuit Jacques Parizeau. Il y avait des gens qui discréditaient systématiquement Michaud et le PQ. Mais il ne faut pas se faire d'illusions, il s'agissait d'un tout petit groupe, trois ou quatre journalistes, tout au plus. Il faut dire que la situation financière du journal n'aidait pas. Il y avait une rivalité très dure entre *Le Jour* et *Le Devoir*. Tous les organismes publics nous ont boycottés et plaçaient plutôt leur publicité dans *Le Devoir*. On ne pouvait même pas publier les avis juridiques.

Pour Jacques Parizeau, qualifié de bourgeois par certains journalistes radicaux, cette expérience était tout à fait nouvelle et étrangement enrichissante. Il ne fait pas mystère de ses origines bourgeoises et son ignorance de l'administration d'un journal garantit en quelque sorte sa virginité. Même si on l'appelle «Monsieur», pour marquer une certaine distance, il ne rechigne pas à mettre la main à la pâte, surtout en compagnie d'un expert comme Yves Michaud, qui est doté d'une intelligence politique extraordinaire. Ainsi, tous deux partent souvent ensemble, tard le soir, à bord d'un camion chargé de caisses, pour livrer au bureau de poste attitré l'édition fraîchement sortie des presses qui va se retrouver en Gaspésie ou en Abitibi le lendemain matin.

Il ne faut surtout pas rater le « *deadline* », aux alentours de 23 h 45, sinon le journal risque de manquer son rendez-vous quotidien avec ses lecteurs disséminés sur le vaste territoire québécois.

La situation précaire du *Jour* en fait la cible de toutes sortes de tentatives de noyautage. Ainsi, sans crier gare, un journaliste de la rédaction disparaît pendant trois jours. Personne ne sait où il se trouve et il n'a donné aucune raison pour justifier son absence. Mystère. À son retour, il demande à rencontrer Jacques Parizeau et lui explique les raisons de son départ précipité. Il s'est rendu aux États-Unis, à Washington plus précisément, à l'invitation d'un dignitaire libyen. Ce dernier lui a proposé d'investir un énorme montant d'argent, 300 000 $, dans *Le Jour*, dont les difficultés financières sont un secret de polichinelle. Sous le couvert d'une aide désintéressée, on voulait sans aucun doute lier les mains du journal et l'amener à prendre systématiquement des positions anti-Israël. Nous sommes en 1975 et le Moyen-Orient est embrasé par la guerre civile au Liban, sur fond de conflit israélo-palestinien. Bien évidemment, la direction du *Jour* refuse sans hésiter cette assistance pour le moins douteuse, qui ira choir entre d'autres mains, selon Jacques Parizeau, qui refuse d'en révéler davantage. Ajoutons que si Yves Michaud avait eu des opinions antisémites, comme on l'en accusera une quinzaine d'années plus tard, il aurait sauté sur cette occasion d'enrichir son journal tout en cassant du sucre sur le dos d'Israël.

Au printemps de 1976, les trois fondateurs se réunissent pour analyser la situation, qu'ils jugent des plus inconfortables. Lévesque, Parizeau et Michaud ne peuvent accepter que « leur » journal publie des propos critiques envers le Parti québécois, qui est de plus le principal bailleur de fonds du *Jour*, même si aucune entente de financement n'a été signée avec la formation politique. Aucune publicité gouvernementale payante, qu'elle vienne de Québec ou d'Ottawa, ne paraît dans les pages du journal, ce qui ne peut qu'accentuer la dépendance du quotidien envers les militants du PQ qui doivent toujours puiser dans leur gousset pour financer cet indispensable instrument de communication. Et personne ne peut nier que le bassin des lecteurs est principalement constitué par les électeurs du Parti québécois.

Par ailleurs, il semble de plus en plus évident que Robert Bourassa est sur le point de déclencher des élections générales. La question linguistique est encore le sujet de débats passionnés, et cette fois, le Parti québécois pense que la victoire est possible. Les sondages semblent le confirmer, et le parti ne veut surtout pas qu'au sein même de son organisation, on lui mette des bâtons dans les roues. On peut facilement imaginer que le Parti libéral en profiterait pour discréditer son adversaire en disant que la chicane est prise au PQ. Comment prétendre former un gouvernement si l'on ne parvient pas à faire la paix dans ses propres troupes, et notamment au sein de son propre organe de presse?

C'est durant cette même période que le noyau dur des journalistes du *Jour* annonce qu'il compte demander l'accréditation syndicale pour les journalistes. Un vrai syndicat les aidera, disent-ils, à formuler de façon officielle et légale leurs revendications. Quelle sera alors la position de la société des rédacteurs qui a pour tâche, entre autres, de décider de l'embauche des journalistes? Elle serait immanquablement en conflit d'intérêts et n'aurait peut-être plus sa raison d'être. Les journalistes, par ailleurs, ne seraient plus des alliés de la direction mais seraient considérés comme une entité ne faisant plus partie du projet initial du journal indépendantiste. Malgré ces réserves, l'accréditation est obtenue en mai 1976 et le nouveau syndicat est affilié à la CSN. Les rumeurs vont bon train à l'extérieur des locaux du journal comme quoi le diable est aux vaches.

Dans une ultime tentative pour donner un nouveau souffle au journal, Michaud nomme l'écrivain Hubert Aquin rédacteur en chef, en remplacement d'Évelyn Dumas, qui travaille déjà à un projet de journal hebdomadaire. Aquin abandonnera rapidement le navire en perdition. En mars 1977, quelques mois après l'élection du Parti québécois, l'auteur de *Prochain épisode* se suicide dans les jardins du collège Villa Maria, à quelques pas de la demeure d'Yves Michaud.

Les prises de position radicales de la société des rédacteurs sont source d'une série de réunions et de discussions houleuses avec la direction. Chaque fois, c'est le même dialogue de sourds, le même constat d'échec. Les mutins, une poignée de journalistes avec Jacques Keable à leur tête, refusent de bouger et menacent même de faire fonctionner le journal sans sa direction. Leurs éditoriaux, où la question sociale prend le dessus sur la question nationale, sont pourtant contraires à la charte du journal qui stipule que *Le Jour* doit faire la promotion de l'idée d'indépendance et de la social-démocratie. Mais pour Jacques Keable, qui dirige la société des rédacteurs, pas question de reculer.

Jacques Parizeau estime que leur attitude est odieuse : alors que le triumvirat à la tête du *Jour* se décarcasse pour trouver des fonds afin de payer les salaires des journalistes et l'imprimeur, il est assiégé et insulté par un petit groupe de journalistes qui en mènent large, trop large. Michaud, lui, se demande maintenant comment il a bien pu se fourrer dans un pareil guêpier. Cet homme que tous ou presque apprécient n'a rien du patron véreux qui veut s'en mettre plein les poches, on le sait bien. Mais le terrain est miné par les partis pris irréconciliables des uns et des autres et Michaud, malgré son talent pour dénouer les situations les plus complexes, affiche désormais un air morose et inquiet. Il a fondé un journal sur le modèle de celui de Beuve-Méry, où la direction ne se mêle nullement de contenu sauf à se garder la partie éditoriale, et voilà que ce beau projet dérape: l'éditorial lui échappe. Difficile de concevoir que tant d'espoirs, tant d'efforts investis dans ce projet qui se voulait unificateur, tombent à l'eau. *Le Jour* était animé par la conviction de ceux qui offraient à lire, jour après jour, l'impressionnante mosaïque d'une information différente. Mais personne ne veut travailler à perte, et encore moins à sa perte. Surtout si la majorité des employés semblent insoucieux des affres de l'administration.

L'aventure a pris un goût amer pour celui qui avait rêvé d'ouvrir des portes, d'apporter de nouveaux arguments pour soutenir le projet de souveraineté et de créer de nouvelles solidarités dans la société québécoise. Et ce n'est plus seulement une question d'argent. Même René Lévesque, lorsqu'il vient livrer sa chronique hebdomadaire, se fait discret et s'abstient d'utiliser son prestige pour se mêler des affaires internes du journal. On l'avait prévenu, d'ailleurs, qu'il ne pourrait porter au *Jour* à la fois le chapeau de chef du Parti québécois et celui de journaliste, ce qu'il avait accepté d'emblée. Il était bien entendu rémunéré selon la même grille que les autres chroniqueurs, c'est-à-dire très peu.

Jacques Parizeau fut sans doute celui qui avertit Michaud le premier du danger de maintenir ouvert un journal qui tirait, dès que l'occasion se présentait, dans les pattes du grand frère, le Parti québécois, alors que des élections semblaient de plus en plus probables. La direction, décidément, ne semblait plus contrôler la rédaction, et la flamme indépendantiste risquait d'être étouffée par les luttes intestines. Manifestement, le courant ne passait plus entre la direction et ses journalistes. Tout avait démarré sur les chapeaux de roue, deux ans auparavant, et voilà que la rumeur d'un fiasco prochain se répandait comme une traînée de poudre à l'intérieur comme à l'extérieur des locaux du *Jour*.

Le 10 août, une assemblée extraordinaire des actionnaires est convoquée par les trois fondateurs. Après d'âpres discussions, il est décidé que le journal doit récupérer les pleins pouvoirs en matière éditoriale. Il n'est plus question que « Le point du *Jour* », où la société des rédacteurs exprime ses opinions, continue d'être publié à la une. Paradoxalement, la région de Montréal-Centre, qui s'était opposée à la création d'un journal partisan, avec entre autres Robert Burns, Guy Bisaillon, Louise Harel, Claude Charron et Gilbert Paquette, demande maintenant que la publication soit maintenue. On vante le caractère social-démocrate du quotidien indépendantiste. Mais c'est trop peu, trop tard. Les conflits internes du *Jour* minent le parti de l'intérieur, et l'on craint que n'éclate une crise nationale. Si la société des rédacteurs n'accepte pas la décision des actionnaires, on va couper les vivres au journal. L'argent ira plutôt à l'organisation du Parti québécois, en prévision de la campagne électorale imminente. Un refus de l'offre de la direction et des actionnaires signifie donc qu'à très court terme, il faudra mettre la clef sous la porte.

Il devient impossible de faire fonctionner le journal, qui est passé, entre-temps, au format tabloïd et dont le tirage a sensiblement augmenté, rejoignant celui du *Devoir*. Le 23 août, c'est au tour de la société des rédacteurs de se réunir. Seulement 17 journalistes assistent à la réunion. On rejette, par un vote de 12 contre 5, la demande de la direction. Pas question de revenir à l'ordre ancien. Keable est le plus jusqu'au-boutiste : « Si on ne retrouve pas les pouvoirs qu'on avait avant, on va le fermer, ce journal. » On va même jusqu'à organiser une occupation des locaux. C'en est trop ! Michaud compare cette décision à un putsch.

Le lendemain, 24 août (qui se trouve être le jour de l'anniversaire de René Lévesque), les trois fondateurs (et principaux actionnaires) se réunissent chez Michaud pour discuter du sort du journal. Il fait chaud et le trio prend place dans le jardin, au bord de la petite piscine. Michaud sert l'apéritif au milieu du chant des oiseaux, et Monique prépare une collation. Tous trois sont conscients de l'extrémité du malaise qui existe entre eux et la salle de rédaction et de l'échec des efforts qui ont été faits pour crever l'abcès. En fait, le fossé continue de se creuser. Rien ne va plus.

Parizeau perd patience. Ces combats de coqs, qui relèvent plus du conflit de personnalités que de la liberté d'expression, ont assez duré. Lévesque et Michaud sont du même avis. La décision de fermer définitivement le journal est prise unanimement. Les intérêts supérieurs du Parti québécois le commandent.

Comme administrateur du journal, Parizeau estime qu'il est impossible, pour la direction, de mettre à la porte les journalistes récalcitrants et d'imposer son point de vue : ce serait mal vu et, d'ailleurs, les mécanismes de fonctionnement du journal l'en empêchent. Pour lui, la responsabilité de la fermeture incombe essentiellement à la rédaction et à son intransigeance. Point final. Des journalistes tenteront de faire changer d'avis la direction, mais en vain. Même Gérald Godin, qui avait dû fermer son journal *Québec-Presse* « à cause du *Jour* », accepte de jouer les médiateurs. Il rencontre Jacques Keable un peu plus tard pour tenter de trouver une solution, mais il échoue. Évelyn Dumas, elle, aurait été favorable « à ce qu'on procède à une purge », mais de l'avis de la direction, le poids politique à payer aurait été trop élevé ; les libéraux en auraient fait des gorges chaudes. C'est à croire que cette fermeture faisait l'affaire des adversaires du Parti québécois.

Le même jour, donc, pour ne pas tout perdre – y compris sa maison –, Michaud prend la pénible décision d'arrêter la publication. Il appelle l'imprimeur pour l'avertir de la cessation des activités. Le mardi 24 août 1976 sera la dernière édition du *Jour* comme quotidien.

La guerre est finie. Michaud charge Paule Beaugrand-Champagne de faire les comptes et de s'assurer que tous soient payés, les employés comme les fournisseurs. Le cœur gros, elle s'exécute. Pour elle, fermer un journal, c'est quelque chose de terrible. Un immense sentiment de frustration l'envahit mais elle a la consolation de mesurer le travail qui a été accompli, et celle de savoir que la majorité de ses collègues trouveront un emploi ailleurs, sans doute mieux rémunéré. Car *Le Jour* a été, malgré tout, une formidable école de pensée et une expérience de presse enrichissante, mais sans doute trop exposée aux risques qui accompagnent la liberté... à commencer par la liberté du gouvernement libéral de ne pas annoncer dans ses pages.

Les journalistes sont des plus affligés, eux qui se sont donnés corps et âme pour le journal. Sans revendiquer la paternité du projet, ils estiment à bon droit qu'ils ont contribué, par leur travail acharné, à le faire vivre et survivre. Mais légalement, ils n'ont aucun pouvoir pour le ressusciter. Ils continuent tout de même de se rendre pendant un jour ou deux dans les locaux du *Jour*, comme s'ils n'arrivaient pas à se faire à l'idée que le rêve est fini. Le 27 août, Michaud ferme les locaux du journal.

Les journalistes radicaux brossent de Michaud et de Parizeau un portrait que ne récuseraient pas leurs ennemis fédéralistes. Ils lancent une véritable charge antipéquiste, doublée d'accusations *ad hominem* qui mobilisent autant d'énergie que de rancœur. Ils ne se gênent pas pour taxer leur journal de « bourgeois », et déplorent n'avoir eu aucun véritable pouvoir sur le conseil d'administration : « Toutes les règles du jeu étaient déjà établies, tout avait été décidé par certains membres du conseil d'administration, dans le salon de Michaud ou dans celui de Parizeau », affirme Jacques Guay. La paix n'était pas possible.

« Mais tout cela était connu au départ ! » répond Yves Michaud. Il n'avait jamais dissimulé ses intentions. Il avait fondé un journal identifié au Parti québécois, sans y être inféodé. Il rétorque à ceux qui l'accusent de les avoir trompés :

Il eût été déraisonnable de cacher nos couleurs. Nous voulions précisément, en fondant *Le Jour*, un journal qui défendrait les objectifs du Parti québécois. René Lévesque était président du parti et il avait sa chronique dans le journal. Moi-même, j'avais été candidat péquiste en 1973, tout comme Jacques Parizeau [...]. L'identification se faisait automatiquement. Notre objectif était de disposer d'un journal indépendantiste d'abord, et également social-démocrate. Tous le savaient.

Il ajoutera, un peu plus tard :

Je me souviens que des journalistes voulaient faire passer le combat pour la lutte des classes avant le combat pour l'indépendance – ce qui était en violation de la charte. Le Jour avait été créé pour l'indépendance, la souveraineté, et non pour être un organe de lutte de classes.

Évelyn Dumas fut sans doute la plus virulente à l'égard des contestataires. Elle parlera d'une « infiltration » d'éléments d'extrême gauche à l'intérieur du journal, de journalistes plus intéressés par l'agitation politique que par le journalisme lui-même :

Il y avait une certaine mentalité jusqu'au-boutiste, expliquera-t-elle. Le Jour, c'était l'idéal pour eux, c'était un organe de presse péquiste et social-démocrate qui avait en quelque sorte un flanc mou parce qu'il était évident qu'on n'allait pas mettre les gens dehors tout de suite. [...] Il y a eu concertation d'un certain nombre de personnes qui cherchaient à prouver que la social-démocratie, que le PQ, tout ça ne valait pas de la... vous savez quoi !

Les journalistes sont les premiers surpris car ils ne s'attendaient certainement pas à se retrouver orphelins du jour au lendemain. La fermeture du Jour, c'est également l'échec d'une certaine vision du journalisme, celle de l'autogestion ou d'une direction bicéphale, une expérience qui ne sera pas près de se renouveler. Certains blâmeront Michaud de ne pas avoir eu la poigne d'imposer son point de vue et de ramener à la raison les plus récalcitrants. Mais il n'est pas dans la nature du personnage de jouer les dictateurs. Un Laurent Laplante attristé dira :

> On a dit qu'il y avait eu des pressions de René Lévesque et de Jacques Parizeau, l'administrateur. Ce n'est pas vrai ; moi, j'ai trouvé le corridor idéologique très large. Yves Michaud ne pouvait pas imposer de censure. Je n'ai pas beaucoup de reproches à lui faire, sauf, peut-être, son manque de leadership intellectuel. Face à une rédaction contestataire, il aurait fallu à la direction le meilleur cerveau de la boîte.

En fait, on reproche à Yves Michaud de n'avoir pas pu réaliser ou concrétiser l'alliance entre les indépendantistes et les forces de la gauche pure et dure. Mais était-ce seulement possible ? Le combat pour la souveraineté du Québec était trop présent dans la sensibilité des fondateurs du *Jour* pour qu'on accepte de l'assujettir à une autre idéologie. Michaud et Parizeau sont sans aucun doute des indépendantistes « orthodoxes », comme on le dit des vieux militants communistes dont on ne peut douter de l'intégrité absolue. Est-ce un crime ?

On peut imaginer que si *Le Jour* avait tenu le coup deux mois de plus, soit jusqu'au 15 novembre, date de l'élection du premier gouvernement indépendantiste du Québec, la pérennité du journal aurait été assurée. Le gouvernement péquiste aurait certainement accepté de réserver de la publicité dans ses pages, et la santé financière du journal en aurait grandement bénéficié : la dette aurait été épongée et la direction aurait pu envisager une nouvelle vie en réorganisant sa salle de rédaction. Mais, en septembre 1976, personne ne pouvait prédire l'avenir, même si on sentait que le vent commençait à tourner en faveur du Parti québécois.

Évelyn Dumas tentera, tant bien que mal, de créer une autre mouture du journal, quelques mois plus tard. Appuyé par l'ancien conseil d'administration, *Le Jour* ressuscitera sous la forme d'un hebdomadaire, avec certains des journalistes de la vieille équipe et l'apport de nouvelles plumes, comme Adèle Lauzon et Jacques Larue-Langlois. Mais sa durée de vie sera très courte, soit de février 1977 à janvier 1978. Le cœur n'y était plus et le paysage politique avait beaucoup changé. Évelyn partira pour Québec où elle deviendra une proche conseillère de René Lévesque. « Dans le milieu politique, où l'on aime mieux l'apparence du pouvoir que la réalité d'une émotion, René Lévesque se démarquait. Il ne perdait pas de vue les personnes, car elles comptaient pour lui », dira-t-elle de son patron des années plus tard, au moment de son décès.

« À cette époque où tous les médias étaient fédéralistes, l'option indépendantiste devait être véhiculée par un organe de presse. La venue du *Jour* a normalisé l'idée de l'indépendance au sein du peuple québécois », dira un jour Michaud. Une chose est certaine : la fermeture du seul journal indépendantiste et social-démocrate du Québec faisait l'affaire de ses ennemis idéologiques, tout comme celle de *Québec-Presse*, d'ailleurs. Ce haut lieu du brassage des idées laissera une empreinte profonde chez tous ses artisans, mais il ne sera pas imité, ni au *Devoir*, qui pouvait désormais mieux respirer, ni ailleurs. Heureusement, la majorité des journalistes du *Jour* ne restèrent pas longtemps inactifs et réussirent à se caser ailleurs. Quant à René Lévesque et Jacques Parizeau, ils allaient commencer bientôt une nouvelle carrière tout aussi agitée. Yves Michaud, lui, devra réparer les pots cassés pendant de longs mois.

5
Les péquistes au pouvoir

À l'automne 1976, quelques semaines avant la tenue du scrutin provincial, le premier ministre Bourassa, qui commence à sentir que sa réélection est en train de lui échapper, se lance dans une vaste opération de diversion. Il convainc l'imprésario Guy Latraverse, qui a le vent dans les voiles et dirige la carrière d'une flopée d'artistes acquis à la cause souverainiste, d'organiser une grande tournée française de chanteurs québécois. Les Robert Charlebois, Pauline Julien, Gilles Vigneault, Raymond Lévesque, Félix Leclerc et autres chanteurs engagés seront donc envoyés en France, et c'est le gouvernement du Québec qui paiera la note.

Bourassa se débarrasse ainsi de têtes d'affiche encombrantes qui ne sont pas connues pour leurs allégeances fédéralistes et libérales. Bien au contraire, ce sont tous des artistes engagés pour la souveraineté et qui jouissent d'une grande popularité. « Qu'ils aillent se faire voir ailleurs, semble se dire Bourassa ; ils ne seront pas des grands rassemblements souverainistes et on les entendra moins ici. » Cette tournée française se termine par un grand concert qui les réunit tous, justement le jour même des élections, le 15 novembre 1976. Guy Beaubien, un jeune blanc-bec qui travaille à la cinémathèque de la délégation générale du Québec à Paris et qui est ami avec le futur député Denis

Vaugeois, a senti le coup fourré. Il se rend dans les loges
pour invectiver les chanteurs: «Qu'est-ce que vous faites
ici, aujourd'hui? Pourquoi n'êtes-vous pas au Québec?» Les
artistes baissent la tête, sans rien dire. Peut-être viennent-ils
de comprendre la véritable raison de la générosité du
premier ministre.

Mais ce coup tordu, et tous les autres, n'empêchent pas
l'élection du premier gouvernement souverainiste. Robert
Bourassa sera même défait par Gérald Godin, poète, éditeur
et journaliste connu surtout dans l'intelligentsia de gauche,
mais qui s'est révélé un irrésistible orateur. Godin, au départ, devait se présenter dans Trois-Rivières, sa ville natale,
mais voilà que le jeune historien Denis Vaugeois, lui aussi
éditeur, désire se présenter dans le même comté. Vaugeois
est prêt à le jouer à pile ou face, mais Godin le rassure immédiatement. Premièrement, il a, à Trois-Rivières, une réputation de bohème, et cela n'augure rien de bon. Deuxième-
ment, il n'a pas digéré les arrestations massives d'octobre
1970 et c'est dans Mercier, le comté de Robert Bourassa,
qu'il veut se présenter sous la bannière du Parti québécois
pour battre le premier ministre sur son propre terrain.
Vaugeois sera élu dans Trois-Rivières.

Si René Lévesque et Jacques Parizeau sont maintenant
élus et s'affairent à l'Assemblée nationale à former le nouveau gouvernement, Yves Michaud, lui, est pris pour faire
le ménage et payer les dettes accumulées par *Le Jour*, afin
d'éviter une faillite déshonorante. Lévesque avait bien tenté
d'imposer la candidature de son vieil ami dans la circonscription de Rosemont, mais Michaud, malgré son sourire et
sa bonhomie imparable, n'avait pas réussi à obtenir l'investiture des militants péquistes. On lui avait préféré Gilbert

Paquette, un professeur de l'UQAM solidement implanté dans le comté. Ce nouveau revers ne contribue pas à remonter le moral de ce militant de longue date qui a perdu sa plume dans le fiasco du *Jour*. Mais il se console en s'occupant à régler de façon honorable le passif du défunt quotidien, ce qu'il n'aurait pu faire correctement s'il s'était lancé dans une campagne électorale qui l'aurait forcément accaparé.

Aussi, c'est assis devant son téléviseur, en compagnie de Monique et de ses enfants Anne et Luc qu'il assiste à la victoire péquiste, non sans verser quelques larmes. Ce soir-là, il se sent bien seul. Quelques jours après son élection, en 1976, René Lévesque, réalisant sans doute qu'il a laissé de côté son vieux complice, appelle les Michaud pour s'enquérir de leur humeur et de leur situation en général. « Est-ce qu'Yves est de bonne humeur ? Est-ce qu'il est parlable ? » demande-t-il à Monique, qui lui répond un « bien sûr » un peu hésitant. « Yves est passablement occupé à régler les derniers comptes du *Jour*, ajoute-t-elle : de toute façon, il n'aurait guère eu le temps de participer aux réjouissances de la famille péquiste, même si on l'y avait invité. » Un pieux mensonge que René encaisse en se rendant compte qu'en effet, son ami n'avait pas été invité aux célébrations postélectorales.

Ce n'est pas dans les habitudes de Michaud de laisser les choses en plan. Il a dû rencontrer son banquier à plusieurs reprises et régler le contentieux et les dettes du *Jour* afin que personne ne soit lésé. Il laissera dans l'aventure, outre ses rêves, quelques milliers de dollars. Mais il ne s'en plaint pas et ne se considère surtout pas comme une victime. Néanmoins, son long silence a, de toute évidence, quelque peu inquiété René Lévesque, mal à l'aise d'avoir abandonné la dépouille du journal aux seuls soins de son ami. De plus, Lévesque est bien conscient que *Le Jour* a très certainement contribué à la victoire historique des forces souverainistes : il doit une fière chandelle à son vieil ami. Les espoirs nés après l'amère défaite de 1973 se sont maintenant réalisés et, un peu partout au Québec, *Le Jour* a ouvert des portes à cette victoire électorale.

Comme pour faire amende honorable, le premier ministre fait de Michaud son conseiller auprès des organisations internationales, charge qui le prédestine à occuper quelques années plus tard une fonction autrement plus prestigieuse, celle de délégué général du Québec à Paris. Rien de complaisant, toutefois, dans cette nomination : Yves a toutes les qualités requises pour s'acquitter de ces tâches complexes qui requièrent un peu de doigté, et beaucoup d'entregent. Il s'est déjà frotté à bon nombre de situations délicates, et il connaît la complexité des rapports internationaux grâce à son parcours à l'Agence de coopération culturelle et technique.

Bon soldat, Michaud accepte. Il n'a, de toute façon, plus d'emploi, sauf celui de liquidateur, ce qui n'enjolive en rien un curriculum vitae. Il décide donc de mettre les bouchées doubles pour régler rapidement et définitivement le passif du *Jour*. Puis, de nouveau, il fait ses valises et, tout guilleret, il part pour Québec, où il loue un petit meublé. Ce n'est certes pas l'exil et sa famille, demeurée à Montréal, est déjà habituée à ses allées et venues, un peu comme Yves s'était lui-même fait aux absences de son père, qui avait passé sa courte vie à sillonner les villes et villages du Bas-du-Fleuve.

À Québec, Yves retrouve une autre famille, sa famille souverainiste, installée pour la première fois au pouvoir. Quelle ambiance! Tous les rêves sont permis, et l'équipe en place a de quoi rassurer plus d'un sceptique car ce premier gouvernement souverainiste aligne de grosses pointures, des êtres de qualité à qui on n'hésiterait pas à confier nos destinées. On y trouve, entre autres, un poète, un psychanalyste, un psychiatre, une journaliste féministe, deux prêtres, des professeurs, des syndicalistes et des gens venus des milieux communautaires. Une telle députation détonne dans le paysage politique des années 1970.

Dès 1977, René Lévesque confie à Michaud une nouvelle mission. Il l'envoie auprès des organismes internationaux pour qu'il fasse connaître les positions spécifiques du Québec. En fait, il est le délégué du Québec auprès de ces organisations, une première dans l'histoire du fédéralisme canadien. Le Canada doit s'y habituer, qu'il le veuille ou non. Le candide représentant n'a rien d'un James Bond ou d'un agent de la CIA mais pour ouvrir des portes et dénouer des situations complexes, il n'a pas son pareil. Michaud aura les coudées franches et son *modus operandi* se définira au fil de ses rencontres sur le terrain. La présence du Canada sur la scène internationale est immense, incontournable, elle n'a jamais été contestée, et Michaud devra faire preuve de beaucoup de patience et d'ingéniosité pour convaincre organisations internationales, associations humanitaires, partis politiques et syndicats de la spécificité du Québec. L'avenir du Québec devient enfin une réalité palpable, autre chose qu'une chimère insérée dans des discours insipides écrits par d'obscurs fonctionnaires.

Une des premières missions d'Yves Michaud est d'accueillir François Mitterrand, alors premier secrétaire du Parti socialiste français. Ce dernier profite de son passage au Canada – il assiste, en novembre 1978, au Congrès de l'Internationale socialiste à Vancouver –, pour faire une escale au Québec. Accueilli à Dorval par le couple Michaud, Mitterrand, qui est accompagné de son épouse, Danielle, manifeste le désir de se rendre dans la capitale nationale en empruntant à l'envers le chemin du Roy, le même qu'avait pris, onze ans plus tôt, le général de Gaulle pour rejoindre Montréal où il avait prononcé son fameux discours de l'Hôtel de ville. Peut-être s'attendait-il à croiser, au hasard de son périple, quelques bons « sauvages », mais il n'eut guère l'occasion de se payer un bain de foule.

Le premier secrétaire du Parti socialiste n'a jamais rencontré Yves Michaud, qu'il ne connaît ni d'Ève ni d'Adam. Michaud l'avise qu'étant donné l'heure tardive, il ne pourra pas vraiment apprécier la beauté du paysage : peut-être serait-il préférable de prendre l'avion ? Un jet privé est d'ailleurs fin prêt sur la piste de décollage. Mais le dignitaire français insiste et tout le monde prend place dans la limousine officielle. Mitterrand, piqué au vif par la gouverne de Michaud, s'enquiert alors des fonctions de celui qui, assis à ses côtés, ose le conseiller ainsi. Michaud ne se formalise pas de cette question où il sent une certaine forme de condescendance, et répond avec beaucoup de déférence : « Je me nomme Yves Michaud et suis conseiller diplomatique auprès de notre premier ministre René Lévesque. Monsieur le premier secrétaire, je suis comme ces fonctionnaires du Quai d'Orsay qui, comme vous l'écrivez dans votre dernier ouvrage, "à force d'une longue inutilité finissent par devenir indispensables". »

Avec ces quelques mots tirés d'un livre récent de François Mitterrand, Michaud venait de conquérir pour de nombreuses années celui qui allait devenir, trois ans plus tard, le président de la République française. Il avait lu, peu de temps avant la visite du dignitaire français, trois ouvrages remarquables du futur président : *Le coup d'État permanent*, *La paille et le grain*, et *L'abeille et l'architecte*, qui venait de paraître. Dans sa jeunesse, Michaud avait suivi des cours de lecture rapide et il était doté d'une mémoire quasi infaillible, ce qui l'aidait énormément dans l'accomplissement de ses fonctions diplomatiques. Le style extraordinaire de l'écrivain François Mitterrand avait fait le reste. Ce dernier ne s'attendait certainement pas à trouver sur son chemin, à quelques milliers de kilomètres de chez lui, un petit Québécois inconnu capable de le citer dans le texte. Une belle complicité venait de naître entre deux hommes de culture qui seraient bientôt appelés à se revoir.

Pendant son passage au ministère des Affaires intergouvernementales (MAI), alors dirigé par Claude Morin, Yves retrouve son vieil ami Denis Vaugeois, qui avait été son principal conseiller au début des années 1970, et Louise Beaudoin, qui est maintenant directrice de cabinet du ministre des Affaires intergouvernementales. Débute alors une relation amour-haine avec celle qu'il surnomme « Zonzon », au gré des périodes tumultueuses que traverseront leurs vies. Louise Beaudoin, dont l'époux François Dorlot possède la double nationalité française et canadienne, avait déjà acquis une solide réputation grâce à l'important réseau de relations qu'elle avait tissé au Québec et en France, réseau qu'elle mettra au service de nombreux premiers ministres péquistes, de René Lévesque à Jacques Parizeau.

Le MAI, une création de la Révolution tranquille, est alors le lieu d'où sont lancées de nombreuses actions en faveur de la francophonie internationale. Tous ceux qui y passent doivent, avant toute chose, avoir une connaissance profonde des problèmes de la francophonie à travers le monde. On ne s'y ennuie guère : c'est un ministère très influent et très actif. Le Canada redoute le MAI au plus haut point, car il a modifié en profondeur les rapports de force entre Québec et Ottawa, de même que les relations du Canada avec le reste du monde, et surtout avec la France, qu'on soupçonne d'alimenter les velléités autonomistes de la seule province française du pays. Les services canadiens ont tout intérêt à être informés de l'intérieur, et ils entretiennent, de fait, des relations incestueuses avec au moins un fonctionnaire influent.

*

Un samedi soir de février 1977, pour célébrer à sa façon l'arrivée de son ami René au pouvoir, Yves organise une petite réception chez lui, à laquelle sont conviés des amis souverainistes, mais aussi de vieilles connaissances libérales comme Georges-Émile Lapalme et son épouse. On peut facilement imaginer l'ambiance de fête qui règne dans la maison de la rue Méridian. Yves et Monique savent recevoir, ils font bien les choses. René Lévesque est accompagné de Corinne Côté, avec qui il entretient une relation suivie depuis quelques années.

Un peu après minuit, René et Corinne rentrent chez eux. Comme il habite tout près, le premier ministre n'a pas cru bon de retenir les services de son chauffeur personnel. Sur le chemin de la Côte-des-Neiges, à quelques pas de la maison des Michaud, René Lévesque frappe un homme qui était étendu sur la chaussée. Avait-il déjà été blessé par la voiture stationnée juste en face de celle de Lévesque, tous phares allumés? La victime, un clochard, est connue des policiers. L'homme avait l'habitude de s'étendre sur la chaussée pour attirer l'attention des piétons. On a longtemps spéculé autour de cet accident mortel. Certains ont affirmé que le premier ministre était en état d'ébriété et qu'il aurait bénéficié d'un traitement de faveur. Les Michaud et leurs invités ont pu témoigner que le premier ministre n'était pas dans un tel état lorsqu'il a quitté les lieux. Au cours des heures précédant son départ, Anne, la fille d'Yves et de Monique, lui a servi café sur café. Quant au prétendu traitement de faveur dont il aurait bénéficié, on peut imaginer, au contraire, qu'on se serait acharné sur un premier ministre séparatiste qui dérangeait l'ordre établi et qui était fiché depuis des années par la GRC.

Le passage d'Yves Michaud au ministère des Affaires intergouvernementales à Québec dure deux ans. C'est un travail intéressant, entrecoupé d'escapades aux États-Unis avec René Lévesque à Ogunquit ou à Cape Cod. Plus d'un s'étonnent de cette proximité entre Lévesque et les Michaud, qui avait commencé depuis bien avant l'élection de 1976. C'est une amitié née dès les années 1950, avec ses hauts et ses bas, des éloignements et des rapprochements, qu'aucune épreuve n'a démentie. Bien sûr, il y a entre les deux hommes de grandes différences de mentalité et de comportement, mais ils se complètent merveilleusement bien. Rares sont ceux qui peuvent se vanter de connaître René Lévesque comme Yves et Monique, même si celui-ci « demeurera d'une méfiance épidermique à l'égard de tous ceux et celles qui auraient voulu percer son mystère » (*Les raisons de la colère*). Il arrive même que Lévesque consulte son ami sur la nomination d'un ministre, même s'il ne siège pas au gouvernement, ce qui froisse bien des susceptibilités. C'est d'ailleurs Yves Michaud, mis dans le secret, qui prévient Denis Vaugeois de son imminente nomination au Conseil des ministres. « Arrangez-vous donc, lui dit-il au téléphone, pour avoir un habit propre car il va peut-être se passer quelque chose pour vous demain. »

Michaud n'hésite pas à l'occasion à apostropher René Lévesque d'élégante façon : « La différence entre toi et moi, lui dit-il un jour, c'est que tu es un orgueilleux et moi un vaniteux. L'orgueil bâtit des empires... tandis que la vanité, aimable bémol de l'orgueil, accompagne ces changements en leur ajoutant un rien de panache et de fantaisie. » C'est ce que se propose de faire Yves Michaud aux côtés de ce premier ministre brouillon et imprévisible, et du panache et de la fantaisie, Michaud le vaniteux en avait à revendre. Parfois, d'autres ministres ou même des écrivains, comme le dramaturge Marcel Dubé, se joignent sans cérémonie au quatuor en vacances sur les plages de l'Atlantique.

À la fin de l'année 1978, Yves et Monique sont chargés d'accueillir à l'aéroport de Montréal le maire de Paris, Jacques Chirac, et de l'accompagner jusqu'à Québec. En février 1979, ce sera au tour du premier ministre français Raymond Barre de faire une visite officielle au Québec. Toutes ces activités diplomatiques sont le prélude d'une nouvelle étape dans la carrière de Michaud. En août 1979, René Lévesque le nomme délégué général du Québec à Paris, en remplacement de Jean Deschamps. Il s'agit d'un poste extrêmement prestigieux. La France est le seul endroit au monde où le Québec jouit d'un accès direct, de gouvernement à gouvernement. Aucune autre délégation générale n'a ce statut. Yves accepte de relever le défi avec énormément d'enthousiasme. Ses qualités personnelles, son expertise dans la coopération et sa connaissance de la francophonie font de lui l'ambassadeur idéal, alors que le Québec doit absolument s'efforcer d'obtenir le soutien actif de la France dans sa démarche souverainiste.

Sensibilisé qu'il est à la nécessaire solidarité avec la grande patrie de la francophonie et fort d'une solide expérience internationale, Yves Michaud en sait davantage que le petit monde des fonctionnaires trop habitués à gérer les miettes que le fédéral veut bien leur distribuer. Bien sûr, il est un «politique» avant d'être un diplomate, mais c'est d'un homme de cette trempe dont le Québec a besoin, alors qu'un référendum est déjà dans les plans du parti au pouvoir.

6

Michaud à Paris

Pour Yves Michaud, c'est à nouveau l'heure du départ.
À l'automne 1979, le « commis voyageur » de René Lévesque
prépare ses malles et fait ses adieux. On dirait qu'il est fait
pour vivre dans ses valises et pour faire la navette entre
deux villes. Mais cette fois, la distance est considérable. Il a
été convenu que Monique demeurerait à Montréal et conser-
verait son travail chez Dargaud. Monique ne craint pas les
responsabilités et, tout en s'occupant de ses petits-enfants,
elle poursuivra sa carrière de femme d'affaires en voya-
geant à l'occasion, principalement aux États-Unis, pour pro-
mouvoir les traductions en anglais des albums d'*Astérix*.
Mais elle se rendra en France chaque fois que le protocole
l'exigera.

À l'arrivée de Michaud, Paul Asselin, de la délégation
du Québec à Paris (DGQP), l'accueille à sa descente d'avion,
comme le veut la coutume. La délégation du Québec est, à
cette époque, la cinquième ambassade en importance à Paris, après celles de l'Union soviétique, des États-Unis, de
l'Angleterre et du Canada. Valéry Giscard d'Estaing est encore au pouvoir et le Québec bénéficie toujours du traitement de « non-ingérence, non-indifférence ». Yves Michaud
arrive donc, à l'automne 1979, dans un climat particulièrement
chaleureux. Le Québec est sur toutes les lèvres. L'opéra rock

Starmania, de Luc Plamondon et Michel Berger, fait salle comble au Palais des congrès de Paris. On a découvert ou redécouvert notre « si charmant accent ». Michaud retrouve avec bonheur la famille élargie qu'il avait créée à travers l'ACCT et les différentes associations France-Québec. Deux ans plus tard, l'élection de François Mitterrand à la présidentielle de 1981 et l'arrivée au pouvoir des socialistes aideront au resserrement des liens entre la France et le Québec. Louise Beaudoin, qui est alors directrice des affaires françaises au ministère des Relations internationales, y sera pour beaucoup.

Plusieurs chansonniers ont sillonné l'Hexagone depuis quelques années en laissant une marque indélébile. Félix Leclerc et Raymond Lévesque sont déjà loin derrière et ce sont maintenant les chansons de Gilles Vigneault, de Robert Charlebois, de Claude Léveillée, de Pauline Julien, de Paul Piché, de Diane Dufresne, d'Angèle Arsenault, de Fabienne Thibault, de Daniel Lavoie, d'Édith Butler et même de Beau Dommage qu'on fredonne désormais. Elles tournent à la radio et leurs auteurs et interprètes sont souvent invités à la télévision dans des émissions prestigieuses comme *Le Grand Échiquier*. Quelques films québécois tentent également de percer les écrans, comme ceux de Denys Arcand et de Gilles Carle, et nos artistes foulent même les tapis du prestigieux festival de Cannes.

En littérature, Gaston Miron est alors l'écrivain le plus connu à l'extérieur du Québec. Son *Homme rapaillé*, publié pour la première fois en France chez Maspero en 1981, connaît un succès fulgurant et reçoit de nombreux prix. On l'invite sur plusieurs plateaux de télévision, dont celui de son nouvel ami Bernard Pivot. À chacune de ses visites en

France, Miron en profite pour venir saluer son vieil ami Michaud, avenue Foch. Le poète et dramaturge Michel Garneau fait découvrir aux Français son abécédaire ludique, la poète Michèle Lalonde, auteure du célèbre *Speak White!*, est publiée chez Seghers, tandis que *Blanche forcée*, le roman de Victor-Lévy Beaulieu, paraît chez Flammarion. Après Réjean Ducharme et Jacques Godbout, l'un publié chez Gallimard et l'autre, au Seuil, les éditeurs français découvrent d'autres voix de notre littérature moderne. C'est même une Acadienne, Antonine Maillet, qui remporte le prix Goncourt, en 1979, avec son roman *Pélagie-la-charette*. Il est bien révolu le temps où le Québec était isolé de la mère patrie et c'est maintenant d'égal à égal, ou presque, c'est-à-dire sans complexe, que l'on peut envisager l'établissement de nouvelles relations.

Bref, le Québec a la cote. Mais la partie politique est loin d'être gagnée. Avec la droite gaulliste ou centriste, les relations d'amitié et de coopération allaient de soi. Les socialistes arrivés au pouvoir en mai 1981 n'ont pas la même vision de la francophonie et tout semble à refaire. Le Canada n'est pas en reste, il voit bien que le Québec a marqué des points sur la scène politique française et il ne peut accepter que cette province rebelle lui vole la vedette plus longtemps. L'ambassadeur canadien Gérard Pelletier y verra de près en resserrant les liens du Canada avec les pays de langue française regroupés au sein de l'ACCT, lesquels profiteront abondamment des largesses du gouvernement canadien. Argent et drapeaux canadiens inondent bientôt une bonne partie de l'Afrique francophone.

Yves Michaud n'entend pas rester dans l'ombre, lui qui aime citer l'écrivain roumain Cioran, parisien d'adoption qui a écrit la plus grande part de son œuvre en français : « On n'habite pas une patrie, on habite une langue. » La France est l'endroit de rêve pour s'exercer à son travail de chef de mission diplomatique. Comme il a à cœur de faire découvrir aux Français le Québec moderne, au-delà de la vision idyllique et folklorique du petit-cousin du Nouveau Monde vivant sur un océan de glace, ses activités seront nombreuses et variées. Le fait que le Québec est redevenu paisible lui facilitera la tâche : le FLQ, dont plusieurs militants sont revenus d'exil, a été décimé et le seul parti indépendantiste a pris le pouvoir à la suite d'élections démocratiques. Seuls quelques groupes maoïstes poursuivent leurs activités, mais leur influence est fort restreinte.

Et puis, Yves Michaud n'a pas son pareil pour faire culpabiliser les Français d'avoir abandonné, au xviiie siècle, ces « quelques arpents de neige », citant la formule lapidaire de Voltaire chaque fois que l'occasion est propice. Il faut croire que cela fonctionne, car ils sont de plus en plus nombreux à regretter publiquement l'ingratitude de la métropole envers la Nouvelle-France. L'opération de charme peut aller de l'avant sans qu'il soit nécessaire de se lancer dans des entreprises de tordage de bras. Michaud est un expert en la matière. Lorsqu'il s'agit de gagner son interlocuteur à sa cause avec des arguments solides, il lui déroule le tapis rouge pour mieux le séduire avec sa faconde, ses histoires, sa mémoire infaillible. Michaud est un être enflammé et un amoureux de la vie ; « un gars de party », entend-on souvent dire dans son entourage. S'il peut donner, parfois, l'impression d'en faire trop avec ses airs de grand seigneur, jamais il ne renie ses origines modestes et surtout, jamais il ne se réfugie dans une hauteur distante. Denis Vaugeois se souvient de l'avoir vu, un 14 juillet, monter sur une table dans un restaurant et donner la réplique à des Français ébahis en entonnant les meilleures chansons du répertoire québécois.

À la délégation, il doit en tout premier lieu se tailler une place parmi des fonctionnaires qui ne lui reconnaissent pas nécessairement l'autorité de les diriger. Tous ne partagent pas sa passion et son programme politique. En guise de préambule, Michaud se propose trois grandes tâches : apprivoiser le personnel de la délégation tout en relançant la solidarité autour de la question nationale, constituer un réseau de relations qui seront autant d'appuis à la cause du Québec, et aider à créer, à partir de la France, « ces petits riens qui forment la patrie ». Mais il n'y a pas de recette magique et, avec Mitterrand au pouvoir, le compteur est à zéro. « Nous avons un net avantage, dit-il à son équipe pour l'encourager : les Français ne nous connaissent pas vraiment. Alors, nous allons nous faire connaître. » Il a une telle soif d'action qu'il est prêt à avaler la France. Il connaît par cœur les mots qui l'ont bâtie et les faits d'armes qui l'ont façonnée. C'est une véritable passion qui commence. Michaud sait qu'il n'a que quelques années pour la vivre à un rythme d'enfer, car les mandats des délégués sont en général de trois ou quatre ans, au terme de quoi il faut passer le relais, en souhaitant que son successeur poursuive la course sur le chemin qu'on aura déblayé. Pas de temps à perdre.

À partir de 1981, Louise Beaudoin dirige les affaires françaises au MRIQ. Elle est forcément en relations étroites avec le chef de la délégation du Québec à Paris. Sous la supervision du ministre Claude Morin, Louise est l'interlocutrice habituelle d'Yves. Lorsqu'elle séjourne à Paris, il lui ouvre les portes de sa résidence, avenue Foch, où elle séjourne à quelques reprises. Il sera à même d'apprécier la sphère d'influence de cette militante tout aussi passionnée que lui, qui ne se prive pas d'utiliser l'arme de la séduction pour ouvrir des portes.

Claude Morin démissionnera de ses fonctions en janvier 1982, après avoir avoué à son patron, René Lévesque, qu'il avait maintenu, pendant plusieurs années, des liens avec la GRC. En fait, cette révélation avait été faite en 1975, mais René Lévesque ne s'en était pas formalisé. Selon Morin, son but aurait été de leur arracher des renseignements sur la position du fédéral à propos du mouvement indépendantiste, tandis que son informateur de la GRC cherchait à savoir s'il y avait une « infiltration possible, dans les institutions et organisations politiques québécoises et canadiennes, d'activistes étrangers soupçonnés par elle d'intentions malveillantes » (Claude Morin, *L'affaire Morin*, Boréal, 2006). Ces vieilles peurs policières ont sans doute été alimentées par les interventions du haut fonctionnaire français Philippe Rossillon en appui du Québec et des communautés francophones au Canada dès les années 1960, de même que par la présence de ressortissants étrangers à l'intérieur du FLQ, comme le Belge Georges Schoeters et François Schirm, un Français apatride né à Budapest. Mais la chose est demeurée secrète jusqu'en 1992, alors que l'ex-journaliste Normand Lester révèle publiquement que Claude Morin avait eu des rencontres avec des membres de la GRC.

L'annonce que son « frère d'armes, un vrai artisan de la Révolution tranquille et un homme intelligent » est sur la liste de paye de la GRC désarçonne complètement Jacques Parizeau, qui avoue n'en être toujours pas revenu: « J'ai eu un coup au cœur, ça m'a bouleversé. » Il est chef de l'opposition au moment des révélations de Lester et décide de couper les ponts avec Claude Morin, qu'il connaît et fréquente depuis 1962, époque où leurs bureaux dans l'édifice B de l'Assemblé nationale étaient situés juste en face l'un de l'autre. La secrétaire de Parizeau, à cette époque, est Gaétane Morin, la sœur de Claude; elle quittera son poste pour épouser Félix Leclerc.

Selon Denis Vaugeois, qui l'a côtoyé depuis les débuts de la Révolution tranquille, Claude Morin est celui qui a le plus contribué à faire avancer la cause du Québec, autant au pays qu'à l'international.

Les services qu'il a rendus sont innombrables, raconte un Vaugeois convaincant. Sans lui, René Lévesque n'aurait jamais été premier ministre. Morin est un génie de la politique. Il est réaliste, extrêmement intelligent et habile; c'est le plus grand de tous les fonctionnaires québécois. La somme de travail qu'il a investie est immense. Il ne faut pas croire tout ce que raconte Normand Lester à son propos. Trudeau le voyait dans sa soupe et il a fait manipuler Lester pour couler Claude Morin.

Ne dit-on pas qu'un réseau de renseignement se construit avec des gens qui ont des contacts avec l'ennemi? L'attitude de Claude Morin n'est pas facile à comprendre, et tout ce qui s'est dit sur le sujet n'aide pas à clarifier les choses, mais son récit est sans doute le plus plausible. Il sera présent avec son épouse Mary chez René Lévesque, quelques semaines avant la mort de l'ancien premier ministre, à un repas auquel étaient également invités les Michaud. Il avait toujours la confiance de Lévesque. Derniers survivants ou presque de cette époque captivante, Morin et Michaud continuent de se fréquenter à l'occasion et Michaud partage les convictions de Vaugeois à propos de l'affaire Morin.

Les fonctionnaires qui sont en place à la DGQP sont loin de tous partager les allégeances politiques de Michaud. Parmi eux, on trouve de nombreux libéraux nommés par l'administration antérieure qui n'apprécient pas son parti pris évident en faveur de la souveraineté du Québec. Rue Pergolèse, on ne vibre pas à l'unisson aux mêmes espoirs. Mais Michaud ne s'en fait pas : il est le patron après tout. De toute façon, il a soin de rester toujours au-dessus de la mêlée, solidement cuirassé. Avec le temps, l'atmosphère se transforme, la bonne humeur du délégué général est contagieuse. Et puis, petit à petit, Michaud bâtit une nouvelle équipe à qui il enseigne l'a b c de la coopération franco-québécoise. Chacun doit y trouver son compte, mais il ne faut jamais perdre de vue que ce sont d'abord les besoins du Québec qui doivent primer.

En 1980, un référendum est en préparation au Québec. René Lévesque l'a promis, et Michaud doit préparer l'Élysée et le Quai d'Orsay, de même que la presse française, à une éventuelle victoire du OUI. La France serait appelée à jouer un rôle déterminant à la suite d'un triomphe des forces souverainistes. Il y a tout un jeu de coulisses à développer, discrètement, à l'abri des regards de l'ambassade canadienne. La délégation du Québec devient un iceberg : dans la partie visible, on organise la solidarité avec le Québec en marche, et dans la partie immergée, on discute stratégie avec le Quai d'Orsay et d'autres instances politiques.

Le 20 mai 1980, trois ans et demi après l'élection du Parti québécois, la population du Québec est appelée à se prononcer sur l'accession du Québec à la souveraineté. C'est peu de temps pour convaincre une population qui a long-temps vécu dans la peur de tout perdre si jamais « la Belle

Province » faisait mine de demander davantage de droits. Le camp du NON n'hésitera pas à exploiter ces craintes tenaces. Qui ne se souvient pas du fameux coup de la Brink's, à la veille des élections du 29 avril 1970 ? Le 26 avril, après un appel anonyme passé pour avertir le journal *The Gazette*, un convoi blindé de la Brink's quitte les bureaux du Royal Trust à Montréal, en direction de Toronto. Il s'agit manifestement, et ostensiblement, de mettre en lieu sûr des valeurs bancaires advenant une victoire péquiste. Des photographes sont postés à la frontière de l'Ontario pour capter le passage des convoyeurs blindés fuyant le Québec. Ces images avaient frappé l'imaginaire d'un peuple qu'on faisait chanter depuis plus de cent ans. Les responsables de cet acte d'intimidation ne se sont jamais excusés de ce coup monté honteux, organisé avec le concours de l'establishment fédéraliste.

En France, plusieurs personnalités politiques, dont Philippe Rossillon, Jean-Pierre Chevènement et Michel Rocard, ont pris position publiquement en faveur du OUI, certes sans engager formellement leur gouvernement, mais cet appui est tout de même plus que symbolique. Michaud a interpellé tous les politiques, il est intervenu systématiquement dans toutes les sphères de la politique française. René Lévesque a de quoi être satisfait de son délégué. Si le OUI l'emporte, le travail de reconnaissance internationale aura été bien entamé. Michaud lance à ses amis français :

Les Québécois choisiront entre le *statu quo* et le défi que représente la souveraineté-association. Il va de soi que cette dernière n'est que le point de départ vers la construction d'un pays neuf et le développement d'une société originale en Amérique du Nord. Issus de la vieille Europe et en très grande majorité de la France, les

Québécois se sont donné une identité nationale qui leur est propre.

Le soir du 20 mai, Michaud a invité chez lui une centaine de personnes de toutes allégeances pour suivre en direct l'événement, qui se terminera aux petites heures du matin, en raison du décalage horaire. Après un suspense de quelques heures, la nouvelle fatidique tombe comme une douche froide sur les dignitaires et les invités du délégué : le gouvernement péquiste perd le référendum et le camp du NON l'emporte avec près de 60 % des votes. La stratégie de la peur a triomphé encore une fois.

Au 58, avenue Foch, c'est la consternation générale. L'événement est d'autant plus dramatique que nombre de Français sont venus à la résidence du délégué pour manifester leur appui à la cause souverainiste. La défaite revêt un caractère international. Yves Michaud est bouleversé et, pour une rare fois, les mots lui manquent pour traduire son désarroi. « On sentait, parmi nous qui étions réunis à la délégation, comme une douleur familiale », raconte Anne Cublier. On voit même, au petit matin, le délégué verser une larme. Il faut dire que sa mère, âgée de 89 ans, est décédée quelques jours auparavant. Yves a dû revenir de toute urgence au Québec pour l'inhumer, la veille du référendum, avant de rentrer en France aussitôt.

Il faudra attendre Jacques Parizeau et le deuxième référendum sur la souveraineté du Québec, quinze ans plus tard, pour que la France soit de nouveau sollicitée comme premier appui à une éventuelle déclaration d'indépendance.

Rue Pergolèse, Michaud ne succombera pas au blues *post partum* qui affectera, durant les années 1980, une bonne partie de l'intelligentsia québécoise qui avait cru en la victoire. Il s'en remet rapidement. René Lévesque, son chef et ami, n'a-t-il pas lancé, le soir de la défaite référendaire : « À la prochaine fois... » ? Et puis, il se console en se rappelant la vieille maxime qui dit que si la victoire est éphémère, la défaite n'est jamais définitive. Curieux paradoxe, la défaite référendaire n'empêchera pas le Parti québécois d'être réélu en avril 1981. Il augmentera même son pourcentage en obtenant près de 50 % du vote.

Michaud ne se laisse donc pas abattre devant l'adversité, et compte bien redoubler d'effort. Il est un puissant antidote à la morosité post-référendaire. Personne ne peut mettre en doute son dévouement : on le sait à la disposition totale et entière du Québec. Convivial, mais vouvoyant son monde en ne s'écartant jamais du protocole, il multiplie les rencontres avec son équipe de même qu'avec le personnel politique de l'administration française. Il sera un entremetteur et un pacificateur hors pair, se situant toujours dans le réel, sur le terrain pratique, une méthode qui a des résultats concrets en bout de ligne. Lorsqu'on parle de l'avenir du Québec, on ne peut adopter un point de vue impartial et mou : sa verve réussit même souvent à redonner l'envie de la politique à des Français quelque peu désabusés. L'accueil qu'il reçoit de la classe politique française le galvanise. Il s'agit, de toute évidence, d'une affaire de cœur doublée d'une affaire politique. Les antennes qu'il a placées un peu partout lui permettent de capter les signaux d'alarme de l'ambassade du Canada. C'est bon signe, se dit-il. Si on commence à nous craindre, c'est que nos interventions font mouche.

Claudette Gaulin, qui a été chargée du secrétariat et de l'agenda d'Yves Michaud, raconte qu'il était très apprécié des politiciens français, les Bernard Dorin, Alain Juppé ou Philippe Rossillon, qui étaient dans la garde rapprochée des amis du Québec. Son passage à la délégation fut une école de diplomatie. Gabriel Goulet, qui était conseiller scientifique et technique à la DGQP, est catégorique: Michaud a été un grand artisan de la coopération avec la France.

> Nous n'étions pas en Californie, nous faisions affaire avec un pays, la France, qui avait colonisé la planète tout entière et qui avait une expérience de relations internationales que le Québec n'avait pas. Le monde n'avait pas de secret pour elle, alors que le Québec était un novice en la matière. Il fallait donc y mettre la manière. Tout était important. La nourriture, le vin, l'habillement, le vocabulaire, le plan de table, la préparation de chaque activité, tout était calculé et étudié. Rien n'était laissé au hasard.

Au Québec, René Lévesque a été profondément blessé lors de la Nuit des longs couteaux du 4 novembre 1981, alors que les premiers ministres des provinces anglophones et Pierre Elliott Trudeau ont avalisé dans son dos le rapatriement la Constitution. Le Québec sort profondément isolé de l'épisode et le moral est à nouveau en berne. Mais Michaud, encore une fois, ne se laisse pas abattre. Il continue de sillonner la France. Séducteur, donnant l'impression d'être sûr de lui, le geste fraternel, maîtrisant toujours son sujet, il ne laisse pas place aux valses-hésitations. Il ne déteste pas les discussions passionnées, entrecoupées de grandes envolées oratoires où il met à profit son érudition, mais il a aussi appris que pour marquer des points, il faut aller droit au but, sans faire perdre à quiconque un temps toujours précieux. De petites victoires en petites victoires, on finit par obtenir ce que l'on cherche.

Il s'immisce dans le champ politique avec la plus grande des aisances. Quand il n'est pas autour d'une table, entouré d'amis du Québec, il reprend son bâton de pèlerin pour porter le message de la souveraineté du Québec partout dans l'Hexagone. S'il faut convaincre, il le fait avec plaisir, sans se faire prier. Il est fait pour ça. Il faut que les Français sachent que le Québec, ce n'est pas le Canada. Il faut qu'ils sachent qu'au Québec, il y a un vaste mouvement qui lutte pour la souveraineté nationale – il n'est pas encore majoritaire, mais ça viendra, si on réussit à contrer les campagnes de peur. Il faut, enfin, que la France tout entière sache qu'au Québec, c'est en français que ça se passe. Le délégué général est prêt à rencontrer tous les groupes et tous les individus désireux d'en savoir davantage : décideurs, investisseurs, artistes, touristes, étudiants et surtout, politiques.

Michaud, en effet, est un politique avant d'être un diplomate. Aussi se concentre-t-il sur la classe politique française aux échelles locale, régionale, départementale et nationale. Sa première préoccupation, c'est de joindre des élus, des gens qui parlent au monde. Il parcourra une quarantaine de départements français. Il affectionne particulièrement les petites communautés. Dans les associations régionales France-Québec, qu'il ne néglige jamais, il prononce des conférences de nature politique, estimant qu'il s'adresse à des multiplicateurs de parole. Le calcul est bon. Les médias locaux et nationaux ne se font pas prier pour l'interviewer. Radio, télévision, journaux écrits, tout y passe, et il est aussi à l'aise derrière un micro que devant une caméra. Michaud, dont la diction est excellente, sait se faire comprendre tout en conservant son vieux fond d'accent québécois. Son entreprise contribue largement à briser l'isolement international du Québec.

*

« Ti-Guy » Beaubien, celui qui avait admonesté les chanteurs envoyés en France par Bourassa en 1976, est toujours l'homme à tout faire de la délégation. Il s'occupe surtout de l'audiovisuel et a monté rue Pergolèse une véritable cinémathèque québécoise. Il voit également à l'organisation des meetings, dans des salles bien remplies, de préférence. Un jour, le réalisateur d'une émission du midi sur la chaîne TF1, un ami, décide de lui faire une fleur. Il lui propose d'organiser une « semaine du Québec » sur TF1 et lui demande de lui fournir du matériel visuel à diffuser en ondes. Rien de plus facile pour Guy Beaubien. Tous les jours, pendant deux heures, on pourra voir et entendre sur la première chaîne de France Diane Dufresne ou Louise Forestier se faire expliquer le fonctionnement de l'Office franco-québécois pour la Jeunesse (OFQJ), etc. Yves Michaud sera évidemment invité à prendre la parole.

Quand un artiste, un chanteur ou une troupe est de passage à Paris, Michaud s'empresse d'accourir à l'événement. Depuis 1979, des services culturels sont à la disposition des artistes québécois dans des locaux spacieux situés au 117, rue du Bac, à quelques pas de la Place du Québec. À la première parisienne du film de Gilles Carle, *Les Plouffe*, Michaud offre le cocktail. Lorsqu'il apprend que trois comédiennes, Denise Filiatrault (Cécile Plouffe), Juliette Huot (maman Plouffe) et Anne Létourneau (Rita Toulouse), sans grands moyens, sont hébergées dans un petit hôtel, il part à leur rencontre avec son chauffeur et les emmène tout de go avenue Foch. Denise y demeurera six mois et dormira dans la chambre ordinairement réservée à René Lévesque. « J'en étais très honorée », raconte-t-elle. Elle participera à plusieurs rencontres à la table du délégué général, qui accueillait souvent des personnalités politiques et des artistes de passage. Aujourd'hui encore, elle loue la générosité de ce bourreau de travail qui éprouvait un immense respect pour les artistes.

Les rencontres plus pointues avec les fonctionnaires du Quai d'Orsay, Michaud les confie souvent à Jean Tardif, conseiller politique à la délégation et spécialiste de la francophonie, tandis que lui se réserve les discours, les bains de foule, les poignées de main et les accolades, sans jamais déroger à son traditionnel uniforme veston-cravate, d'une sobre élégance.

S'il arrive qu'un événement culturel organisé par la délégation soit en passe de connaître un certain retentissement, il faut s'attendre à voir l'ambassade du Canada tenter de s'immiscer. Or, pour conduire cette guerre des drapeaux, les moyens des fédéralistes sont immenses. Ainsi, lorsque la DGQP organise à Sarcelles, une petite ville de la banlieue nord de Paris, un mois d'activités culturelles, avec entre autres une exposition de photographes québécois, le spectacle d'un chanteur et la visite de la Ligue nationale d'improvisation, l'ambassade canadienne déploie aussitôt quelques gros canons : on expose huit toiles de Jean-Paul Riopelle, on distribue une multitude de petits drapeaux canadiens et, clou de la soirée, on invite sur place le peintre en personne. Mauvais calcul. Riopelle, avec sa désinvolture habituelle, quitte les lieux avant les présentations d'usage. Rétif à tout ce rituel protocolaire, le peintre a vu venir la récupération qu'on tente de faire de sa personne. Quand le même genre de scénario menace de se répéter à La Rochelle, où le Québec doit être mis à l'honneur pendant un an, Michaud intervient auprès des fonctionnaires français pour

les aviser qu'il ne tolérera pas la présence de drapeaux canadiens à côté du fleurdelisé. Le Québec est à l'honneur ou il
ne l'est pas. Les demi-portions, c'était avant.

*

Bientôt, Michaud doit se trouver un nouveau responsable
des communications. Claude Bédard, journaliste de formation qui travaille alors à Radio-Québec en collaboration avec
le ministère de l'Éducation à la réalisation de l'émission
Passe-partout, a toujours rêvé de travailler en France. Quand
le sous-ministre au MRI, Robert Normand, demande par
hasard à Bédard s'il ne connaîtrait pas quelqu'un qui pourrait être intéressé par le poste, ce dernier saute sur l'occasion et décide de passer le concours, que président Robert
Normand, Jean Chapdelaine, un ancien délégué, et Yves
Michaud. Bédard n'est pas le premier choix de Michaud,
mais les deux autres jurés tranchent en sa faveur. Il est donc
embauché et débarque à Paris peu de temps après, ce qui ne
fait pas tout à fait l'affaire de Monsieur le délégué, qui
compte bien le mettre rapidement à l'épreuve.

Claude Bédard est à peine arrivé à l'hôtel que déjà Yves
Michaud le met sur un coup fumant. On est à la mi-août
1982 et en octobre, Michaud veut absolument célébrer les
100 ans de la création de la première délégation du Québec
en France, anniversaire que bien peu de gens connaissent.
Il faut profiter du passage en France du ministre des Relations internationales, Jacques-Yvan Morin, pour souligner
l'événement. C'est Hector Fabre qui fut, dès 1882, le premier représentant du Québec à Paris (le titre officiel était
commissaire général du Canada à Paris). Fabre était un journaliste, un essayiste, un dilettante brillant issu de la mou-

vance des Patriotes, presque le sosie, en quelque sorte, d'Yves Michaud. Il était à l'époque le premier – et le seul – à s'occuper des affaires du Québec en France, et le Canada passait par lui pour régler certaines questions d'importance. Sa résidence lui servait également de bureau.

Mais qui se souvient de Hector Fabre? Michaud propose qu'on retrouve la maison où il a vécu et qu'on y appose officiellement une plaque commémorative. Le projet est rassembleur, cohérent et limpide, il vise à tirer de l'ombre un des premiers hérauts du Québec en France. Mais la tâche s'annonce ardue. Créer l'événement en si peu de temps, surtout dans la somnolence du mois d'août, alors que les deux tiers des Français sont en vacances, semble une mission impossible. Yves Michaud attend de son nouveau directeur des communications qu'il fasse un miracle, ni plus ni moins.

Après de brèves recherches, Bédard retrouve l'immeuble en question, rue Chabanais, dans le 2e arrondissement, près du musée du Louvre. Impossible de connaître le nom du propriétaire, c'est une société d'assurances qui occupe l'appartement, et les locataires le réfèrent à un avocat fondé de pouvoir. Bédard prend aussitôt rendez-vous avec ce dernier, qui lui dit qu'il est impossible d'obtenir ces renseignements « top secret » : « Il pourrait y avoir des incidences fiscales et patrimoniales, vous comprenez, Monsieur... » Bédard fait rapport à son patron qui, évidemment, ne se décourage pas. « Regarde-moi bien aller », lui dit Michaud.

Le délégué téléphone à la mairie de Paris, où il peut joindre le maire en personne, Jacques Chirac, à qui il avait servi de guide il y a quelques années à peine. Il lui fait part de son plan et lui annonce même que le ministre des

Affaires internationales du Québec est disposé à venir inaugurer la plaque, un engagement que Jacques-Yvan Morin ne connaît pas encore! On lui donne donc accès au registraire des propriétaires – ce qui est exceptionnel – et Michaud apprend que la propriétaire de l'immeuble est une vieille comtesse qui vit sur la côte d'Azur. Jointe au téléphone, cette dernière ne veut rien entendre de laisser visser une plaque sur son mur; comme l'avait souligné son fondé de pouvoir, elle craint par-dessus tout les incidences fiscales et foncières.

Le temps presse. Michaud ne fait ni une ni deux. Son âme étant son seul cheval, comme dit le poète, il part illico avec Raymond, son chauffeur, rencontrer la comtesse sur la côte d'Azur. Sur place, il achète un immense bouquet de fleurs avant de se lancer à l'assaut de la résidence féodale. Le reste relève du grand théâtre, avec lever de rideau et applaudissements à la fin. La comtesse, charmée par l'éloquence et l'empressement du fin renard, laisse tomber son fromage. Après moult ronds de jambe et baisemains, Michaud repart pour Paris avec dans sa poche une lettre d'accord signée de la main de la comtesse.

Notre brave délégué n'est pas au bout de ses peines. Il a obtenu la permission de la propriétaire, certes, mais il faut maintenant faire approuver le texte par une commission historique. Or, ladite commission ne se réunit que deux fois l'an, et elle l'a fait en août. Nous sommes à la mi-septembre. Impossible de convoquer une réunion extraordinaire pour un sujet aussi banal. Que faire? Michaud joint de nouveau le maire de Paris et il réussit à obtenir une conférence téléphonique avec les membres de la Commission des biens historiques de la ville de Paris, une première. On est en 1982 et à

cette époque, la France est loin d'être à l'avant-garde des télé-
communications. Une conférence téléphonique à trois ou à
quatre suppose quelques arrangements techniques qui ne
s'obtiennent pas en criant Québec. Mais la conférence a finalement lieu, et l'accord sur l'inscription officielle est obtenu.

Reste maintenant à prendre rendez-vous avec la société
qui fondra le bronze de la plaque. Il n'y en a qu'une seule
à Paris. Bédard se frappe à un nouveau mur : le mouleur ne
peut s'engager à remettre l'œuvre à la date demandée.
« C'est un processus très long et complexe, explique l'artisan,
et je suis en retard d'environ deux ans sur mes commandes. »
Nouvelle intervention de Michaud pour convaincre le couleur de bronze. Quels arguments imparables a-t-il invoqués
cette fois ? On ne sait trop, mais la plaque commémorative
a été livrée à temps.

Le grand jour approche, et le ministre des Affaires internationales du Québec a été avisé qu'il devra dévoiler la
plaque commémorative durant sa visite officielle en France.
Nouveau conciliabule avec la mairie : il faut obtenir l'autorisation de fermer la rue Chabanais, ce qui n'est pas une
mince affaire étant donné qu'elle communique avec une
artère importante. Mais, finalement, les choses s'arrangent
et Jacques-Yvan Morin, en compagnie du maire de Paris, de
la comtesse et de nombreux dignitaires, inaugure la plaque,
dont l'inscription dit : « Ici résida Hector Fabre, avocat et
journaliste nommé premier représentant officiel du Québec
en France le 28 février 1882. »

Malgré les multiples obstacles, le projet de commémora-
tion du premier délégué du Québec en France, un projet
empreint d'une belle humanité, a pu être réalisé dans les

délais prévus. Rarement un délégué du Québec, ou même un ambassadeur, s'était décarcassé de la sorte. Le mot «impossible» n'existe tout simplement pas pour Michaud que rien ne peut arrêter. En fait, il maîtrise parfaitement «l'art de l'impossible».

Cette expérience extrême a rapproché le délégué et son directeur des communications. Michaud veut des projets stimulants? Bédard va lui en trouver un autre. À cette époque où la radiodiffusion française est encore sévèrement encadrée, les radios pirates ou «radios libres» pullulent. Elles diffusent sur la bande FM, la bande de l'avenir, et elles ont la cote. Elles sont plus ou moins tolérées, mais restent en marge de la légalité. De temps en temps, la police des ondes effectue un rafle et on en ferme un certain nombre, et d'autres réapparaissent. Claude Bédard a une idée des plus originale et met le délégué dans le coup: approvisionner les radios libres dispersées un peu partout en France en contenu québécois. Yves Michaud accepte de cautionner le projet, même s'il s'agit d'une activité juridiquement incertaine. Aucune ambassade ne s'est encore aventurée sur ce terrain glissant.

Avec Guy Beaubien, Bédard contacte les responsables de ces radios et propose de leur envoyer, chaque semaine, des enregistrements d'une émission prête à être diffusée, intitulée «Le Québec vous dit bonjour». La proposition est acceptée avec enthousiasme par 112 diffuseurs. Ces radios libres vont recevoir gratuitement par la poste, semaine après semaine, les cassettes de la Délégation du Québec. Leur seule obligation est de fournir un justificatif de diffusion. Beaubien, qui s'occupe de l'aspect technique de l'entreprise, s'est débrouillé pour faire venir du Québec le maté-

riel de sonorisation nécessaire, avec la complicité de son
ami Denis Vaugeois.

Le contenu des émissions est varié. Il y a un volet culturel et un volet touristique, et parfois, on diffuse des entre-
vues de personnalités du monde des affaires qui ont des
rapports avec la France. Chaque fois qu'un artiste est de
passage, André et Guy s'arrangent pour obtenir une entrevue afin d'alimenter les radios libres. La production d'émissions durera une bonne dizaine d'années, jusqu'à ce que
le gouvernement du Québec sabre dans les budgets des délégations et ferme les services culturels de la rue du Bac.

Une autre fois, Michaud demande à Bédard de donner
de l'écho à la prochaine visite de Jacques-Yvan Morin en
France. Il veut le maximum de retombées médiatiques. Gros
défi dans un pays où défilent, en moyenne, deux présidents
étrangers par semaine sans qu'on puisse lire quoi que ce
soit de significatif sur ces visites dans les journaux. Bédard
a beau examiner la question sous tous ses angles, il ne voit
pas comment on pourrait souligner la visite du ministre.
On est en pleine guerre des Malouines et Michaud rappelle
à son conseiller que Morin, qui est un constitutionnaliste,
pourrait expliquer fort bien aux Français les origines et les
enjeux de ce conflit qui oppose l'Angleterre et l'Argentine.
Pourquoi pas ? C'est une idée originale qui mérite qu'on
s'y arrête.

Le directeur des communications de la délégation approche donc différents médias pour leur proposer de rencontrer le ministre des Relations internationales du Québec, qui est aussi un constitutionnaliste chevronné. Il n'est,
bien sûr, pas question de condamner la Grande-Bretagne
ni de s'immiscer dans ce conflit qui a déjà fait plusieurs

centaines de morts, d'autant moins que l'Argentine est gouvernée par une dictature militaire qui ne bénéficie d'aucun capital de sympathie au niveau international. Le *Journal de TF1* accepte de recevoir le ministre en entrevue, et Jacques-Yvan Morin se montre très bon vulgarisateur. Le délégué général est très satisfait de la visibilité qu'on a offerte à son ministre. Depuis que Michaud est en poste à Paris, le Québec est dans tous les médias. Que demander de plus?

Un peu avant que la ministre Lise Payette décide de ne pas se représenter aux élections d'avril 1981, Yves Michaud organise en son honneur une grande réception à sa résidence. Quelques centaines de représentantes du mouvement féministe français, des écrivaines, des intellectuelles accourent pour souligner l'apport de cette militante souverainiste élue en 1976 sous la bannière du Parti québécois, qui avait eu une parole malheureuse durant la campagne référendaire de 1980 mais à qui on doit, entre autres, la féminisation des titres en politique.

C'est à cette même époque que Claude Charron séjourne en France, après avoir démissionné comme député et ministre des Affaires parlementaire à l'automne 1982. Il veut écrire un livre pour s'expliquer sur les raisons qui l'ont conduit à commettre certains gestes condamnables, comme le vol d'une veste de cuir dans un grand magasin du centre-ville de Montréal. Il demeurera quelques semaines chez Yves Michaud, avenue Foch, jusqu'à ce que Jacques-Yvan Morin, le titulaire du MRI, l'oblige à quitter les lieux. Bon père de famille, Michaud demande alors à Gabriel Goulet, un fonctionnaire de la DGQP qui fait partie de sa garde rapprochée, s'il consent à héberger temporairement l'ex-leader parlementaire du gouvernement tombé en disgrâce. Goulet accepte et c'est chez lui que Claude Charron écrira une bonne partie de son ouvrage *Désobéir* (VLB, 1983). Entre Charron et Goulet, c'est le début d'une belle amitié qui dure encore aujourd'hui.

Le délégué général du Québec profite du versant protocolaire de ses fonctions pour parfaire ses connaissances œnologiques et noue de multiples contacts avec des viticulteurs, qui lui seront utiles plus tard, lorsqu'il se lancera dans l'aventure de l'importation de vin au Québec. Il devient un assidu des routes du vin et on l'invite souvent à des dégustations. Il faut dire qu'Yves Michaud excelle dans l'art de recevoir : chaque réception officielle à la délégation du Québec ou chez lui devient l'occasion d'offrir aux invités de nouvelles surprises viticoles. Mais jamais on ne le voit dépasser les bornes : si Michaud aime le bon vin, il ne sombre jamais dans la surconsommation. Sur les conseils de sa femme Monique, il obtient qu'on embauche un cuisinier du Québec, Jean-Pierre Curtat, jeune diplômé de l'Institut d'hôtellerie de Montréal, comme chef cuisinier à la résidence du délégué, avenue Foch. Personne ne s'en plaindra, surtout pas les écrivains et artistes, français et québécois, qui étaient fréquemment invités à ses déjeuners et réceptions. Lorsqu'il a quartier libre, les fins de semaine, et que son cuisinier prend congé, c'est Monsieur le délégué général qui revêt le tablier et s'empare de la cuisine pour préparer les œufs bacon et autres pâtés chinois pour le personnel de la résidence.

Michaud tient à donner une couleur québécoise aux mets qu'il offre à ses invités. Très tôt, il a appris, aussi, que la France se gouverne autour d'une table. Il sait que Talleyrand, au XIXe siècle, a sauvé son pays avec ses grands dîners diplomatiques fastueux et il s'efforce de l'imiter pour faire rayonner le Québec – avec beaucoup moins de moyens. En général, ce sont les mêmes personnes qui vont d'une ambassade à une autre pour faire acte de présence et de courtoisie. Il faut absolument les étonner et faire différent. L'amour du Québec entrera par la cuisine et il faut le nourrir en conséquence.

Le chef Jean-Pierre Curtat – qui dirige aujourd'hui, depuis plus de vingt ans, les cuisines du Casino de Montréal –, est mis à contribution et doit faire preuve de beaucoup d'imagination et d'ingéniosité pour combler l'appétit et la curiosité des convives. D'autant que Michaud lui alloue un budget très restreint qui ne permet pas d'extravagances. Le délégué ne veut surtout pas qu'on lui reproche de gaspiller l'argent des contribuables et il a avisé son personnel qu'il n'est pas question de sortir du cadre budgétaire que chacun s'est vu attribué. Michaud est un « militant diplomatique » qui prêche par l'exemple.

Un jour, Michaud suggère à son cuisinier de mettre du pâté chinois au menu. Il se chargera d'expliquer aux convives français qu'il s'agit d'un mets traditionnel du Québec. Une autre fois, il offre le fameux jambon fumé du restaurant Le Petit Poucet, de Val-David, qu'il fait venir par la valise diplomatique. Les menus typiquement québécois comprennent aussi des mini-tourtières, des plats de gibier et des desserts à base de sirop d'érable. Son choix de vins est correct, c'est-à-dire recherché sans être extravagant, et sa cave à vin reflète fidèlement sa passion et son éclectisme.

Le délégué général organise plusieurs fois par semaine des rencontres auxquelles il convie des personnalités de toutes tendances. Le but est de leur expliquer en quoi consiste le projet souverainiste.

La notion de souveraineté est claire en droit international, martèle-t-il. C'est le pouvoir de décider soi-même, c'est la plénitude des pouvoirs sur un territoire donné. L'autorité de l'État souverain s'exerce donc à l'exclusion de toute autre dans les limites de son territoire. L'intégration du Québec et du Canada est, à l'heure actuelle, excessive. Elle entraîne une érosion constante des compétences des États membres, contrairement à ce qui se passe avec vos institutions et vos partenaires.

Le jour, le délégué offre des repas d'affaires, et le soir, des cocktails qui peuvent se prolonger tardivement. Chaque fois, Michaud met la main à la pâte pour apporter une touche différente et conviviale. Ses discours ne laissent personne indifférent et ils changent d'une fois à l'autre, ce qui ajoute du piquant à la réception. Il prend constamment des notes dans un petit carnet, car il veut éviter à tout prix de se répéter. Il faut qu'il y ait toujours un nombre pair d'invités autour de la table. Le chiffre treize est proscrit, et s'il arrive qu'un invité se décommande à la dernière minute, il réquisitionne un membre de son personnel pour servir de « bout de table ». Le contraire peut également se produire : un employé de la délégation peut, au dernier moment, être dirigé poliment vers les cuisines pour prendre son repas loin des convives du jour parce qu'une personne s'est invitée sans prévenir. Pour les employés de la DGQP, ce n'est pas nécessairement une fête. Ces présences obligées à la table du délégué impliquent bien souvent un rallongement de leurs horaires de travail et des contraintes sur le plan de leurs obligations familiales, mais, règle générale, la joie est au rendez-vous et les invités forcés ne s'en plaignent pas. « On met notre estomac au service de l'État! » leur répète Michaud.

On pourrait penser que tout cela a coûté cher aux contribuables québécois mais, encore une fois, il n'en est rien. Malgré les apparences, ces réceptions n'étaient pas affaires de faste, mais bien de convivialité. Et puis, même si ses agissements et ses airs grand prince peuvent laisser croire le contraire, Michaud a un côté Séraphin. Venant d'une famille modeste, il a toujours su la valeur de l'argent. « Si tu n'en as pas ou presque pas, respecte-le encore davantage », lui enseignait-on. En fait, Michaud est un prestidigitateur. Il s'arrange toujours pour faire des miracles avec peu. Il gère la délégation en bon père de famille et il n'est pas dépensier, ni pour lui-même ni dans ses fonctions. Il est prêt à faire quelques centaines de kilomètres pour acheter un nouveau système de son pour la délégation, alors qu'on vend le même tout près, mais au prix fort. On est loin du train de vie de l'ambassade canadienne, rue Montaigne, et de son centre culturel, rue de Constantine, dont les budgets sont énormes.

Si les Français accourent à sa table, c'est pour tout autre chose. C'est pour rencontrer des gens avec qui, en dehors de la délégation, ils n'auraient jamais l'occasion de parler et de fraterniser. Ils ne sont pas déçus, car Michaud est un maître doseur : quelques écrivains du Québec et de France, du personnel politique avide de nouveautés, un ou deux journalistes de passage, le correspondant d'un média montréalais en poste à Paris, la directrice d'un magazine à grand tirage, un amateur d'art, un directeur d'entreprise ou de centre de recherche en attente d'un partenariat avec un vis-à-vis français, etc. Aucun invité dont il aura à rougir. Souvent présente au centre de tout ce brouhaha, Monique place les uns et les autres et met à profit sa grande capacité à s'adapter à son interlocuteur, déploie des trésors de patience et offre le témoignage de sa loyauté indéfectible. La délégation et son antenne de l'avenue Foch deviennent un lieu où l'on vient trouver ce qu'on ne peut trouver ailleurs. Décidément, Michaud est à sa place et le courant passe avec la France. Il contribue à sortir le Québec du vase clos de la rivalité avec Ottawa pour qu'il tienne sa place dans le concert des nations.

Car si ce travail de terrain peut sembler futile à première vue, il a manifestement rapporté des dividendes. « Michaud est un animateur hors pair, raconte Jean-Pierre Curtat, un brillant orateur qui sait parler aux Français avec chaleur et capter leur attention. Il a réussi à créer un vaste réseau d'appuis à la cause du Québec. C'est un ouvreur de portes et Louise Beaudoin, qui lui succédera, viendra faire le *closing*, si on peut dire. En France, on doit savoir respecter le décorum avant de penser faire des affaires. » Trente ans plus tard, les gens se souviennent avec nostalgie de cette atmosphère exaltante où tout le monde avait l'impression de participer à un projet collectif.

Bernard Dorin, un Français diplomate de carrière, fut de tous les combats du Québec. Il organisa, avec Alain Peyrefitte, la visite du général de Gaulle au Québec en 1967, et participa à la création de l'Association France-Québec. « Yves Michaud, dit-il, fut le meilleur des délégués du Québec à Paris. Ses qualités étaient essentiellement une foi inébranlable dans la marche du Québec vers l'indépendance, une parfaite connaissance des dossiers à traiter, une grande chaleur humaine qui emportait la sympathie et une droiture exemplaire. »

Michaud est à l'aise au milieu de cette faune. Certains y viennent en curieux, faute d'avoir trouvé ailleurs un champ d'action, une cause qui vaille la peine. D'autres accourent parce qu'ils ont entendu parler de l'«ambiance particulière» des lieux ou parce qu'ils cherchent à brasser des affaires avec ce Québec lointain. Nombreux sont ceux qui, quelques années auparavant, ne connaissaient pas même l'existence d'un problème québécois, et encore moins d'une spécificité ou d'une nation québécoise. Le principe est simple : toute collectivité nationale a droit à son existence nationale. Rien ne semble plus légitime à ceux à qui on sait l'expliquer. Avenue Foch, on trouve des hommes et des femmes de paix et des gens disposés au dialogue et à la fête.

Yves Michaud a le soin de s'entourer de personnes qui peuvent être utiles au Québec ou qui, ce qui est tout aussi précieux, pourront l'être un jour. Il est donc non seulement possible, mais souhaitable de réunir des ennemis politiques autour d'une même table, pour peu qu'ils finissent par devenir des amis. «S'il n'y a pas ce que je veux, je veux ce qu'il y a», se répète souvent le délégué. Ces repas conviviaux sont un outil de travail parmi d'autres.

Le délégué général s'efforce d'être disponible en tout temps, aussi bien pour son personnel que pour ses compatriotes de passage qui sollicitent une aide quelconque. Michaud est un travailleur acharné et son entourage sait fort bien qu'il n'abandonne jamais un projet en cours. Il est tout le contraire d'un fonctionnaire de carrière arriviste et autoritaire. Dans *Le Dictateur*, Chaplin dit dans un extraordinaire discours que, plus que des machines, nous avons besoin d'humanité, et que, plus que de l'intellect, il nous faut de la bonté et de la douceur. C'est Yves Michaud tout craché. L'amabilité et la courtoisie sont sa demeure. Il n'a jamais conçu sa vie autrement.

Ces principes ne l'empêchent pas de faire preuve de rigueur. Tous les lundis, il réunit le personnel de la délégation et fait le point avec ses principaux conseillers : coopération scientifique et technique, culture, immigration, relations économiques et investissements, affaires politiques, etc. Tous doivent produire un rapport détaillé de leurs activités, afin de savoir exactement ce que les différentes missions coûtent et rapportent. Chaque dollar dépensé dans les activités de missions produit des dividendes, et les retombées doivent toujours être positives. Avec Michaud on peut toujours discuter, mais c'est lui le patron. Tout le monde doit avancer dans la même direction : il ne tolère aucun manquement à ce principe de solidarité. Mais le délégué général est un instinctif qui sait jusqu'où aller dans l'application stricte des règles. Tous les cadres de la délégation sont Québécois, mais on trouve, parmi le personnel de soutien, des employés locaux qui ne sont pas soumis à la même rigueur.

Lorsque des visiteurs de marque viennent faire leur tour en France, le personnel de la délégation est mobilisé au grand complet, bien souvent jusque tard le soir. Une visite de René Lévesque, de Jacques Parizeau ou de tout autre ministre implique un surplus de travail. Mais Michaud, aussi exigeant qu'il est, sait aussi récompenser et cherche souvent à joindre l'utile à l'agréable. De nombreux travailleurs de la délégation ont fait venir leurs familles et ils doivent également voir à leur bien-être, ce qui entre parfois en conflit avec leur horaire chargé. Ils doivent aussi assurer une tâche double : « Nous étions des fonctionnaires du gouvernement du Québec payés pour rendre service à des

Québécois de passage, et nous étions également des fonctionnaires du gouvernement du Québec payés pour rendre service aux Français qui venaient au Québec, explique Gabriel Goulet, sans se plaindre. Il ne fallait jamais perdre de vue cette perspective. »

Bien sûr, de nombreux fonctionnaires québécois envient leurs collègues en poste à Paris. « Vous êtes chanceux, vous travaillez en France et, en plus, avec un délégué qui ne regarde pas à la dépense. » On sait que la réalité est tout autre, les employés de la délégation ne comptent pas leurs heures mais tous se sentent entre bonnes mains et savent que leur patron est à la bonne avec le premier ministre du Québec – ce qui ne gâche rien. En cas de problème, ils savent que Michaud peut prendre le téléphone et joindre immédiatement le PM pour régler la question.

Semaine après semaine, des centaines de Québécois – universitaires, étudiants, chefs d'entreprises, fonctionnaires gouvernementaux, journalistes, écrivains et artistes – visitent Paris pour explorer de nouvelles possibilités d'échanges. Les délégations québécoises se déclinent dans une gamme d'intérêts sans fin : sciences, ressources naturelles, avionnerie, pêcheries, médecine et pharmacie, enseignement et éducation, tourisme, cinéma, etc., et plusieurs ministères sont mis à contribution. Cela suppose des négociations, de la recherche, beaucoup de tact et de diplomatie, et toute une infrastructure fonctionnelle et réactive. Les missions durent en moyenne une dizaine de jours et le personnel de la délégation est soumis, semaine après semaine, à un véritable feu roulant.

La DGQP offre aussi aux Québécois de passage les services de Diane Beaulieu, médecin généraliste. Québécoise installée de longue date à Paris, elle trouve toujours un moment libre pour soigner les petits bobos des amis de la délégation, le jour même de leur appel s'il y a urgence. C'est mieux qu'une clinique sans rendez-vous! Diane a bien connu le délégué Yves Michaud et se souvient de sa passion pour les trésors culturels que recèle la France et des fins de semaine qu'il passait à sillonner l'Hexagone à la découverte de ses merveilles historiques et architecturales, emmenant avec lui qui voulait bien le suivre. Exigeant pour son personnel, il savait aussi récompenser et partager. La généraliste considère que son passage a marqué les relations France-Québec. « Aujourd'hui, se plaint-elle un peu, il n'y a plus rien qui vaille. »

La fête nationale du Québec est un moment attendu dans la classe politique française. « Alors, on se retrouve chez les Québécois, le 24 juin ? » entend-on ici et là dans les officines gouvernementales. Tandis que la fête bat son plein dans la rue Pergolèse, qui est fermée à la circulation pour l'occasion, des membres de l'intelligentsia et de nombreux diplomates se retrouvent avenue du maréchal Foch où le délégué accueille ses invités qui se bousculent au portillon. Il en sera toujours ainsi durant les années Michaud. La gauche, la droite, le centre s'y retrouvent en bonne entente, le temps du cessez-le-feu tacite de la Saint-Jean Baptiste.

Le 24 juin, tout le monde laissait son flingue au vestiaire, se souvient Anne Cublier. Il y avait une vraie atmosphère de fête. Yves Michaud recevait en grand, et tout le monde comptait sur lui pour créer l'événement. La résidence de l'avenue Foch était devenue une grande maison de conciliation, un terrain neutre, en somme. La classe politique française venait s'y réconcilier et personne n'agressait personne. C'était comme si le destin de la France se jouait ici même; la politique retrouvait tout son sens.

Michaud n'a pas lésiné sur la décoration de sa résidence de fonction. Les murs dégarnis sont de l'histoire ancienne: il a obtenu du ministère des Relations internationales que les murs des délégations et des résidences officielles soient ornés d'œuvres d'artistes québécois. Rien de plus normal. C'est ainsi que les toiles des Bellefleur, Toupin, Giguère, Gervais, Ferron, Lefébure, Connely, Letendre, Riopelle et Dumouchel font leur entrée dans la demeure du délégué, en compagnie des sculptures de Daudelin et Trudeau et des œuvres d'Indiens Cris. Le changement de décor est frappant et constitue pour les nombreux visiteurs une merveilleuse introduction à l'art québécois.

Les hommes politiques français importants défilent donc en nombre à la fête nationale, et le corps consulaire est également invité à la réception. S'y côtoient les représentants des pays socialistes de l'Est, du monde arabe et d'ailleurs. Et aussi, sans doute, quelques curieux des services secrets français, la Direction de la Surveillance du territoire (DST) et les Renseignements généraux (RG). À ce chapitre, la réception d'Yves Michaud détonne car ce n'est pas tous les jours qu'on voit un tel cocktail de personnalités fraterniser, sans hostilités ni rodomontades. L'ambassadeur canadien fait également une brève apparition et Michaud lui rend la pareille une semaine plus tard, à l'occasion de la fête du Canada.

On a découvert un jour des micros d'écoute électronique dans différents bureaux de la délégation, mais on n'a jamais su qui les avaient posés: les services canadiens? français?

américains ? La délégation du Québec est située sur la même rue que la délégation du Nord-Vietnam, qui n'a pas, à l'époque, de véritable statut diplomatique, à l'instar du Québec. Ce voisinage facilite sans doute les opérations de surveillance, se dit-on en rigolant.

Claudette Gaulin, qui gère le secrétariat de la DGQP, se souvient d'avoir reçu une brève formation sur le fonctionnement d'un appareil qui permettait de crypter et de décrypter les communications entre le MRI et la délégation. Elle est la seule à savoir faire fonctionner l'appareil à la délégation mais, de toute façon, il semble que les codes utilisés pour l'envoi des messages diplomatiques sont facilement décryptables par quiconque s'y attelle. Alors, pour ce qui est de la sécurité, on ne s'agite pas trop. On se doute bien que quelqu'un photocopie les agendas et les listes d'appels, mais pour les remettre à qui ? En fait, dès qu'on entre à la délégation, on se dit que les conversations sont écoutées et épiées. Même chose avec les communications écrites qui sont certainement interceptées. Aucune ambassade, d'ailleurs, aussi bien équipée puisse-t-elle être, ne peut se prémunir à 100 % contre l'espionnage. On ne se surprend plus de voir l'ambassade du Canada réagir instantanément à chaque nouvelle initiative du Québec, cet empêcheur de tourner en rond.

Yves Michaud répète, en guise de boutade, que des secrets d'État, il ne peut y en avoir, puisque le Québec n'est pas encore un État. « Insondable naïveté ! » aurait dit Claude Morin. N'empêche, la GRC s'en donne à cœur joie puisqu'on lui facilite la vie, en quelque sorte, en relâchant le suivi des consignes de sécurité. La GRC ne s'est-elle pas livrée, au Québec, quelques années auparavant, à diverses opérations d'espionnage et de contre-insurrection en incendiant une grange, en volant la liste des membres du Parti québécois, en installant des micros dans une agence de presse de gauche, en posant des bombes, en publiant de faux communiqués, en incitant des militants à commettre des actions illégales? Tout cela est connu et documenté, notamment dans les travaux de la commission Keable. Et on peut supposer que bon nombre d'actions illicites menées dans cette guerre d'usure contre les indépendantistes du Québec n'ont jamais été dévoilées. On ne connaît pas encore les noms de tous ces individus troubles recrutés par les services secrets fédéraux pour mener des actions de sape, pour informer et désinformer, menacer, soudoyer et même assassiner car c'est encore la loi du lourd silence qui prévaut dans ces milieux opaques où l'on se considère toujours en guerre. On peut même penser que l'assassinat du militant du FLQ François Mario Bachand, en 1971, en banlieue parisienne, s'inscrit dans cette tentative d'infiltration et de manipulation d'un mouvement de libération nationale afin de déclencher une lutte fratricide qui dégénère en un triste règlement de comptes. Cela a été expérimenté ailleurs, chez les Panthères noires et parmi des groupes d'exilés.

Pour Michaud, c'est à l'aune des relations historiques entre les francophones des deux côtés de l'Atlantique qu'on doit mesurer la solidité des liens. Créés dans les années soixante, d'abord timidement puis avec de plus en plus d'aplomb et d'assurance, ces liens doivent encore se resserrer. L'échec du référendum de 1980 ne doit pas être un prétexte pour céder à la morosité. Certes, à l'Élysée, le rejet par près de 60 % de la population du Québec d'une proposition de négocier une nouvelle entente d'égal à égal avec le Canada

Le premier ministre Jean-Jacques Bertrand s'entretient avec Jean-Paul Cloutier, ministre de l'Union nationale, Jean Lesage, chef de l'opposition, et Yves Michaud, député libéral.

René Lévesque et Yves Michaud, peu après avoir écouté ensemble le discours du général de Gaulle à l'hôtel de ville de Montréal. Photo: Jules Rochon

Les trois fondateurs du *Jour*.
Photo : Michel Elliot

Une famille québécoise comme
tant d'autres. Yves Michaud, 46
ans, son épouse Monique,
éditeur-délégué, leurs deux
enfants, Luc, 24 ans, économiste
et Anne, 20 ans, étudiante.

Prospectus de campagne du candidat à
l'investiture du PQ dans Rosemont en 1973.

Yves Michaud
journaliste, député, haut fonctionnaire
Candidat à la convention du Parti Québécois
comté de ROSEMONT

Le premier ministre Lévesque serre la main du président Mitterrand sous les yeux du délégué général du Québec à Paris.

Yves Michaud avec Jacques Chirac, maire de Paris et chef du RPR.
Photo : Marthe Blackburn

Le délégué général met la main à la pâte

À la délégation, entre Simone Veil et Lise Payette.

Le PDG du Palais des congrès de Montréal présente le passeport du Club des ambassadeurs.

Le patron des Vins du soleil et ses produits.

Le « Robin des banques » dans l'œil de Chapleau (*La Presse*, 1997).

« L'affaire Michaud », vue par Garnotte (*Le Devoir*, 2001).

A Yves Michaud (maître - "cave")

5 Novembre 84

2 Beaune 63
1 Petrus 76
1 Pommard 70

On a suivi toutes les
instructions (télés. que fidèlement
transmises par Gilbert) —

--- mais
- .. passé le Mercurey --- —
--- cédant à des pressions
irrésistibles --- —
- - - les réduisant à un
maximum de 3 (devenu
4, hélas!)
- - - il arriva ce que ci-dessous -
(ç'aurait peut-être terriblement être, sans la
présence dirimante de)
René L

rend plus difficile l'établissement de relations privilégiées avec le Québec, d'autant que la France est aux prises avec des mouvements nationalistes violents en Bretagne (FLB), en Corse (FLNC) et au pays basque (ETA), entre autres. Mais le délégué ne se démonte pas et poursuit son travail de persuasion.

Entre deux réunions, Michaud jongle avec de nombreux projets. Au fond de lui, il y a toujours une idée qui sommeille et ne demande qu'à éclore. Il a l'idée de créer à Paris une Place du Québec, comme de nombreux pays en possèdent une. Michaud rencontre donc Jacques Chirac pour le convaincre du bien-fondé de sa demande. « Le Canada a sa place à Paris, pourquoi pas le Québec ? » lui dit-il. Il ne s'agit pas d'une jalousie primaire mais bien de revendiquer un symbole important. Cependant, ce n'est pas une mince affaire que de créer une nouvelle place dans une ville déjà quadrillée par des milliers de places, fontaines, monuments et autres sites historiques.

Chirac est séduit par l'idée de Michaud et il le met en contact avec son responsable des Affaires culturelles. Rapidement, le projet prend forme. Michaud a pris de l'avance et son plan est déjà prêt. Il entraîne le délégué culturel de la Ville de Paris dans le VIe arrondissement, au carrefour du boulevard Saint-Germain, de la rue Bonaparte et de la rue de Rennes, en face de l'église Saint-Germain-des-Prés et de la place du même nom. Ce petit emplacement, pour l'instant encombré de toutes sortes d'objets, convient tout à fait à Yves Michaud qui convainc facilement son accompagnateur. Par un drôle de hasard, il avait découvert dans l'église Saint-Germain, dans un coin sombre, une inscription où l'on peut lire : « Ici fut sacré évêque de Nouvelle-France

Monseigneur François de Montmorency-Laval. » Monseigneur de Laval fut le premier évêque de Québec. Le lieu choisi est d'autant plus approprié.

Le 15 décembre 1980, quelques mois après la défaite référendaire, la Place du Québec est inaugurée en présence du maire de Paris et du premier ministre du Québec. Il ne s'agit en fait que d'apposer sur les murs environnants une plaque indiquant qu'il s'agit de la Place du Québec. Une plaque qu'il faudra refaire, d'ailleurs, car le mot « Québec », en majuscules, avait été écrit selon la règle française : sans accent aigu sur le « e » ! Il faut attendre 1984 pour que la Place du Québec soit finalement aménagée et pour qu'y soit installée la fontaine de l'Embâcle, une sculpture réalisée par l'artiste québécois Charles Daudelin. Elle représente un embâcle, un empilement de glace tel qu'on en voit sur nos rivières au printemps. Au départ, la sculpture devait avoir une structure variable, le flux de l'eau étant modulé selon les bruits et les flux de la circulation aux alentours mais ce concept original semblait trop ambitieux pour l'époque. L'inauguration se fera en présence de Louise Beaudoin, la nouvelle déléguée du Québec, en l'absence de l'initiateur du projet, Yves Michaud. Des mauvaises langues reprocheront à la France de n'avoir accordé qu'un espace somme toute fort restreint au Québec, mais la Place du Québec existe bel et bien et elle est située dans un endroit fréquenté et prestigieux, en face des célèbres cafés de Flore et des Deux Magots. Le premier ministre René Lévesque assiste à la cérémonie, et il est reçu le lendemain à l'Assemblée nationale française, un baume sur sa blessure référendaire.

C'est en mai 1981 que François Mitterrand devient président de la République française. Cette élection d'un dirigeant socialiste, qui a déjà visité le Québec et rencontré le premier ministre Lévesque, ne peut qu'inaugurer une nouvelle ère de coopération entre la France et le Québec. Le nouveau président connaît de surcroît le délégué général du Québec depuis quelques années. Il y a belle lurette que le Québec n'a plus besoin d'un chaperon canadien pour accéder à l'Élysée. Avec Michaud, qui est loin d'être un novice dans ce genre de relations, ce sera encore plus rapide. À quatre ou cinq reprises, surtout lorsqu'il s'agit de discuter de dossiers chauds, Michaud aura accès au bureau du président de la république en quarante-huit heures, alors qu'il fallait quelques mois à l'ambassadeur canadien pour joindre le président français en respectant les usages protocolaires. Cette courtoisie diplomatique est accordée par Mitterrand sans hésiter, même s'il sait fort bien qu'Yves Michaud a des liens privilégiés avec Michel Rocard, son grand rival au Parti socialiste. C'est sans doute la seule ombre au tableau du délégué général. N'empêche, chaque année, à l'occasion des célébrations du premier de l'An, le Québec figurera parmi les invités officiels du gouvernement français, aux côtés des autres membres du corps diplomatique accrédité en France.

Le nouveau président de la République française n'a cependant pas le genre d'affectivité qui favorise les rapprochements et les effusions. C'est un personnage plutôt froid et distant, un prince qui prend rarement parti. Mais Mitterrand est bien conscient que le Québec vit un processus important avec sa quête d'indépendance. Il sait aussi qu'un Québec indépendant, avec un PIB le situant parmi les vingt économies les plus importantes au monde, serait un solide allié. Aussi autorise-t-il ses ministres et son personnel à collaborer, dans la mesure du possible, avec le délégué dans ses efforts pour contenir les marées envahissantes provenant de l'ambassade canadienne.

D'ailleurs, les menées de l'ambassade canadienne n'échappent pas à Yves Michaud, qui alerte son premier ministre. La note qu'il lui adresse le 12 mars 1982 est citée par l'ancien ambassadeur Gilles Duguay dans *Le triangle Québec-Ottawa-Paris* (Septentrion, 2010) :

> Dans la stratégie fédérale de réduction du Québec, confortée par les résultats de la conférence constitutionnelle de 1981, l'occasion semble venue de dénouer ce qui semble être la clé des relations internationales du Québec : ces relations directes et pratiquement souveraines entre la France et le Québec.
>
> [...] La France, consciente des pressions, des enjeux et des conséquences, est résolue à se livrer à l'exercice de la visite du premier ministre [Pierre Mauroy au Canada]. Elle est consciente que le Canada est un allié et un ami. Elle sait également que ses prévenances actuelles ont d'abord pour but de réduire les relations franco-québécoises.

On ne peut être plus clair : le Québec dérange et le Canada veut profiter de la visite du premier ministre français pour redresser la situation en sa faveur.

Pendant son premier mandat, Mitterrand reprend le projet initié sous son prédécesseur Giscard d'Estaing d'organiser un Sommet de la francophonie qui réunirait tous les chefs d'État des pays francophones. Il fait un choix malheureux en confiant l'organisation de l'événement à l'écrivain et intellectuel Régis Debray, qui est alors son conseiller culturel. Il y a un grand malentendu entre le Québec et certains socialistes comme Régis Debray, qui adoptent plutôt les positions de Trudeau sur le nationalisme québécois. Comme lui, de nombreux socialistes pensent aussitôt à Maurice Barrès et à Charles Maurras lorsqu'il est question de nationalisme québécois. Debray avait visité Québec et Ottawa et son cœur penchait manifestement du côté de la capitale canadienne.

Debray est une sommité parisienne. Comme le pape, il ne peut se tromper, et quand il parle, c'est la raison qui s'exprime. Son bref passage dans la guérilla de Che Guevara, en Bolivie, où il avait pour mission de chercher des appuis extérieurs, puis son arrestation et son emprisonnement de trois ans, le nimbent d'une aura de héros – une aura très contestée dans la gauche latino-américaine : ils sont nombreux à affirmer que lors de son arrestation par les militaires boliviens, Debray, soumis à un rude interrogatoire, aurait flanché et révélé l'endroit où se trouvait le Che. Quoi qu'il en soit, Debray semble trouver bien peu intéressant le combat du Québec. Il estime très certainement que les Québécois sont de grands sentimentaux irrationnels, qui ne s'entendent même pas entre eux, comme le référendum de 1980 l'a clairement démontré.

Un mouvement indépendantiste ne peut être victorieux s'il est idéologiquement désuni, c'est un fait, mais les faits sont têtus comme disait le camarade Lénine, et la réalité historique du Québec est incontournable. Régis Debray est à mille lieux de comprendre l'idiosyncrasie québécoise, ce qui devrait être un prérequis pour émettre une opinion sur le sujet. Cette incompréhension est doublée, sans aucun doute, d'un conflit de personnalité : aux dires de plus d'un, Debray est allergique au style flamboyant d'Yves Michaud.

Une vraie hantise. Le seul qui trouve grâce à ses yeux dans le cabinet Lévesque, c'est le ministre des Affaires intergouvernementales Jacques-Yvan Morin.

Debray n'est donc pas prêt à céder aux demandes historiques du Québec en lui donnant la préséance lors de ce sommet qui doit se tenir en territoire français. Pour lui, il est clair qu'Ottawa doit être le chef de file en matière de Francophonie. C'est ce qu'il a tenté d'expliquer à Jacques-Yvan Morin, qui ne l'accepte pas. Trudeau a affirmé à Debray qu'il n'était pas question que le Québec occupe le haut du pavé lors de ce sommet, tout au plus est-on prêt à lui concéder une petite tribune, celle d'à côté, bien entendu. Debray appuie cette position : le Québec n'est pas un pays souverain. Mais c'est sans compter avec la terrible machine Michaud, cet homme à la bouille sympathique qui brûle toujours d'une ardente passion pour son pays et qui a la foi chevillée au corps.

« Quelle mouche l'a piqué, celui-là ? » a dû se dire l'ex-guérilléro. Et en effet, Michaud est entré dans une « colère très colérique », comme dirait sa petite-fille, Virginie. Il s'est retroussé les manches et a tiré ses premières salves. Toute la classe politique française est alertée, chaque élu est avisé personnellement de ce qui se trame contre le Québec lors de ce sommet. Michaud leur fait prendre conscience que Régis Debray se trompe sur toute la ligne. Le nationalisme québécois en est un d'ouverture et non de repli, un mouvement moderne et démocratique qui véhicule des valeurs progressistes. Et cela fonctionne. Dans tous les camps politiques, gaullistes, centristes, socialistes, communistes, partout, sauf bien évidemment dans l'extrême droite, des personnalités publiques interviennent en faveur du Québec.

François Mitterrand n'est ni sourd ni aveugle. L'homme est plutôt un fin renard politique, et il n'est pas près d'ouvrir le panier de crabes des relations France-Québec-Ottawa, sachant fort bien que son rival Jacques Chirac en profiterait pour jouer les sauveurs de la francophonie en prenant le parti du Québec. Finalement, au grand dam de son conseiller culturel, il tranche : dans de telles conditions, le sommet n'aura pas lieu. C'est la deuxième fois qu'un tel sommet est reporté. Il faudra attendre février 1986 pour que le Québec participe au premier Sommet de la Francophonie, à Versailles, à titre de gouvernement participant. Une grande victoire pour la diplomatie québécoise et une déroute pour la diplomatie canadienne des gros bras. Le président français n'a pas du tout apprécié que Pierre Elliott Trudeau tente de lui dicter sa conduite. Plusieurs attribueront la victoire de l'obtention du statut de gouvernement participant au sommet de 1986 à Lucien Bouchard, alors ambassadeur du Canada en France, quand d'autres souligneront plutôt l'action de Louise Beaudoin et du premier ministre Pierre-Marc Johnson, qui avait succédé à René Lévesque après sa démission. L'ancien ambassadeur canadien Gilles Duguay dira, dans *Le triangle Québec-Ottawa-Paris* (Septentrion, 2010) :

> Certains historiens ou politologues [...] ont passé sous silence l'aspect extraordinaire et inusité du rôle de Lucien Bouchard dans la plus grande victoire diplomatique du Québec sur la scène internationale, à savoir son accession au premier sommet francophone, en 1986. Dans un maigre chapitre de neuf pages seulement, Stéphane Paquin [auteur d'une *Histoire des relations internationales du Québec*] et Louise Beaudoin laissent entendre que c'est elle et Pierre-Marc Johnson qui ont obtenu les concessions nécessaires d'Ottawa afin que le Québec se

voie reconnu le statut de gouvernement participant. Pas un mot sur Lucien Bouchard, dont le nom n'est même pas mentionné. Analyse incomplète, sans doute erronée et sûrement même injuste.

Que dire alors du combat épique qu'a livré Yves Michaud deux ans auparavant en territoire français? Il fallait une bonne dose de culot pour s'attaquer à la forteresse Régis Debray, l'éminence du prince Mitterrand. N'eût été son opposition acharnée, qui rappelle son *filibuster* de 1969, le sommet aurait bien pu avoir lieu comme prévu, sans la présence du Québec comme participant à part entière. Ne pas le souligner, ce serait donc faire une analyse « incomplète, erronée et injuste » de toute l'affaire! Son combat est d'autant plus exemplaire que Michaud n'est pas issu du sérail de la diplomatie, pas plus que ne l'est la garde rapprochée qui fait ses classes à ses côtés. Michaud et son personnel ont sans doute un style plus rugueux, ce ne sont pas des technocrates, et ils bousculent parfois les traditions en agissant avec impétuosité. Mais, en fonçant, ils marquent des points, malgré la déroute référendaire dont il faut expliquer sans cesse les causes aux Français.

D'ailleurs, rue Pergolèse, on répète souvent ce mot de Pierre Péladeau: « Si j'avais été diplômé des HEC, je n'aurais jamais acheté le *Journal de Montréal*. J'aurais eu trop peur de faire faillite. » Mais Péladeau a osé, et il a réussi. Et Michaud ose tout autant. S'il avait été un diplomate de carrière, il ne serait sûrement pas monté au créneau comme il l'a fait pour s'opposer à la mise à l'écart du Québec. Il aurait dû se contenter d'une note diplomatique un peu froide pour exprimer son désaccord. Il a fait un magnifique pied de nez à tous ceux qui doutaient qu'il puisse changer l'ordre des choses et s'opposer avec succès aux énarques les plus sûrs d'eux. La diplomatie québécoise doit une fière chandelle à celui qui bouscula les règles du jeu, du moins celles qui prévalaient à la Délégation générale du Québec à Paris, de manière à forcer le respect et l'admiration du monde pour un petit pays en devenir.

*

Au début des années 1980, le monde commence à subir les effets du deuxième choc pétrolier. Le prix du pétrole est excessivement élevé et plusieurs entreprises énergivores, comme les alumineries, peinent à s'alimenter et ferment les unes après les autres. Le Québec, lui, est l'un des rares pays à pouvoir garantir à une entreprise une alimentation de 200 mégawatts pendant trente ans. Jusqu'à maintenant, l'Alcan, au Lac-Saint-Jean, avait, à toutes fins pratiques, une position de monopole dans la production d'aluminium. L'arrivée d'un gouvernement de gauche en France vient consolider les assises de Pechiney, un important joueur dans cette industrie qui sera finalement nationalisé en 1982, ce qui assurera sa pérennité, du moins pour un temps.

C'est dans ce contexte que Michaud, le représentant du gouvernement du Québec en France, s'invite dans les négociations en cours avec la société Pechiney. Bernard Lamarre, un ingénieur membre d'une firme de génie-conseil qui donnera naissance un peu plus tard à la compagnie Lavalin, du nom des trois associés (Lalonde, Valois, Lamarre) et qui s'est illustrée, au début des années 1970, lors de la construction du barrage La Grande, à la Baie-James, est intéressé par ce projet gigantesque d'aluminerie. Quant à Pechiney, ses dirigeants reluquent depuis un certain temps le territoire québécois où les bas prix de l'électricité consentis par le gouvernement aux producteurs d'aluminium grâce aux nouveaux aménagements hydroélectriques du complexe de la Grande-Rivière, à la baie James, a de quoi faire rêver les investisseurs.

Michaud avait déjà rencontré à plusieurs reprises le président de Pechiney, Georges Besse, qui sera assassiné quelques années plus tard par un commando d'Action directe, en représailles aux licenciements massifs chez Renault dont il était devenu le PDG. Besse connaissait un peu le Québec où il avait séjourné pour y effectuer un stage d'ingénieur. Les discussions ont été entamées avant l'arrivée de Michaud à la délégation du Québec à Paris et Michaud est au courant qu'une autre entreprise québécoise, SNC, lorgne également ce partenariat avec Pechiney, qui désire s'installer à Bécancour, sur les rives du Saint-Laurent, juste en face du Cap-de-la-Madeleine. C'est un site idéal, même si Bécancour ne possède pas encore d'installations portuaires adéquates.

Bernard Lamarre décide d'appeler Michaud pour le mettre au parfum de l'état des discussions. Michaud communique dans un premier temps avec son patron René Lévesque, qui ne voit pas d'objection à ce que Lavalin prenne part aux discussions. «Laissons sa chance au coureur», semble dire le premier ministre. Michaud organise donc une rencontre à Paris entre Georges Besse et Bernard Lamarre, à laquelle assiste également le président d'Hydro-Québec, Roland Giroux, curieusement arrivé dans la Rolls Royce du millionnaire Paul Desmarais. C'est lors de ce dîner dans un restaurant parisien que sera conclue l'entente de partenariat entre Pechiney et Lavalin. Michaud avait avisé Roland Giroux de se tenir coi et de ne pas intervenir dans le débat, pour ne pas engager le Québec dans ce pacte commercial. Il faudrait négocier ferme sur les tarifs d'électricité, mais les choses se feraient en temps et lieu, et à un autre niveau.

Mais pour faire au Québec cet investissement d'environ 2 milliards de dollars, une somme colossale pour l'époque, Pechiney doit fermer préalablement six ou sept usines parmi les onze qu'elle possède en France, ce qui n'est pas une mince affaire. Ces fermetures vont inévitablement soulever un tollé chez les syndicats, surtout dans la puissante Confédération générale du travail (CGT), d'allégeance communiste. Un sacré défi pour Michaud, qui préfère ouvrir des portes que fermer des usines.

Frapper à la porte du Parti communiste français, logé dans son bunker de la place du Colonel-Fabien, dans le XIXe arrondissement, n'est pas dans la description de tâches du délégué général du Québec, mais Yves Michaud s'y aventure tout de même, aidé en cela par une femme bien placée dans la hiérarchie du parti, Marjolaine Preiss. Il y rencontre Henri Alleg et le secrétaire général, Georges Marchais, deux interlocuteurs privilégiés du PCF qui ont aussi leur mot à dire à la CGT. Les discussions se déroulent dans une atmosphère bon enfant. Michaud est un orateur au style parfois ampoulé, mais il excelle aussi dans la conversation en tête-à-tête et il est un négociateur hors pair. Sa seule patrie, sa patrie idéale, son continent d'élection, c'est la francophonie et personne ne peut lui reprocher son orthodoxie.

Ce n'est pas tous les jours que des dirigeants communistes français ont l'occasion de se familiariser avec l'idiosyncrasie de cette lointaine contrée française d'Amérique. C'est même la première fois pour les interlocuteurs de Michaud, qui tombent sous le charme de ce beau parleur à l'accent si particulier. Sa ferveur, qui mélange le politique et l'affectif, en a fait frissonner plus d'un : « Vous savez, la France a un rôle important à jouer... » Finalement, Michaud obtient le feu vert des dirigeants cégétistes et le projet d'implantation de l'usine Pechiney sur les rives du Saint-Laurent peut aller de l'avant sans créer trop de remous dans la classe ouvrière française. À l'époque, c'est le plus gros investissement français en sol québécois et le Québec gagne largement au change. Sans prétendre être la cheville ouvrière de cet investissement, Michaud est tout de même satisfait de son coup de force, qui a nécessité des interventions au plus haut niveau. Personne n'a déchiré sa chemise, l'honneur est sauf, c'est une entente gagnant-gagnant qui fait mentir la fameuse phrase de Mauriac : « En politique, tout va toujours mal. »

Yves Michaud sera même invité à la fête de l'Humanité, du nom de l'organe officiel du Parti communiste français. La fête annuelle se déroule toujours à La Courneuve, une municipalité dans la banlieue nord de Paris, qu'on appelle la ceinture rouge, et dont la mairie est dirigée par des élus communistes. Il s'agit d'un gigantesque rassemblement, avec tout ce que la France compte de militants et d'artistes de gauche. C'est un passage obligé pour ceux qui veulent marquer des points auprès de la gauche française et c'est très à l'aise que Michaud s'y rend, dans son véhicule de fonction immatriculé CMD, « chef de mission diplomatique ». Il détonne certes dans le décor mais il n'en a cure. Il est, de fait, le seul ambassadeur d'un pays occidental à circuler parmi cette faune de gauche davantage habituée aux salutations des camarades des pays de l'Europe de l'Est et du Tiers-monde anti-impérialiste. Sa silhouette devient vite familière, avec son veston-cravate et ses cheveux coiffés sur le côté, à la

René Lévesque. Il a des faux airs de clergyman qui ne masquent pas, toutefois, son côté débonnaire. Le rondouillard délégué est tout le contraire d'un ascète timoré. Il peut discuter pendant des heures du meilleur vin pour accompagner une blanquette de veau ou un saumon sauvage pour passer ensuite au grave péril que court le français en Amérique du Nord. On apprécie en lui l'optimiste chaleureux, qui ne nourrit aucune arrière-pensée et qui surtout n'a de comptes à régler avec qui que ce soit dans l'Hexagone. C'est une prouesse en soi, qui lui attire immanquablement les sympathies de la classe politique française. Les subtilités diplomatiques ne sont qu'une friandise de plus pour cet homme à l'aise dans tous les milieux, avide d'apprendre et de découvrir de nouveaux horizons.

Dans le dossier Pechiney, il faut maintenant obtenir l'aval du gouvernement français. René Lévesque doit effectuer sous peu, dans le cadre du Sommet franco-québécois, une visite officielle en France au cours de laquelle l'entente sera signée, si entente il y a. La France est en pourparlers depuis un certain temps avec le gouvernement du Québec pour concrétiser ce gros investissement. Le ministre de l'Industrie français, Laurent Fabius, se montre très vorace, il demande qu'on abaisse encore les tarifs d'Hydro-Québec et formule quelques autres exigences jugées inacceptables. Le gouvernement du Québec ne peut céder, ce serait créer un précédent dangereux. « Si les Français demeurent intraitables, ce sera non », dit Lévesque, qui n'a pas l'habitude de céder à quelque chantage que ce soit.

Mis au courant de l'impasse des négociations, alors qu'il est minuit moins cinq, Yves Michaud reprend son bâton de pèlerin et demande à rencontrer le premier ministre Pierre

Mauroy, rien de moins. Il est accompagné du ministre des Finances, Jacques Parizeau, arrivé en France quelques jours plus tôt pour préparer le voyage de son premier ministre à ce Sommet franco-québécois à Paris, où l'on abordera d'autres thèmes comme la micro-informatique, la diffusion des films français au Québec et le doublage des films étrangers. Le temps presse, car il faut ficeler tous les détails de l'entente avant l'arrivée de René Lévesque.

La rencontre se déroule selon les règles de l'art, c'est-à-dire de façon très protocolaire. Personne ne semble vouloir céder. Jusqu'à ce qu'Yves Michaud, profitant d'un moment de silence, prenne la parole de façon spectaculaire. Les cheveux gonflés aux tempes, l'habit élégant mais sobre, la parole claironnante et le geste précis, il se déchaîne. Toute l'histoire du Québec et du monde y passe, y compris, bien entendu, celle des relations avec la France, en remontant jusqu'aux premiers temps de la colonisation, puis à la défaite des Plaines d'Abraham et à l'abandon par la France avec le traité de Paris. Il cite, de mémoire, la lettre de Voltaire à Choiseul : « Je suis comme le public, j'aime mieux la paix que le Canada, et je crois que la France peut être heureuse sans Québec. »

Cette phrase produit l'effet d'un coup de massue. Michaud avait d'ailleurs, quelques mois auparavant, fait l'acquisition d'un buste de Voltaire dans un marché aux puces en banlieue de Paris où l'avait entraîné son ami Denis Vaugeois. Il avait placé sous le buste un écriteau où l'on pouvait lire cette sentence terrible et humiliante pour le Québec. La sculpture avait été postée à l'entrée de son appartement de fonction, avenue Foch, de sorte que tous les dignitaires français qui y venaient devaient prendre connaissance du message du patriarche de Ferney en s'agenouillant presque pour en lire le texte. C'était fait exprès, pour qu'ils se relèvent un peu honteux de l'«inconsolable abandon» du Québec par la France consacré par le traité de Paris en 1763, qui avait sacrifié les quelque 60 000 colons d'Amérique française. À chaque courbette, Michaud ressentait une petite victoire.

Selon Jacques Parizeau, qui a assisté, éberlué, aux prouesses oratoires de son délégué général, le «pitch» de Michaud à Mauroy est digne des plus grandes agences publicitaires. Le premier ministre socialiste est, lui aussi, subjugué, et son gouvernement accepte finalement l'offre du gouvernement péquiste: il signera l'entente proposée par le Québec, sans ronchonner. C'est une bonne affaire pour les deux pays, après plus de trois ans de pourparlers. Jacques Parizeau raconte qu'Yves Michaud est le vrai responsable de l'entente. Il a fait économiser à l'État québécois des millions de dollars en frais d'avocats et de démarchage. L'avion transportant le premier ministre du Québec peut se poser en douceur à l'aéroport Charles-de-Gaulle, le 26 juin 1983. L'entente est signée le surlendemain.

Trois ans plus tard, en 1986, l'aluminerie de Bécancour, qui appartient au consortium formé par le groupe Pechiney (France), la Société générale de Financement du Québec et Alumax (États-Unis), verra le jour. L'ombre de Michaud planait sur Bécancour, ce jour-là, même si personne ne mentionna son nom.

*

«Michaud a été le meilleur communicateur que la délégation du Québec à Paris a connu, affirme Guy Beaubien. C'est ce dont le Québec avait besoin à cette époque : un communicateur plus qu'un diplomate de carrière.» Michaud avait chargé Beaubien de développer les associations France-Québec. C'est à travers elles qu'arrivent en France les premiers contingents d'étudiants québécois venus pour faire les vendanges. Comme son patron, Guy Beaubien se passionnera pour le monde viticole, à tel point qu'il mettra sur pied, par la suite, sa propre organisation de vendangeurs québécois qui, pris en charge dès leur arrivée à Paris, seront dirigés vers des vignobles sélectionnés.

Yves Michaud passe le gros de ses quatre années à Paris à ouvrir des portes et à faciliter l'établissement de nouvelles solidarités. S'il se comporte toujours comme un patron ou même comme un ministre avec ses employés, il sait se montrer très chaleureux et compréhensif. La porte de son appartement de fonction est toujours ouverte et plusieurs ministres de passage à Paris y dorment, tout comme certaines âmes en peine. Chaque année, René Lévesque s'y installe pour quelques jours, le temps d'une visite officielle ou privée. Le premier ministre déteste le protocole, c'est connu, et il n'apprécie guère les réceptions officielles et autres mondanités, mais Michaud sait l'y contraindre, au prix, parfois, d'engueulades homériques. Cela aussi fait partie de la tâche.

Les anciens de la DGQP gardent un bon souvenir de René Lévesque, «un homme simple et chaleureux, toujours respectueux envers le personnel de la délégation». Pour eux, les visites du PM étaient comme une récompense. Lévesque s'informait toujours de leur situation matérielle et familiale et les taquinait même sur les rigueurs imposées par leur patron. Tout le contraire de Robert Bourassa, peu enclin à la familiarité. Chaque fois, Michaud réservait une soirée avec le personnel de la délégation pour une partie de cartes avec Lévesque. On jouait surtout au Black Jack. Si le délégué général offrait les sandwiches, les libations étaient à la charge des joueurs. Michaud notait tout dans un carnet : marque du vin, nombre de consommations, dates, invités, etc. Car il savait qu'on pourrait lui faire des remontrances, ce qui arriva effectivement un jour. Devant les journalistes, Michaud avait aussitôt brandi son petit carnet qu'il gardait toujours sur lui, au cas où... et l'avait fait lire à celui qui l'avait questionné sur sa gestion et ses dépenses.

Vers la fin de son mandat, Jean-Roch Boivin, le chef de cabinet de René Lévesque, l'appelle pour lui signifier que le premier ministre entend lui confier une nouvelle mission. Michaud est encore prêt à servir son pays. Il a fait le tour du jardin français, peuplé d'artistes, d'écrivains, de gens d'affaires et de politiciens, français et québécois, qu'il a marqués avec son image de bon père de famille et sa passion. Chaque fois qu'il leur parlait de l'avenir de la langue française en Amérique, « le premier et intouchable patrimoine d'un Québec souverain », ses yeux devenaient encore plus bleus que le drapeau national. Avec Michaud, on a brisé de nombreux tabous. La modestie, certes, n'est pas sa tasse de thé, mais attendait-on, à cette époque charnière, de la retenue de la part du délégué du Québec ? Des visiteurs québécois furent parfois déçus de ne pas trouver, chez lui, tous les services qu'on peut s'attendre à recevoir d'une ambassade. C'est qu'il défendait le Québec auprès des Français et non auprès de ses compatriotes : il ne gérait pas une « Maison du Québec ». Il aura, bien sûr, des successeurs compétents, mais il sera difficile à remplacer. « Ce fut un délégué admirable », dit de lui Jacques Parizeau. À son départ, l'ambassade du Canada en France a dû soupirer d'aise...

En 1984, peu de temps avant de rentrer au Québec, Yves Michaud est décoré de l'ordre de la Légion d'honneur avec le rang prestigieux de commandeur. C'est le premier ministre Pierre Mauroy qui lui remet la décoration à Matignon. Nul doute que Michaud a pensé, en recevant l'insigne honneur, que son épouse le méritait tout autant que lui. On ne peut imaginer l'un sans l'autre : Monique a été à ses côtés durant toute sa vie active pour le conseiller, animer ses réceptions et aussi, parfois, le consoler. Femme de terrain, elle a assumé avec brio les responsabilités inhérentes à la vie diplomatique. Michaud profite de l'occasion pour saluer la coopération privilégiée entre la France et le Québec, en précisant qu'elle a touché non seulement les échanges culturels mais également de nombreux aspects de l'activité économique, comme la microélectronique et les biotechnologies. Il est le deuxième délégué à recevoir cette distinction, après Jean Chapdelaine.

À son retour à Montréal, Michaud rend compte de ses activités à son premier ministre et suggère quelques noms de personnes susceptibles de le remplacer à la DGQP, dont celui de Louise Beaudoin, qui a déjà la faveur du président François Mitterrand. Louise Beaudoin dirigera la délégation du Québec à Paris pendant un peu moins de deux ans, jusqu'à ce que Pierre-Marc Johnson la rappelle, à l'automne 1985, pour occuper dans son cabinet le poste de ministre des Relations internationales.

7

Au Palais des congrès de Montréal

Michaud est un grand admirateur de la France et de sa culture, un penchant souvent mal perçu dans certains milieux où l'on parle, encore aujourd'hui, d'une attitude de colonisé. Cela vaut également pour ceux qui s'efforcent de parler un français impeccable. On les ridiculise bien souvent, on se moque de leur diction châtiée, de leurs mots choisis. Les cinq années qu'Yves Michaud a passées en France ont laissé chez lui des traces indélébiles, tout comme elles ont marqué les esprits en France. Aussi bien à la Délégation du Québec que parmi les Français inconditionnels du Québec, à l'Agence de coopération culturelle et technique, au Quai d'Orsay, ou dans les associations France-Québec, il a, en quelque sorte, pavé la voie à Louise Beaudoin, qui avait, elle aussi, une excellente connaissance de la France et avait son propre réseau de contacts. Michaud a donc passé le relais à une femme compétente qui poursuivra cette course diplomatique d'où le Québec doit sortir gagnant.

Lorsqu'il revient au Québec, en janvier 1984, de nouvelles fonctions attendent Yves Michaud, qui s'inscrivent dans la continuité de son travail à la Délégation générale du Québec à Paris. René Lévesque nomme Michaud président du Palais des congrès de Montréal, qui a ouvert ses portes quelques années plus tôt. C'est donc à lui que revient l'honneur de forger la vocation de cet outil prestigieux qui doit faire la fierté de la métropole. Trois directeurs se sont succédé avant lui, sans vraiment réussir à donner une ligne de conduite à ce qui doit être un fleuron des institutions montréalaises. Le nouveau président s'empresse d'obtenir les pleins pouvoirs et devient aussi le PDG de l'organisme. Avec Michaud, il ne peut y avoir deux patrons.

En septembre, le Parti progressiste-conservateur de Brian Mulroney se fait élire à Ottawa avec l'appui à peine voilé du Parti québécois. Mulroney a promis de réformer le fédéralisme canadien et propose au Québec d'intégrer la Constitution « dans l'honneur et l'enthousiasme », ce qui implique bien entendu que le gouvernement de la province francophone abandonne son projet de souveraineté. Ce « beau risque » accepté par René Lévesque fera le malheur du Parti québécois, qui s'en est trouvé plongé dans une grave crise existentielle.

En novembre, alors que le « beau risque » n'a pas encore consumé tous les espoirs que l'on avait mis en lui, Lévesque demande à Michaud de lui prêter sa maison de la rue Méridian. Il veut y tenir une réunion secrète avec certains de ses ministres et des membres de son cabinet, à l'abri des journalistes qui le pourchassent à Québec. Il sait qu'aucune oreille indiscrète ne viendra révéler la teneur des discussions qu'il veut avoir avec son équipe sur la stratégie périlleuse dans laquelle il s'engage. Dans le paisible quartier de Snowdon, il n'y aura pas d'hurluberlu pour lui imposer un point de presse. Michaud lui prête aussi, pour la circonstance, son chef cuisinier du Palais des congrès. À l'heure du repas, le premier ministre décide d'inspecter la cave à vin des Michaud, dont il connaît la qualité. Dans cet ancien garage aménagé, Lévesque fait des découvertes qu'il veut faire partager à ses invités. On dégustera, sans faire de manières, quelques bouteilles exceptionnelles, dont un Pétrus 1976 et un Pommard 1970. Michaud découvre le larcin à son retour car le premier ministre lui a laissé une petite note d'explication un peu taquine. Le maître des lieux ne s'en formalisera pas trop, son amitié pour René étant plus forte que tout. De ce mini lac-à-l'épaule, personne ne soufflera mot.

L'appui de Lévesque au projet de Mulroney est loin de faire l'unanimité au sein de la députation péquiste. En peu de temps, cinq ministres, dont un ténor du gouvernement, Jacques Parizeau, et trois députés péquistes démissionnent. Le moral de René Lévesque est au plus bas. Alors qu'Yves Michaud se trouve dans les bureaux de la Société des alcools du Québec pour négocier l'achat d'une cuvée spéciale d'un vin qui identifierait le Palais des congrès avec une étiquette aux couleurs de l'institution, il reçoit un appel de Jean-Roch Boivin, qui lui demande de venir de toute urgence au bureau du premier ministre. René est au plus mal et personne ne peut l'approcher. On pense que seul Michaud pourra l'amadouer.

En arrivant sur les lieux, Michaud rencontre Jean-Roch Boivin et Michel Carpentier, l'autre bras droit du PM. Tous deux aux abois: René Lévesque est manifestement ivre, et il ne veut voir personne. Il est revenu précipitamment de vacances à la Barbade, en y laissant Corinne, prétextant une importante réunion. De retour à son bureau au siège social d'Hydro-Québec, sur le boulevard qui porte aujourd'hui son nom, il s'est barricadé. Michaud, qui ne craint pas les foudres de ce vieil ami « qui a toujours vécu aux limites des premiers besoins de l'existence », se risque à ouvrir la porte. Avant même qu'il ne le reconnaisse, Lévesque lance vers ce visiteur téméraire un petit porte-trombones que Michaud réussit de justesse à esquiver. Lévesque semble confus. Il vient s'asseoir sur un fauteuil à côté de son ami qui lui demande, sur un ton familier, ce qui se passe. Après l'avoir écouté, Michaud sort du bureau et fait rapport à Boivin. Il se sent totalement impuissant : « Rien à faire, conclut-il, sinon attendre que ça passe. » Au même moment, le PM sort du bureau et annonce qu'il rentre à Québec. Le voyage est marqué par une halte arrosée au Madrid, restaurant situé à mi-chemin de la Vieille capitale sur l'autoroute 20. L'arrivée de Lévesque dans son bureau de Québec est des plus agitée. À tel point qu'on l'hospitalisera brièvement, contre son gré. Le choix d'une stratégie fédérale risquée et l'abandon de ses plus proches collaborateurs avaient débouché sur un état terrible de paranoïa.

Quelques mois plus tard, en juin 1985, le premier ministre, se sentant de plus en plus isolé, démissionne de ses fonctions. C'est la consternation. Une page importante de l'histoire du Québec vient d'être tournée. C'est le début d'une longue période d'instabilité au Parti québécois.

Si Michaud est affecté par ces secousses politiques, il n'en laisse rien paraître. En fait, il fait le dos rond et se concentre sur ses mandats. Parallèlement à ses fonctions de PDG du Palais des congrès, il a été élu président du Conseil du tourisme du Québec. Une de ses premières activités à ce titre sera de recevoir Jacques Chirac et son épouse. Il faut dire qu'il est en pays connu puisque le maire de Paris avait déjà été invité à quelques reprises à la Délégation générale. Chirac était devenu un inconditionnel du Québec.

Michaud est conscient qu'il a entre les mains un puissant outil de promotion de Montréal. Pour lui, le Palais des congrès n'a pas à être rentable, car les retombées sont ailleurs, dans le prestige qui peut rejaillir sur la métropole. Il peut se permettre d'offrir ses salles gratuitement si cela permet de faire venir des milliers de congressistes à Montréal. Qui lui reprochera ce calcul, qui permet d'injecter des millions de dollars dans l'économie de la ville et du pays? D'ailleurs, il avait obtenu de son patron, René Lévesque, d'avoir les coudées franches. Le défi, pour lui, est d'autant plus stimulant qu'il sait que les gains que Montréal pourra faire seront obtenus aux dépens de Toronto, qui en mène large. La tâche est compliquée par le fait que chaque association professionnelle québécoise a son pendant canadien, et que c'est ce dernier qui, au bout du compte, décide du lieu où se tiendra son congrès. La partie est loin d'être gagnée d'avance.

Pour parvenir à ses fins, il décide de mettre sur pied une association internationale des Palais des congrès qui regroupera plusieurs grandes villes du monde, de même qu'un Club des ambassadeurs, qui réunit encore aujourd'hui quelque 280 Montréalais influents et dynamiques, pour «encourager les décideurs du monde entier à choisir Montréal comme destination pour leur prochain congrès ou exposition majeure».

Pour l'épauler dans ses nouvelles fonctions, Michaud recrée l'équipe qui l'a si bien servi à la DGQP. Il presse ainsi Claude Bédard de revenir à Montréal. De nouvelles fonctions l'attendent, lui dit-il, dans la continuité de celles qu'il remplissait à la délégation. Bédard ne connaît rien au tourisme mais Michaud sait comment le rassurer. Il s'agit de communication, lui dit-il : « Si tu as été bon à Paris, tu seras bon au Palais des congrès. Tout est communication : la boîte de conserve peut changer de forme ou de couleur mais il faut toujours savoir la vendre. » Bédard se laisse convaincre et revient à Montréal après avoir terminé son mandat à Paris auprès de Louise Beaudoin. Michaud appelle également à ses côtés un autre complice de la DGQP, Gabriel Goulet, pour occuper le poste de directeur commercial. Enthousiaste à l'idée de travailler à nouveau aux côtés de Michaud, Goulet fait ses valises avec sa famille. Gilbert Ouellet, qui faisait office de maître d'hôtel à la Délégation, deviendra le chef des cuisines du Palais des congrès. Sylvie Brown, qui s'occupe de l'agenda du PDG, partira quelque temps plus tard à Paris, où le Palais des congrès de Montréal partage des locaux avec le bureau du tourisme du Québec. De ce pied à terre parisien, elle sera la courroie de transmission de son patron avec la France.

Michaud veut à tout prix développer la vocation internationale du Palais des congrès qui, jusqu'à maintenant, n'attire que des congrès provenant du reste du Canada ou des États-Unis, avec un succès modeste. Pas besoin de déchirer sa carte de membre du Parti québécois pour arriver à faire mieux. Certes, plus d'un se demandent ce que Michaud vient faire dans l'industrie touristique, mais on sait à quelle enseigne loge cet homme honnête, dévoué... et organisé. Avec lui, le meilleur chemin entre deux points est toujours la ligne droite. Pour attirer les congressistes internationaux, on va pousser les membres du Club des ambassadeurs à leur faire du charme. C'est la fameuse théorie du « *push-pull* », une ligne de conduite qui va donner de bons résultats. Cette méthode est une réussite, et sera imitée ailleurs. Avec le Club des ambassadeurs, Yves Michaud a attiré à Montréal

18 congrès de grande envergure et plus de 100 000 délégués, de quoi faire taire tous les sceptiques.

Grâce à son dynamisme, à son entregent et à sa capacité de gérer des situations complexes – dans lesquelles il se sent comme un poisson dans l'eau –, Michaud décroche de nombreux événements qui normalement seraient tombés dans l'escarcelle de Shanghai, Singapour ou Toronto, par exemple, villes riches et puissantes avec lesquelles il est très difficile de rivaliser. Mais Michaud y parvient, sans faire trop de boucan, en mobilisant toutes les ressources disponibles et en innovant. Michaud réfléchit « en dehors de la boîte », pour reprendre l'expression des Américains, et ensuite, il s'efforce de suivre son plan de match.

Son souci d'économiser est toujours présent durant son mandat au Palais des congrès. Il lui arrive ainsi de demander à la SAQ de lui faire un prix sur un stock de vin que la société d'État ne parvient pas à écouler pour recevoir à moindres frais des visiteurs importants. À une autre occasion, il obtient de l'Institut d'hôtellerie une brigade d'étudiants pour préparer et servir le repas à une centaine d'invités. Une autre fois, c'est son directeur des communications, Claude Bédard, qui appelle le grand patron de Postes Canada pour qu'il lui donne gratuitement un album de timbres de collection à offrir au directeur d'une grande association internationale basée à Washington. L'album est destiné, en fait, au fils de ce décideur important, dont on a appris qu'il était philatéliste. Montréal décrochera le congrès tant convoité, un peu grâce à ce cadeau inusité qui n'a pas coûté un sou aux contribuables. Encore une fois, on a respecté la consigne : faire mieux au moindre coût.

Et quand Claude Bédard doit se rendre à l'autre bout du monde pour tenter de décrocher un nouveau congrès, il voyage en classe économique. Michaud, lui, n'aime pas les avions, étant un peu claustrophobe, et préfère envoyer son personnel. Après douze heures d'avion, lorsqu'il arrive à destination, Bédard est épuisé, alors que les intervenants qu'ils rencontrent sont frais et dispos car ils voyageaient, eux, en classe affaires. Mais l'émissaire de Michaud ne se plaint pas car il y a longtemps qu'il a fait sienne la « simplicité volontaire » de son patron. C'est une éthique qui était aussi celle du fondateur du PQ : il est arrivé à René Lévesque de refuser de changer de siège avec un sous-ministre qui, lui, voyageait en première.

Le Palais des congrès peut accueillir jusqu'à 4000 congressistes. Cela représente beaucoup de retombées économiques car chaque touriste dépense quelques milliers de dollars durant son séjour à Montréal. Et le soir, il faut les occuper, leur proposer des activités autres que la traditionnelle soirée au Forum pour assister à un match du Canadien. Michaud a de grandes ambitions : il planifie l'agrandissement du Palais des congrès, qui a besoin d'espace pour organiser de grandes expositions prestigieuses, en plus des congrès. Le Salon du livre de Montréal, qui loge depuis des années à la place Bonaventure, est dans sa mire. Mais pour l'inviter, il faut agrandir l'édifice.

Yves Michaud a gardé un pied-à-terre à Paris, à la Villa des Ternes, dans le XVIIe arrondissement, où il loue un petit appartement. Cela lui permet d'être à l'aise s'il doit se déplacer en France pour ses nouvelles fonctions. À l'été 1986, il visitera coup sur coup, avec Monique, Budapest, Salzbourg, Vienne, Venise, Vérone et le lac de Garde, puis Saint-Paulde-Vence, faisant étape dans tous les musées qui se trouvent sur son passage, sans oublier de fréquenter les troquets sympathiques où déguster un bon vin s'impose comme un complément incontournable à la haute culture.

Après sa démission, René Lévesque continue de voir les Michaud avec assiduité. Le 29 août 1987, il célèbre ses soixante-cinq ans chez lui, à l'Île-des-Sœurs, en compagnie de ses meilleurs amis, dont Yves et Monique de même que Claude Morin et sa femme Mary. Lévesque débouche, pour l'occasion, une bouteille de Romanée-Conti qu'il avait reçue en cadeau. On dit que c'est l'un des meilleurs vins au monde : de quoi faire oublier ses rapines dans la cave d'Yves. Claude Morin confie à René Lévesque qu'il a l'intention d'écrire un livre où il expliquerait ce qui s'est passé lors de la « nuit des longs couteaux ». L'ex-premier ministre lui aurait alors promis de l'aider.

En mai 1985, Michaud délaisse pour quelques semaines « son » Palais des congrès le temps d'une mission spéciale à Paris, où il doit rédiger un projet d'adhésion des États partiellement francophones pour le compte d'une commission de l'Unesco sur la langue française. À son retour, il constate que le vent commence à tourner. Les libéraux de Robert Bourassa ont pris le pouvoir en décembre. Ils ont commencé à placer leurs pions et à démanteler petit à petit l'équipe de travail de Michaud. C'est un coup de massue pour Michaud et ses proches collaborateurs. On lui reproche sa gestion trop personnalisée et ses trop grandes ambitions. Pourtant, ceux qui l'ont vu opérer de près ne peuvent douter de son intégrité. Malgré leur méconnaissance initiale des questions touristiques, ses principaux conseillers et lui ont livré la marchandise. Les hôteliers de la métropole gardent un excellent souvenir du passage de Michaud au Palais des congrès.

À la mi-octobre de 1987, soit deux ans avant la fin de son mandat, Yves Michaud démissionne de ses fonctions de directeur du Palais des congrès. Il est temps de changer de décor. On le lui fait bien sentir d'ailleurs, d'autant plus qu'on parle, au gouvernement, de privatiser cet organisme soi-disant non rentable. Michaud s'y oppose farouchement, et publiquement. Québec a déjà rappelé deux de ses principaux collaborateurs et ces départs vont l'obliger à changer de stratégie et à refaire son équipe. À quoi bon s'escrimer s'il n'a plus la confiance de Québec? Il a fait le tour du jardin et veut relever d'autres défis. Ce qui ne signifie pas cependant qu'il a fait une croix sur son désir de toucher de nouveau à la vie politique. L'appel lui viendra treize ans plus tard, en l'an 2000, alors que des militants du Parti québécois l'approcheront pour qu'il soumette sa candidature dans le comté montréalais de Mercier. Pour son plus grand malheur, peut-être, puisqu'on fera tout, dans les instances supérieures du PQ, pour barrer le chemin à cet empêcheur de tourner en rond. Michaud n'a rien de l'ambitieux qui guette la bonne occasion pour se rapprocher du pouvoir. Comme il aime le répéter, il n'a jamais eu de plan de carrière. Nombre de ses amis le voient comme une sorte d'apôtre de la cause souverainiste, qu'il essaie de faire avancer en écoutant toujours l'autre point de vue, mais sans jamais s'écarter de ses grands principes sur la justice et sur la langue française, quitte à perdre des alliés, et quelques dollars.

Le 1er novembre 1987, René Lévesque est terrassé par une crise cardiaque.

Il a été fracassé comme les chênes qu'on abat, écrit un Michaud éprouvé qui vient de perdre un véritable ami, peut-être le seul. [...] Il a gardé toute sa vie, du temps heureux de l'innocence, la pureté totale devant l'argent, le mépris des combines, la haine des agioteurs, l'horreur du mensonge. [...] La mémoire que nous en garderons jusqu'à la fin de nos propres jours sera celle de l'éternelle jeunesse, de l'histoire d'un peuple au printemps inachevé d'une espérance endormie au creux d'un rêve qu'il faudra bien réveiller un jour.

En 1991, il écrira encore à propos de René :

La première image qui me vient à l'esprit, Dieu sait pourquoi, c'est sa serviabilité, j'oserais dire sa tendresse, dans les périodes où, loin de la fureur du quotidien, il redevenait tel qu'en lui-même l'éternité le fit. [...] Il tenait deux choses en horreur : la bêtise, cela va de soi, et les partis politiques, ce qui est moins dans la nature des choses compte tenu du rôle prépondérant qu'il a exercé sur la vie politique québécoise pendant plus d'un quart de siècle. [...] Dans la nuit de sa mort, une seule image a occupé ma mémoire. Je le revoyais à la maison, à quatre pattes sous la table à manger, dans des jeux bruyants avec ma petite-fille Virginie. La fin d'une époque s'amusait avec son début. Ce qu'il y avait d'enfant dans René Lévesque était une partie de sa grandeur d'homme.

8
La romance du vin

L'aventure commence alors qu'Yves Michaud n'a qu'une quinzaine d'années, bien avant, donc, son premier séjour en France. Un pomiculteur de Rougemont fabriquait, de façon plus ou moins légale, un cidre de contrebande qui n'était pas piqué des vers, et le jeune Michaud, qui habitait tout près de ce village, à Saint-Hyacinthe, s'en procurait à l'occasion pour faire la fête avec ses amis. Le manège se termine un jour, lorsque le pomiculteur cesse de faire son nectar. On n'a jamais retrouvé la recette de fabrication de ce cidre, réputé le meilleur. Mais cette aventure a suffi pour piquer la curiosité d'Yves Michaud et façonner son goût pour les alcools de qualité.

Le vin n'est pas la boisson de prédilection au Québec à cette époque, alors que la bière et le « fort » font bon ménage dans les chaumières et sur les tables des cabarets et des tavernes. Comme dans de nombreux autres domaines, le Québec a du chemin à faire pour retrouver ses origines françaises dans ses habitudes de consommation bouleversées par deux siècles de domination anglaise. Jacques Cartier, dès ses premiers voyages, notait pourtant que la vigne pousse bien ici, entre autres sur l'île d'Orléans, qu'il baptise Isle de Bacchus. Avec la défaite de 1760 et le traité de Paris, les importations de vins français cessent pendant près de cent ans et la consommation d'alcool au Canada s'aligne sur celle des Britanniques.

Avec les nombreux va-et-vient que Michaud a effectués dans la France profonde pendant des années, de la Bretagne au Languedoc-Roussillon, de la Loire à la vallée du Rhône, en passant par l'Alsace, la Bourgogne et les côtes bordelaises, son amour du vin n'a fait que croître. C'est une passion dans laquelle il s'est investi comme dans l'action politique, avec sa fantaisie habituelle, en laissant libre cours à ses inclinations et à son goût de la découverte. Pourquoi ne pas lancer une entreprise spécialisée dans l'importation et la promotion de vins? Pourquoi ne pas proposer une sélection personnelle, marquée par ses goûts et ses découvertes, aussi insolite puisse-t-elle paraître aux spécialistes québécois dont on peut désormais lire les conseils et critiques dans les journaux? Le vin a maintenant la faveur des Québécois, qui délaissent petit à petit le houblon pour les produits du raisin. Ils ont doublé leur consommation de vin dans les vingt dernières années, preuve selon Michaud que les Québécois retrouvent leurs origines et cette « profonde humanité » qui entoure la culture du vin.

Approchant la soixantaine, n'étant plus employé de l'État, Michaud doit gagner sa vie comme tout un chacun. Il n'a pas de fortune personnelle : une carrière de journaliste puis de commis de l'État ne prédispose pas à l'accumulation pécuniaire. Il fera avec les moyens du bord pour poursuivre sa passion. L'importation de vin, en dehors de la sélection de la SAQ, est un phénomène relativement nouveau et les résistances et barrières sont nombreuses. Mais Yves Michaud aime sortir des sentiers battus, il est curieux, patient et opiniâtre.

Après le premier versant d'une vie d'errances, d'éloignement de la patrie, écrit-il dans *La folie du vin* (Libre-Expression, 1990), après tous les rêves brisés et les illusions dissoutes qui accompagnent notre passage ici-bas, il me reste, *Deo gratias !*, cette « folie du vin » qui me fait encore croire à la bonté des hommes et à leur capacité d'arracher à la nature une part des merveilles dont elle garde le secret.

C'est sans doute à cause de ces « illusions dissoutes » et de la disparition de l'ami qui avait symbolisé pendant vingt ans l'idée d'indépendance qu'Yves Michaud décide d'ouvrir, en compagnie de sa famille, la bouteille de Romanée-Conti 1973 qu'il gardait pour le Grand Soir. Or de Grand Soir, il n'en voit point à l'horizon. Alors, autant boire avant de mourir, de peur de mourir avant d'avoir bu.

« Le vin est un professeur de goût, il est le libérateur de l'esprit et l'illuminateur de l'intelligence », clame-t-il encore avec Paul Claudel. Et professeur, il le sera lui-même, car il se donnera comme mission de faire découvrir au grand public ce qui se cache derrière la vigne. Auparavant, l'importation de vin semblait l'apanage des restaurateurs ou de mystérieux hommes d'affaires. Avec Michaud, la chose deviendra publique, voire populaire.

Vers 1988, après son départ du Palais des congrès, Michaud profite donc d'une année sabbatique pour mettre sur pied Les vins du Soleil, qui deviendra peu après Sélection Yves Michaud. Sylvie Brown, l'envoyée de Michaud à Paris, quitte son poste. Elle n'a pas confiance dans ce qui se trame au Palais des congrès et préfère se joindre à la petite équipe de Michaud, qu'elle a appris à connaître et à apprécier. Les bureaux sont d'abord situés sur la rue Belmont, dans le centre-ville, puis on déménagera boulevard Saint-Laurent. Sylvie, qui s'occupe du secrétariat, partage son temps de travail entre Yves Michaud et Jean-Éthier Blais, qui dirige alors la section québécoise du PEN Club international et a loué un petit espace dans les locaux de la compagnie d'importation. Alice Parizeau, qui milite au PEN club, vient d'ailleurs faire un tour de temps en temps. Quelques années plus tard, le neveu d'Yves Michaud, Claude, fera l'acquisition de la compagnie; Marie-Claude Daveluy viendra lui prêter main-forte, et l'entreprise deviendra Daveluy-Vins Yves Michaud.

L'importation de vin et d'alcool, en dehors du monopole d'État, en est encore à ses balbutiements et Michaud a besoin de la collaboration de la Société des alcools du Québec pour en établir les modalités d'opération. S'il y a des années qu'il maîtrise bien l'art de la dégustation, Michaud doit se familiariser rapidement avec les subtilités de l'importation privée; il ne sera pas heureux tant qu'il ne connaîtra pas tous les rouages de la profession. Témoignage de son dévouement à la cause, on l'élit président de l'Association québécoise des agences de vin, bières et spiritueux. Au même moment, il entreprend une chronique sur le vin dans *L'Actualité médicale*, où ses douces colères font place à de doux conseils œnologiques et à quelques recettes. On y découvre un Yves Michaud d'une belle couleur, aussi en verve qu'au temps de son *filibuster* à Québec. Décidément, ce millésime 1930, élevé sur les coteaux de la Yamaska, méritait que l'on attende toutes ces années pour apprécier sa belle maturité et sa fine acidité.

Au printemps 1990, notre représentant en vins entreprend un voyage de cinq semaines à travers les vignobles de Bourgogne, du Beaujolais, de la vallée du Rhône, de la Provence et du Bordelais, un tour de France de trois mille kilomètres, entre châteaux et domaines, à la rencontre de viticulteurs intéressés à faire connaître et apprécier leurs vins dans le Nouveau Monde.

Il lui vient l'idée de s'associer à la fête du beaujolais nouveau qui a lieu autour du troisième jeudi de novembre. À cette époque de l'année, une véritable frénésie s'empare des amateurs qui veulent célébrer la nouvelle cuvée tout en sachant qu'il s'agit d'un vin jeune, qui n'a presque pas fermenté et ne présente donc aucune des caractéristiques associées au vieillissement naturel du vin. Le beaujolais nouveau est une aventure compliquée à organiser car la fameuse dégustation débute à une date précise, qu'il ne faut surtout pas rater. Entre les vendanges, en septembre, et la mise en vente, en novembre, il y a un court processus de vinification qu'il faut respecter. Le vin ne se conserve pas longtemps, et doit être consommé dans un délai de six mois. L'opération nécessite une bonne coordination.

Michaud reprend contact avec Guy Beaubien, dont la principale activité est alors de faire venir en France des étudiants québécois pour participer aux vendanges, dans la région du Bois-d'Oingt, dans le beaujolais. Les deux compères vont s'entendre pour faire de la fête du beaujolais nouveau un succès populaire, avec un vin moyen de gamme accessible à toutes les bourses. Mais c'est ignorer la mesquinerie du gouvernement libéral, qui semble avoir décidé d'en finir avec Michaud. La SAQ ne veut pas collaborer avec Michaud, prétextant toutes sortes de difficultés, et ne lui accorde que deux points de vente pour écouler ses quelques milliers bouteilles : un à Montréal et l'autre à Québec.

Normalement, le vin aurait dû se vendre dans toutes les succursales du Québec pour assurer un succès commercial. C'est la catastrophe. À Paris, Guy Beaubien annule *in extremis* la réservation du DC8 d'Air Canada qui devait transporter le beaujolais; on paie tout de même les étudiants qui ont travaillé à la récolte. C'est un fiasco financier que Michaud a tout juste pu éponger. La SAQ a changé sa politique de distribution l'année suivante, mais Yves Michaud s'était retiré de la course.

La romance du vin durera près de huit ans, au cours desquels il effectuera de nombreux voyages en France pour participer à des salons de dégustation. Il fera découvrir aux Québécois des vins jusque-là méconnus. On pourrait penser que son initiative d'importation privée et les déconvenues qu'il a connues avec la SAQ ont fait de Michaud un tenant de la privatisation de la société d'État. Or, il s'y oppose farouchement et dégonfle le mythe selon lequel la privatisation entraînerait automatiquement une baisse des prix. Il est bien placé pour en parler. D'abord, grâce à son monopole, l'État peut réaliser des économies d'échelles en important de grandes quantités de bouteilles, ce que ne peut faire un petit importateur privé. Mais surtout, les rentrées d'argent liées à la taxation des alcools permettent de financer le modèle d'État-providence québécois : si l'État perçoit moins de taxes, les programmes de sécurité sociale en pâtiront.

9
Le référendum de 1995

En 1994, le Parti québécois reprend le pouvoir. Jacques Parizeau dirige désormais les destinées du gouvernement du
Québec. Il n'a pas été élu pour faire traîner les choses en
jouant sur les mots et l'ambiguïté. Durant la campagne électorale, il a promis un référendum, non pas pour négocier
une quelconque entente mais bien pour faire la souveraineté. Son mandat est clair et la rumeur publique le confirme :
il veut faire l'indépendance le plus tôt possible. Le Parti québécois l'appuie dans sa démarche, tout comme une bonne
partie de la population.

Sa stratégie internationale est claire : gagner l'appui de
la France pour ensuite frapper à la porte de la Maison
Blanche. Le soutien des Français est fondamental. Le gouvernement du Québec ne pourra, à lui seul, convaincre les
États-Unis d'appuyer une république du Québec. Or on ne
peut pas négocier avec les États-Unis comme on le fait avec
la France. Tout au plus peut-on espérer se rendre jusqu'au
niveau d'un « *Under Secretary* », ce qui est très bas dans la
hiérarchie gouvernementale. Pourtant, l'appui des États-Unis
est lui aussi essentiel, ne serait-ce que parce qu'ils sont notre
principal partenaire commercial. Il ne s'agit pas de demander au voisin américain de prendre partie en faveur d'un
Québec souverain, non, dans un premier temps, il faut

seulement obtenir leur neutralité. Jacques Parizeau a dis-
cuté à maintes reprises avec des vis-à-vis américains: il
connaît la chanson et sait fort bien que les États-Unis ne
veulent pas donner l'impression de trahir leur partenaire
canadien. Il faut donc y aller de façon détournée, passer
par un tiers, un pays souverain qu'on écoute dans le concert
des nations. Aussi le Québec doit-il préparer le terrain en
France. Ce terrain a déjà été labouré et il est maintenant
prêt pour les semailles.

N'ayant guère confiance dans le délégué général en poste
pour défendre les positions du Québec au moment oppor-
tun, Jacques Parizeau fait d'Yves Michaud son agent à Paris :
dès janvier 1995, Yves sera en mission plus ou moins officielle en France. Le délégué général, Claude Roquet, a été
nommé par Robert Bourassa en 1993. Il se méfie des souverainistes comme de la peste et le sentiment semble réci-
proque. Il n'en est pas à sa première mission parisienne.
En 1970, il était à l'emploi du gouvernement fédéral où
il exerçait différentes fonctions de confiance, dont celles
de responsable des affaires françaises et européennes
puis de directeur général de la coordination des relations
fédérales-provinciales. Il était, en réalité, responsable au
sein du gouvernement Trudeau de la coordination des renseignements sur le Québec et tenait ses supérieurs au fait
des tendances et des humeurs de l'opinion publique québécoise. C'est aussi lui qui accompagnera les militants du FLQ
à Cuba au moment de la libération du diplomate britannique James Cross en décembre 1970.

Roquet, que le fédéral a ensuite nommé secrétaire général adjoint à l'Agence de coopération culturelle et technique
à Paris pour trois ans, puis sous-ministre adjoint aux affaires

politiques, a subitement déserté le camp fédéraliste en 1977, un an après l'élection du PQ, en passant au service du gouvernement québécois. Un changement d'uniforme pour le moins étonnant. On raconte que Louise Beaudoin l'introduira au prestigieux ministère des Relations internationales du Québec, où il se met rapidement en position de contrôler étroitement tout ce qui est « politique », y compris la préparation du premier Sommet de la Francophonie alors qu'une réunion est prévue avec Yves Michaud, Jean Tardif et Régis Debray. Roquet ne partage pas la position de Michaud et de Tardif, qui exigent que le Québec ait un statut de pays participant, et s'aligne plutôt sur celle d'Ottawa.

Quoi qu'il en soit, Roquet ne voit sans doute pas d'un bon œil l'arrivée de cet « envoyé spécial du premier ministre ». Un ancien délégué général vient jouer dans ses plates-bandes à un moment crucial de l'histoire des relations France-Québec : c'est pour le moins agaçant. Même le vice-premier ministre Bernard Landry en est quelque peu froissé au début, car Parizeau ne l'a pas consulté. Du côté de l'ambassade canadienne à Paris, dirigée par Benoît Bouchard, on est aussi inquiet. Le commis voyageur de la souveraineté vient sans doute rebrasser les cartes, jouer les empêcheurs de tourner en rond, tout ça mine de rien. Il a été recruté, en fait, pour mettre le pied dans la porte du nouveau gouvernement qui sera élu au terme des présidentielles françaises. Il a aussi la charge de réactiver le réseau des soutiens inconditionnels du Québec. Michaud est, en quelque sorte, la charnière entre la classe politique française et le Québec du OUI. C'est la seconde fois qu'il investit le champ diplomatique français pour transformer les hésitations en appuis concrets.

Il habite à Paris l'appartement qu'il loue depuis qu'il a quitté la délégation, dans le XVIIe arrondissement. Il a droit à un petit bureau à la DGQP, et c'est de ce poste où toutes ses communications sont épiées qu'il veillera à la réalisation du scénario français pendant la période référendaire. Michaud demeurera à Paris jusqu'en juillet, sous la protection personnelle du premier ministre du Québec qui tient mordicus à sa présence sur les lieux. Inévitablement, il y aura du « tirage de couverte » entre le délégué général et l'envoyé spécial de Jacques Parizeau. Peu importe, Michaud est là pour faire renaître en France l'enthousiasme pour le destin de son pays, et ils sont nombreux à venir à sa rencontre pour renouer avec cette réalité du Québec en marche vers sa souveraineté.

En cette année d'élections présidentielles, Mitterrand est encore au pouvoir, bien que très affaibli par la maladie. En janvier, Jacques Parizeau le rencontre à Paris, entouré de ses principaux conseillers dont Jacques Attali. Mitterrand a manifesté à plusieurs reprises son attachement envers le Québec, auquel il a rendu de nombreux services. Parizeau lui en est extrêmement reconnaissant et il tient à le remercier de vive voix. Mais il a aussi une dernière faveur à lui demander. Le chancelier allemand Helmut Kohl doit effectuer une visite officielle à Ottawa dans les jours suivants et on sait que le gouvernement canadien a entrepris toute une série de démarches pour que le chancelier se prononce publiquement contre une éventuelle séparation du Québec. Parizeau demande donc à Mitterrand de plaider la cause du Québec auprès de Kohl. Il faudrait en fait s'assurer que le chancelier allemand se garde d'intervenir dans le débat en prenant position pour les uns ou pour les autres. La démarche est délicate mais François Mitterrand, en fidèle allié du

Québec, l'exécutera dans la discrétion la plus complète. Ainsi, malgré de fortes pressions, le chancelier allemand refusera de s'immiscer dans les affaires internes canadiennes. Mitterrand a peut-être moins de panache que de Gaulle, mais son appui n'a jamais fait défaut au Québec.

Pendant ce temps, Chirac semble bouder le Québec. Le maire RPR de Paris, qui aspire depuis longtemps à devenir le président de la République, est candidat pour la troisième fois contre les socialistes. Or le Parti québécois a demandé en 1983 l'adhésion à l'Internationale socialiste, et cette manœuvre a profondément choqué Chirac. La proximité du PQ avec le Parti socialiste français n'a rien pour lui plaire. C'est pourquoi il fait la sourde oreille aux sollicitations du gouvernement du Québec. Yves Michaud a eu beau lui écrire dès le début de sa mission spéciale en France pour faire le point sur la situation au Québec et lui demander de bien vouloir recevoir le premier ministre lors de sa visite en France, Chirac reste de glace.

Mais le premier ministre du Québec ne s'en laisse pas imposer: il va mettre de l'ordre dans la maison diplomatique. Jacques Parizeau en connaît bien les rouages, il sait que l'essentiel est de multiplier les appuis de tous les camps, tout en reconnaissant les différences politiques de ses amis. Un fait demeure: Jacques Chirac est sensible à la problématique québécoise, et il pourrait fort bien être porté à la tête de l'État dès avril: il faut rétablir la communication avec lui.

Parizeau s'adresse alors à Philippe Séguin, un gaulliste social président de l'Assemblée nationale qui est bien au fait des liens qui ont été noués depuis plusieurs années. Séguin, vieil ami de Chirac, entretient des rapports privilégiés avec le Québec et se montre sensible aux arguments de

Parizeau qui lui explique l'urgence de la situation. Il en parle au maire de Paris qui, finalement, accepte de rencontrer Parizeau avant que celui-ci ne quitte le territoire français. Les deux hommes s'expliquent en tête-à-tête, et se comprennent, comme en témoigne la photo officielle prise sur les marches de l'hôtel de ville, alors que Chirac réitère au premier ministre du Québec son appui indéfectible : « Bien sûr, qu'on reconnaîtra le Québec ! », assure-t-il. Louise Beaudoin et Yves Michaud ont fait du beau travail, et Jacques Parizeau a fait en France le plein d'alliés pour l'avenir.

Peu de temps après, Lionel Jospin, qui n'a jamais manifesté beaucoup d'intérêt pour la souveraineté du Québec, est désigné candidat du Parti socialiste. C'est donc lui qui affrontera Jacques Chirac et Édouard Balladur, les candidats rivaux de la droite, aux élections d'avril. Jospin est défait au second tour et Chirac devient, en mai, le 22e président de la République française. Les relations Québec-France vont donc demeurer au beau fixe. Tout comme Mitterrand, Chirac est gagné à la cause du Québec, et ses réticences sont tombées quelques mois auparavant.

En bon stratège, Parizeau sait qu'il est imprudent de tout miser sur un seul homme. Si Michaud achoppe dans sa mission diplomatique, il faut pouvoir compter sur une deuxième voie de communication. Il a un autre atout dans sa manche, et il est puissant. C'est d'ailleurs François Mitterrand qui le lui a suggéré : « Si nous nous entendions sur le choix d'un messager, vous auriez un contact direct avec moi, sans devoir passer par le Quai d'Orsay. » Bref, le Québec a en France un intermédiaire secret.

Depuis le départ de De Gaulle, le Quai d'Orsay n'a jamais été très chaud à l'idée d'une séparation du Québec du Canada.

Certes, le Québec a de bons soutiens dans la haute direction, comme le secrétaire général Bernard Dorin, qui avait travaillé dans l'ombre pour organiser la visite du Général au Québec, en 1967. Mais il y a tout de même un blocage, qui s'explique aisément : le Canada est le premier interlocuteur officiel de la diplomatie française, et on ne peut demander aux fonctionnaires du ministère des Affaires étrangères de s'immiscer dans les affaires internes d'un pays. Et puis, la France est aux prises avec ses propres mouvements nationalistes, notamment en Bretagne, au Pays basque, et en Corse, où ça joue souvent dur, et il serait malvenu d'encourager les ardeurs souverainistes des uns tout en condamnant les indépendantistes sur son propre territoire. Il faut donc jouer de subtilité.

Mais la donne change avec l'élection de Jacques Chirac. Les choses se présentent plutôt bien : Alain Juppé, un autre ami du Québec qui a toujours maintenu la ligne de la « non-ingérence, non-indifférence », est nommé premier ministre le 17 mai. C'est d'ailleurs au Québec que Juppé viendra se refaire une virginité en 2005, après avoir été condamné à un an d'inéligibilité dans une affaire d'emplois fictifs à la Ville de Paris. Il enseignera à l'ÉNAP et Claude Bédard, l'ancien directeur des communications d'Yves Michaud, sera son secrétaire attitré.

Le contact secret de Jacques Parizeau aura donc ses entrées auprès de Mitterrand, puis de Chirac. Il fera le lien de façon permanente entre la présidence française et le premier ministre du Québec. On peut supposer qu'il s'agissait d'un personnage influent dans la hiérarchie politique française, mais Jacques Parizeau se garde bien, même aujourd'hui, de révéler son identité. On pourrait bien sûr

penser à Philippe Rossillon, ce haut fonctionnaire qui a
fait de la francophonie le combat de sa vie et qui a été accusé par le gouvernement Trudeau d'être un espion, puis déclaré *persona non grata* au Canada. Il avait beaucoup d'influence, surtout depuis l'arrivé à l'Élysée du gaulliste Jacques
Chirac. Rossillon n'a jamais caché ses sympathies envers les
militants souverainistes: si Gilles Pruneau, qui était de la
première vague du FLQ en 1963, a pu échapper aux tribunaux québécois et obtenir sa citoyenneté française, c'est un
peu grâce à lui; et si Richard Bizier, lui aussi felquiste de la
première heure, a pu obtenir le statut de réfugié politique en
France, c'est aussi grâce à lui. Rossillon était aussi un ami de
la militante québécoise Michelle Duclos, qui a été accusée
d'avoir comploté avec des militants du Black Liberation
Front pour faire sauter la statue de la Liberté à New York.
Mais c'est une fausse piste: selon Parizeau, le contact secret
était toujours actif politiquement au moment de notre rencontre en novembre 2012. Rossillon est décédé en septembre
1997: on peut donc conclure que ce n'est pas notre homme.

Louise Beaudoin serait-elle alors notre Mata Hari? Elle
a la double nationalité française et canadienne, et on la sait
capable d'ouvrir de nombreuses portes, au Quai d'Orsay ou
ailleurs, étant l'amie de plusieurs personnages haut placés,
dont François Mitterrand. Chose certaine, l'ancienne déléguée générale du Québec, qui était ministre de la Culture et
des Communications en 1995-1998 avant de passer aux Relations internationales (1998-2003), est une pièce maîtresse
de la diplomatie péquiste.

Louise Beaudoin a joué un rôle central dans l'histoire
des relations entre la France et le Québec; elle est incontournable, raconte Jacques Parizeau. Elle a un réseau de

contacts en France comme personne, probablement plus étendu que celui de Michaud. Elle m'a rendu des services extraordinaires. Le premier politicien français qui s'est véritablement intéressé à l'histoire québécoise, c'est Michel Rocard. J'ai fait mon premier voyage officiel en France pour le rencontrer, et c'est Louise Beaudoin qui a organisé la rencontre. Michel Rocard m'a ouvert la porte de François Mitterrand, toujours avec l'aide de Louise Beaudoin, qui connaissait quelqu'un dans le cabinet du président. C'est encore Michel Rocard qui a proposé que ce soit d'abord l'Union européenne qui reconnaisse une éventuelle victoire du OUI. C'était quelque chose d'extraordinaire, je n'en croyais pas mes oreilles.

Ce personnage-clé qui devait ouvrir les portes de la reconnaissance diplomatique advenant une victoire du OUI, c'est indéniablement Bernard Dorin. En 1995, lors du second référendum, il est conseiller d'État en service extraordinaire.

J'ai revu Yves à Paris à cette période. Philippe Rossillon et moi-même étions en contact étroit avec Jacques Parizeau. Si le OUI l'avait emporté, nous étions convenus de saisir immédiatement l'Élysée pour obtenir une réponse très rapide de la France qui devait être le premier État du monde à reconnaître l'indépendance du Québec et à envoyer à Québec un ambassadeur. [...] J'avais un accès privilégié à François Mitterrand par Jacques Attali, mais surtout par Danièle Mitterrand, que j'avais eu la chance, au Brésil, de rallier à la cause de l'indépendance des Kurdes dont elle a été, jusqu'à sa mort, l'ardente militante. [...] Jacques Parizeau nous avait

précisément demandé d'intervenir auprès des autorités
françaises dans le cas d'une victoire du OUI, notamment auprès de l'Élysée, de Matignon et du Quai d'Orsay.

Un jour, durant cette même période de préparation,
l'ambassadeur de Suède au Canada demande à rencontrer Jacques Parizeau à Québec. Il lui fait part d'une rumeur
persistante: « Il paraît que la France s'apprête à vous lâcher.
Vous savez quel fut le deuxième pays à reconnaître les
États-Unis au moment de la Révolution américaine? C'est
la Suède! Alors, si jamais on peut vous rendre service,
nous sommes là! » Cette proposition n'est pas tombée dans
l'oreille d'un sourd et suscite même une certaine effervescence. Voilà un nouvel appui de taille que personne n'avait
vu venir.

Quelque temps après cette rencontre, Jacques Parizeau
décide de prendre quinze jours de vacances au Mexique avec
sa femme. Pendant ce temps, son cabinet ne chôme pas et
on lui envoie un message urgent: « Monsieur Parizeau, ça
commence à devenir public: Il paraît que la France nous
lâche. » Parizeau ne peut laisser courir cette rumeur plus
longtemps. Il veut en avoir le cœur net avant d'entreprendre
le plus grand combat de sa vie. Il laisse son épouse rentrer
seule à Montréal pendant qu'il s'envole pour la France.

Dès son arrivée à l'aéroport, il demande une entrevue
à Alain Juppé, ce qu'il obtient sur-le-champ. Dans le taxi qui
l'emmène au Quai d'Orsay, Jacques Parizeau a tout le temps
de ruminer la question qu'il brûle de lui poser. Juppé le reçoit, comme il se doit, de façon protocolaire, flanqué de six
conseillers, « trois à sa gauche et trois autres à sa droite, le
noyau dur de la diplomatie française ». « J'ai une seule question à vous poser, lui dit le premier ministre du Québec

après les salutations d'usage. Est-il vrai que la France va nous lâcher ? » Juppé tourne la tête à gauche, puis à droite, comme s'il consultait ses conseillers, et répond : « On ne vous lâchera jamais ! » La rumeur était une pure invention, colportée par les adversaires de la souveraineté du Québec. Parizeau n'a plus de raison de prolonger son séjour à Paris. Après avoir remercié chaleureusement son hôte, il monte à bord d'une voiture qui l'emmène à l'aéroport. Mission accomplie ! Michaud pourra travailler en terrain favorable : l'amitié et la complicité de la France nous restent acquises.

Michaud reviendra au mois d'août au Québec, non sans s'inquiéter du peu de cas qu'on fait du poste de délégué général du Québec à Paris. « En 35 ans d'existence, déplore-t-il, il n'y eut à vrai dire que deux vrais délégués ayant assuré une continuité auprès de nos interlocuteurs français : Jean Chapdelaine (onze ans) et le soussigné (cinq ans). Le reste est comme dans la chanson : Je n'ai fait que passer. »

Le 30 octobre 1995, le camp du OUI perdra le référendum par moins de 1 % des voix. Le premier ministre Jacques Parizeau attribuera cette défaite à l'argent et aux votes ethniques. La commission Gomery allait démontrer, près de dix ans plus tard, que des fonds publics provenant du gouvernement fédéral et non comptabilisés dans les dépenses autorisées ont été utilisés, à travers des agences de publicité, pour vendre l'option du NON. Le fameux « *love-in* » organisé trois jours avant la tenue du référendum aura coûté à lui seul cinq millions de dollars, soit la totalité des sommes attribuées aux deux camps ! Lors des audiences de la commission Charbonneau, en 2013, Gilles Cloutier, un organisateur d'« élections clé en main », a même avoué avoir utilisé de l'argent sale non comptabilisé par le directeur des élections,

pour financer le camp du NON. Parizeau avait donc raison
pour ce qui est de l'argent.

Quant aux « votes ethniques », il a été prouvé que le gouvernement fédéral a délibérément octroyé, quelques semaines avant le 30 octobre 1995, la citoyenneté canadienne à
50 000 immigrants qui auraient normalement dû attendre
beaucoup plus longtemps avant de l'obtenir. Ces 50 000
nouveaux citoyens, qui venaient de prêter serment à la reine
d'Angleterre, ont pu voter lors du référendum. Or, l'écart
entre le OUI et le NON a été de 50 000 votes environ... Parizeau
avait encore raison, mais il n'était pas *politically correct* de
le dire en ces termes.

10
Le combat de la langue

Tous les jours, je me sens humilié, offensé,
dans ce qui reste de la deuxième ville française
du monde, défigurée par les *Second cup*, les *Liquor
Store cabaret*, les *Wall-Mart*, les *Club Price*, les
Winners... Je me sens un exilé de l'intérieur, un
apatride dans ma propre patrie.

YVES MICHAUD

Dès les années 1960, Michaud réclamait que le français soit
la langue d'enseignement, de travail, et d'affichage. Avant
même la souveraineté ou la justice sociale, la langue française a toujours constitué la préoccupation majeure de ce
journaliste devenu, au fil du temps, député de l'Assemblée
nationale, haut fonctionnaire, directeur du premier journal
souverainiste et social-démocrate du Québec, ambassadeur,
PDG du Palais des congrès de Montréal, importateur de
vins, puis « Robin des banques ».

S'il loue les efforts d'un Pierre Laporte qui, en 1965, propose de faire du français la « langue prioritaire » au Québec,
il réclame, lui, que le Québec soit un État unilingue. « Nous
n'avons pas le choix, écrit-il dans *La Patrie*. Notre langue se
corrompt, s'anémie, s'enlaidit, un peu par notre faute, par
respect porté à des textes de loi vieillots, archaïques, désuets,
mal définis. »

Celui qui se définit lui-même comme un «historiographe du moment, plus habitué à vivre l'événement, à le sentir dans sa chair et dans sa vie, qu'à l'interpréter objectivement selon les prudentes règles de la logique cartésienne» donne la pleine mesure de ses convictions en 1969, en initiant son fameux *filibuster* contre le bill 63 pour empêcher l'adoption d'une loi qui mettrait en péril le français au Québec en le mettant sur le même pied que l'anglais. «Mettre ces deux langues sur le même pied, c'est mettre les deux pieds sur notre langue. En ce mois de novembre 1969, cent députés votaient pour l'admission des immigrants dans les écoles anglaises et cinq, dont je m'honore d'être, votaient contre cette loi scélérate et assimilatrice.» Le *filibuster*, auquel se joindront quatre autres députés, durera trois semaines. Ce faisant, en démissionnant du Parti libéral pour siéger à l'Assemblée nationale comme député indépendant, il n'hésite pas à mettre en péril une carrière de député promise à un brillant avenir, comme on dit, avec à la clé une grosse pension indexée à vie après deux ou trois mandats.

En 1969, son nom est sur toutes les lèvres. Yves Michaud devient un symbole de la résistance à l'empiètement de l'anglais et un exemple de courage. Un peu plus tard, bien avant l'adoption de la loi 22 par le gouvernement Bourassa en 1974, il demande que le français devienne la seule langue officielle de l'État du Québec:

> Il est temps que nous prenions des mesures plus sévères pour protéger cet usage. Il est temps que nous adoptions une loi-cadre incitant les entreprises commerciales à posséder une raison sociale française, à franciser leur administration ainsi que leurs rapports avec le public, et à se doter d'un personnel de cadres francophones.

Tous les premiers ministres, depuis la Révolution tranquille, ont dû composer avec le dossier de la langue. Pour certains, ce fut la croix et la bannière, pour d'autres, ce fut l'élément déclencheur d'une vaste mobilisation et d'une prise de conscience sur la nécessité de se serrer les coudes et de redessiner les frontières d'une nouvelle humanité, dans le cadre d'un Québec souverain. Ayant grandi au pays des ponts-*bridges*, des arrêts-*stops* et des *genuine leather*, Yves Michaud porte en lui la marque de ce bilinguisme de pacotille qui ne saurait avoir d'autre patrie que celle de la tromperie d'État, du « fédéralisme de tutelle » où s'exerce la corrosion tranquille de l'assimilation. Et il ne se gêne pas de pointer du doigt « le Canada anglais qui cherche depuis plus de deux siècles à nous emprisonner dans un éternel statut de minorité en déshérence ».

Très tôt, Michaud réalise qu'il faut résister, ce que son peuple d'ailleurs a su faire depuis des siècles en perpétuant sa langue, malgré les trahisons, les abandons des élites et les coups bas. L'heure n'est plus à l'attentisme, à la procrastination ou à l'apaisement. Il fait de ce combat sa principale raison de vivre, sans jamais sacrifier l'honneur au profit de la quiétude. On peut bien le qualifier de dinosaure à gauche comme à droite, ou de pur et dur, « par opposition sans doute aux "impurs et mous", velléitaires, frileux, pusillanimes, la plupart vivant en serre chaude dans des milieux relativement protégés contre l'envahissement de l'anglais et ne mesurant pas la vie concrète des Montréalais qui, eux, voient dans la métropole, dans la deuxième ville de civilisation de langue française du monde, la déchéance de leur propre langue », il n'en a cure car les faits sont têtus et les statistiques parlent.

« Cinquante-sept pour cent des jeunes immigrants québécois, malgré l'enseignement qu'ils ont reçu en français à l'école primaire et secondaire, s'inscrivent aux universités de langue anglaise après avoir exercé leur fameux "libre choix" de fréquenter un cégep de langue anglaise. Voilà qui est proprement aberrant », affirme-t-il devant la Commission des états généraux sur la langue française en décembre 2000. Surtout que c'est au seuil de l'âge adulte que ces nouveaux arrivants deviennent autonomes financièrement et qu'ils acquièrent leurs habitudes de consommation. Sur le plan culturel, cela signifie qu'ils iront grossir les rangs de la minorité anglophone du Québec, une fausse minorité, en fait, puisqu'elle baigne dans une mer anglophone de près de 300 millions d'individus, du nord au sud, *a mari usque ad mare*. Ils liront des journaux et des livres en anglais, ils fréquenteront les salles de cinéma et de spectacles en anglais, écouteront la télévision et la radio en anglais et, se coupant ainsi de la vie et des manifestations culturelles en français, ils demeureront toujours étrangers à l'identité de ce coin d'Amérique française. Ils accentueront ainsi, bien malgré eux, les deux solitudes.

Au début des années 1990, un groupe d'intellectuels des deux côtés de l'Atlantique s'organise pour lancer un appel en faveur de la langue française, qu'on estime menacée par l'envahissement de l'anglais dans tous les domaines. En France et au Québec, on publie un manifeste dans les journaux, signé par plusieurs centaines d'écrivains, d'artistes, de politiciens et de personnalités diverses. Parmi les membres québécois du groupe Avenir du français, on retrouve entre autres Gaston Miron, Yves Michaud, Yves Beauchemin et Guy Bouthillier. On se réunit fréquemment chez Michaud pour discuter stratégie. Michaud, amphitryon généreux, offre toujours à boire à ses invités qui apprécient les surprises de sa cave à vin. Leur hôte vibre dans ce tumulte de passions et ses yeux s'illuminent en citant Patrice de La Tour du Pin : « Tous les pays qui n'ont plus de légende / Seront condamnés à mourir de froid. » La présence de « Miron le Magnifique », dont la mâchoire s'active à l'approche des grands défis, le stimule.

D'ailleurs, il n'a jamais cessé d'aider Gaston. Chaque fois que celui-ci est dans l'embarras, Yves lui refile un peu d'argent, ramassé à droite et à gauche, mais surtout dans ses propres poches. Ou encore, il l'invite à manger rue Méridian. À une occasion, deux jeunes étudiants français à qui les Michaud ont offert l'hospitalité le temps d'un stage au Québec se mettent à réciter quelques extraits de *L'homme rapaillé*. Ravie, Monique appelle aussitôt Gaston Miron pour l'inviter à rencontrer ses deux admirateurs autour d'un repas convivial. « C'est la plus belle soirée que nous avons passée à Montréal », affirmeront les stagiaires.

À soixante ans – Gaston Miron est à peine plus âgé que lui –, Michaud, le fils d'un vendeur d'assurances capable de convaincre tous les incrédules, éprouve sans nostalgie aucune les mêmes picotements dans les jambes que lorsqu'il s'adressait à l'Assemblée nationale pour dénoncer le bill 63, ou lorsqu'il haranguait ses partisans aux élections de 1966 dans le comté de Gouin ou de 1973 dans Bourassa. Le poids des années ne semble pas l'atteindre mais l'inquiétude a grandi, sans pour autant chasser ce sentiment d'urgence d'agir. Si hier encore tout semblait possible, à portée de la main, aujourd'hui, une brisure est en train de se produire entre ceux d'hier, militants des barricades qui voulaient prendre le ciel d'assaut, et la nouvelle génération qui semble accepter son statut de minoritaire comme une fatalité, dans l'indifférence la plus totale.

Mais l'élection de Jacques Parizeau en septembre 1994 vient raviver l'espoir d'un recommencement. Des jeunes prennent la rue pour défendre le fait français. Pendant un an, les forces vives du Québec déploieront des efforts sans précédent pour préparer un référendum gagnant. En raison de sa faconde exceptionnelle et de sa réputation de grand conteur, Gaston Miron est mis à contribution. Si Michaud, à partir du bureau de la rue Pergolèse à Paris où Parizeau l'a envoyé, tente d'attacher les ficelles de la diplomatie internationale en vue d'une victoire du OUI, Miron, lui, est envoyé aux quatre coins du Québec pour parler aux travailleurs et surtout aux étudiants. Au chauffeur de taxi qui le ramène au bureau des éditions de l'Hexagone, rue de La Gauchetière Est, après une épuisante tournée en Estrie, il demande s'il va voter OUI. Celui-ci lui répond qu'il est trop attaché au Canada et qu'il ne comprend pas ce désir des Québécois d'avoir leur propre pays. «Mais, que dirais-tu, toi, si ton pays, le Portugal, qui est tout petit, s'alliait à l'Espagne, un pays beaucoup plus grand et puissant, pour mieux affronter les défis du nouveau millénaire?»

— Jamais de la vie! s'exclame le chauffeur. Nous avons notre propre histoire, notre propre langue, nos propres coutumes, notre propre territoire.

— Eh bien, tu vois, c'est la même chose avec le Québec et le Canada, répond Miron. Nous avons notre propre langue, notre propre histoire, notre propre religion, nos propres habitudes de vie, notre propre territoire et nous voulons préserver cet héritage en nous donnant un pays à nous.

L'histoire ne dit pas si le chauffeur de taxi d'origine portugaise a finalement voté OUI, mais Gaston avait, comme d'habitude, invoqué le meilleur argument pour le convaincre.

Après la défaite crève-cœur du référendum de 1995, Michaud est élu vice-président de la Fondation Lionel-Groulx, et il siégera pendant une dizaine d'années au conseil d'administration de cette institution vouée à la valorisation de l'enseignement et des recherches en histoire du Québec, au côté de sa grande amie Hélène Pelletier-Baillargeon. La fondation a mauvaise presse, surtout depuis la publication de la thèse de doctorat très controversée d'Esther Delisle, *Le traître et le Juif* (L'Étincelle, 1992), qui associait le chanoine Groulx au fascisme. Heureusement, de nombreux intellectuels donnent la réplique à l'auteure, dont Pierre Anctil, un spécialiste de la communauté juive de Montréal.

En 1997, Michaud est nommé « Patriote de l'année » par la Société Saint-Jean-Baptiste. À cette occasion, il lance un appel pressant à la nation québécoise de se serrer les coudes. Puisqu'il est question ici de la défense de langue française, il serait dommage de se priver de citer longuement son ardent défenseur :

> Il est bon chic et bon genre dans les salons bourgeois et ceux de la gauche caviar de mépriser titres, honneurs ou décorations. Je me suis toujours méfié des parades ostentatoires de modestie et d'humilité. Non pas que je tienne ces vertus pour négligeables mais je suppose que malgré mes efforts répétés, il était écrit qu'elles se dérobassent à ma nature profonde. Ou peut-être, inconsciemment, ai-je

en l'esprit ces maximes des mémorialistes d'un autre
siècle, dont La Rochefoucauld, qui écrivait de l'humilité
qu'elle était « l'artifice de l'orgueil qui s'abaisse, pour
mieux s'élever ». Ou celle de Rollin, de même coulée : « Il
y a des modesties, artificieuses et étudiées, qui couvrent
un secret orgueil. »

Quoi qu'il en soit, je ne suis pas peu fier que la plus
vieille institution de mon pays, vouée depuis plus d'un
siècle et demi à la défense et à la promotion de nos valeurs nationales, me décerne, au dernier versant de ma
vie, un titre qui m'accompagnera jusqu'au moment où
je serai appelé à entreprendre mon voyage vers des ri-
vages secrets et inconnus dont nul ne revient jamais. [...]

C'est un secret de Polichinelle que j'ai fait de la langue
de mes pères le lieu de mes luttes et de mes combats.
« Quand un peuple n'est envahi que dans son territoire,
écrivait un auteur du siècle dernier, il n'est que vaincu.
S'il est envahi dans sa langue : il est fini. » Dans mon
esprit, patrie et langue sont indissociables. Il faut dans
ce domaine être intraitables, opiniâtres et sans compro-
missions. Ne pas reculer d'un centimètre.

Oui la patrie est en danger... Il faut être aveugle pour ne
pas contester que nous sommes encerclés par des rapports Durham ressuscités, concourant tous à une lente
et progressive louisianisation de notre peuple dans l'ensemble canadien. Nous avons choisi deux voies incon-
tournables, indissolubles, pour prendre place à la grande
table des nations souveraines : un parti politique porteur
de notre projet et le mince couloir d'une consultation
populaire auprès de tous ceux et celles qui habitent notre
territoire. Du Parti québécois, l'échéance approchant de

notre dernière bataille, n'attendez pas de moi que j'en dise du mal. Je reprendrai la réponse d'Aragon, poète et cabotin de génie à qui ses amis reprochaient son adhésion au Parti communiste : « Je sais qu'il est plein de défauts, mais je n'ai que celui-là. »

Puis, commémorant la victoire des Patriotes du 23 novembre 1837 à Saint-Denis-sur-Richelieu, il affirme haut et fort, sur les lieux mêmes de la bataille historique :

Nous ne signerons jamais notre acte de capitulation. [...] Nous avons, hélas, la mémoire courte. Ce bréviaire de la honte [le rapport Durham] devrait être entre les mains de tous les écoliers et les écolières du Québec, que dis-je de tous les citoyens et citoyennes, car il est encore, malgré l'usure du temps, l'alpha et l'oméga de notre soumission. Il emprunte des mots nouveaux et cajoleurs de « société distincte », de « caractère unique », mais l'esprit du rapport Durham est toujours le même. Provocateur à l'envi, il nous donne le courage d'exister pour donner un sens à notre vie. [...]

Vous eussiez sans doute souhaité que l'on courbât notre tête mais nous n'avons pas le même héritage en partage. Le nôtre est celui des hommes et des femmes qui depuis des siècles, dans le courage et la fatigue des combats recommencés, nous ont laissé la noble tâche d'un pays à finir. Ma génération aura été une parenthèse fiévreuse de notre histoire. Elle a entrebâillée la porte de l'avenir, mais sans l'ouvrir complètement. Le verrou est sauté mais les gonds restent coincés. Le dernier coup d'épaule viendra de ceux et celles qui sont la relève. L'heure n'est pas à l'abandon et au désarmement. Il ne sera pas dit que nous passerons en silence de l'indolence à l'oubli. Nous le devons à ceux et celles qui nous ont précédés, à nous-mêmes, et aux générations à venir.

Dans une lettre au *Devoir*, il revient à la charge à propos de la nécessité d'une loi 101 fortifiée :

> J'entends encore aujourd'hui, 30 ans après l'adoption de l'insoutenable loi 63, des voix frileuses et complaisantes évoquer l'hérétique liberté de choix en matière de langue d'enseignement public aux immigrants. Trouvez-moi un exemple au monde où cette liberté de choix existe ? Tous les pays soucieux de leur pérennité intègrent leurs nouveaux venus aux valeurs fondamentales de leur civilisation. Jusqu'à la plus grande puissance de la planète, les États-Unis d'Amérique, dont la Chambre des représentants adoptait le 1er août 1996, par un vote de 259 contre 169, l'anglais comme la langue officielle du gouvernement de ce pays. À ce jour, trente États américains ont décrété la langue anglaise langue officielle sur leur territoire.

En 2001, celui qui n'a cessé de militer pour l'application de la loi 101 au cégep reçoit le prix de la Liberté, remis au salon du livre de l'Outaouais par le mouvement Impératif français.

> Je [suis] inquiet, voire angoissé, pour l'avenir de notre langue, devant la laborieuse et difficile intégration de la majorité des immigrants au Québec, d'où mes montées infructueuses aux barricades du Parti québécois en 1995, 2000 et 2005 pour revenir à la loi 101 aujourd'hui affaiblie, effilochée, anémiée par des jugements de la Cour suprême du Canada et peut-être aussi, ce qui est plus désolant, par l'absence de notre volonté collective

de préserver l'héritage de René Lévesque, lance-t-il devant des étudiants de l'UQAM, en avril 2011, à l'invitation du mouvement Montréal français. Aux craintifs et
timorés qui nous repassent le vieux film de l'incitation,
de l'apaisement, et qui rembobinent la cassette usée
d'une mendiante et plaintive tolérance à sens unique, il
faut rappeler que la minorité anglo-québécoise – dont je
défendrai le droit à un système mur à mur de langue
anglaise – assimile la moitié des immigrants.

11
L'« affaire Michaud »

Le 12 décembre 2000, Yves Michaud annonce publiquement qu'il se présente à l'investiture du Parti québécois
dans le comté de Mercier, après avoir été sollicité par les
militants de cette circonscription, réputée pour être un bastion des purs et durs. Il entend succéder à Robert Perreault,
député du PQ qui a démissionné le 6 octobre pour occuper
d'autres fonctions. Dans les mois précédents, Michaud avait
multiplié les interventions publiques, s'affichant comme un
farouche partisan du renforcement de la loi 101, « affaiblie,
effilochée, clochardisée par des jugements de la Cour suprême du Canada et peut-être aussi, ce qui est plus désolant
encore, par notre propre volonté ». Il n'hésite pas à critiquer
son premier ministre, Lucien Bouchard, qu'il juge trop mou
pour « préserver intact l'héritage de René Lévesque et de
Camille Laurin ».

Il va sans dire que de tels propos sont mal vus au sein
de la majorité gouvernementale péquiste, qui préfère le
statu quo aux remous nationalistes et ne veut surtout pas
provoquer l'ire de l'opposition. Michaud est un franc-tireur,
un électron libre et certains, parmi la délégation péquiste de
même qu'au sein de l'Assemblée nationale, se méfient de
lui. On peut facilement imaginer que d'aucuns s'affairent

déjà à trouver le moyen de lui barrer la route, en jetant quelques pelures de banane sous ses pieds.

Le 13 décembre, lendemain de son annonce de candidature, Yves Michaud se présente devant la commission Larose des États généraux sur la situation et l'avenir de la langue française. Son passage est particulièrement attendu. Il fait lecture d'un manifeste qui dénonce, entre autres, la faiblesse et l'indifférence des mous et des velléitaires qui refusent de reconnaître qu'il y a péril en la demeure. Il brosse un tableau plutôt sombre de la situation et des perspectives d'avenir. Il faut en finir avec ce sentiment d'humiliation nationale, clame-t-il. Il demande que l'enseignement du français soit obligatoire jusqu'au cégep pour les immigrants afin qu'ils puissent « nous accompagner sur le chemin qui mène à la maîtrise de tous les outils de notre développement ». L'aspiration à l'indépendance et l'affirmation de notre droit de vivre en français doivent devenir le plus grand dénominateur commun. Aucun propos antisémite dans ce discours. Seulement le rappel d'une triste réalité où deux solitudes se côtoient sans jamais se comprendre ni s'unir, et où la majorité francophone du Québec est en péril d'assimilation. Il sonne l'alarme, avec l'éloquence qu'on lui connaît.

Sa démarche, compte tenu du contexte, est des plus naturelle et Michaud semble avoir été convaincant, à tel point qu'on s'agite déjà dans les officines de l'opposition. Ses propos ont manifestement touché quelques sensibilités dormantes. Michaud devient l'homme à abattre, d'autant plus rapidement qu'on ne l'avait pas vu venir. Son intervention déclenche une avalanche de débats. Toutes sortes d'interprétations circulent, à gauche et à droite, sans que le principal intéressé, abasourdi, puisse endiguer le flot d'accusations et de malveillance à son endroit. Le B'nai Brith et Robert Libman (le fondateur du Parti égalité), entre autres, sonnent la charge. Ils l'accusent d'avoir tenu des propos antisémites, d'avoir banalisé l'Holocauste, en comparant les souffrances du peuple juif et celles du peuple québécois. Nulle mention de l'Holocauste, pourtant, dans l'intervention de Michaud devant la Commission des États généraux de la langue française. Au contraire, il cite des propos de Lionel Groulx où le chanoine louait l'« âpre volonté de survivance », l'« invincible esprit de solidarité » et l'« impérissable armature morale » du peuple juif et invitait le peuple du Québec à suivre son exemple dans sa quête identitaire.

Il faut remonter quelques jours plus tôt, soit le 5 décembre, pour trouver dans les paroles de Michaud, quelque référence aux souffrances du peuple juif, alors qu'il est interviewé par Paul Arcand à son émission du matin, à la station CKAC. Michaud rappelle simplement une conversation animée mais cordiale qu'il a eue quelques jours auparavant à l'hôtel Windsor chez Pierre, son coiffeur, avec le sénateur libéral Léo Kolber, l'ancien bras droit de la famille Bronfman avec qui il entretient depuis longtemps des relations amicales.

Quand Kolber lui demande s'il est toujours séparatiste, Michaud lui répond du tac au tac : « Oui, séparatiste comme toi tu es juif... Ça a pris à ton peuple deux mille ans pour avoir sa patrie en Israël. [...] Moi, que ça prenne dix ans, cinquante ans, cent de plus, je peux attendre. » Le sénateur lui répond alors que ce n'est pas pareil, que le peuple juif a beaucoup souffert. Michaud rétorque : « Ce n'est pas pareil ? Les Arméniens n'ont pas souffert, les Palestiniens ne souffrent pas, les Rwandais ne souffrent pas? C'est toujours vous au-tres. Vous êtes le seul peuple au monde qui a souffert dans l'histoire de l'humanité.»

Aucune injure, donc, aucune dénégation de l'horreur du génocide perpétré par les nazis. Seulement une conver-sation entre deux amis où l'un d'eux affirme une volonté qui refuse de s'en laisser imposer, sans vouloir vexer qui que ce soit. Ce qu'il veut, c'est sortir de la pensée unique, franchir le mur invisible qui nous confine dans une culpa-bilité presque maladive. Il allait payer cher cette mutinerie. On allait le mettre au ban de la société bien-pensante.

Yves Michaud n'a rien d'un antisémite. Il a toujours entretenu des relations de bon voisinage avec la commu-nauté juive du quartier Côte-Saint-Luc où il a acheté une maison deux ans après son arrivée à Montréal. S'il avait eu le moindre sentiment d'animosité envers les juifs, il aurait fait un bien drôle de choix en s'installant en plein cœur de ce quartier. La rue Circle Road a été construite en 1947 par la communauté juive après la Seconde Guerre mondiale. Comme son nom l'indique, c'est une rue en rond, qui ne possède que quatre entrées. Presque toutes les maisons étaient habitées, à l'origine, par des juifs. Ceux-ci sentaient le besoin de se retrouver, de vivre ensemble et de se proté-ger, après l'Holocauste. Petit à petit, quelques Canadiens fran-çais vinrent s'y installer, comme Richard Garneau, Pierre Nadeau, Pierre Robillard et André Malavoy, qui a été mem-bre de l'un des premiers réseaux de la Résistance française. La maison que les Michaud ont achetée sur Méridian a jadis appartenu à un commerçant juif qui se spécialisait dans la confection de vêtements pour homme.

La mise à mort

Dès l'annonce de la candidature d'Yves Michaud, le 12 décembre, le B'nai Brith réagit en exhortant Lucien Bouchard de rejeter la candidature de ce « dinosaure nationaliste », parce qu'il a tenu « des propos injurieux à l'égard des juifs ». Où, quand, lesquels ? Le communiqué le précise : « Dans une récente entrevue accordée à la radio de CKAC, M. Michaud se répand en injures contre les Juifs et en particulier contre B'nai Brith. » Il s'agit donc bel et bien de l'entrevue du 5 décembre accordée par Yves Michaud à Paul Arcand à l'occasion du lancement de son livre *Paroles d'un homme libre* (VLB éditeur). Rien à voir, donc, avec son intervention devant les États généraux sur la langue. Pourtant, c'est de cette conférence dont on se servira pour accuser Michaud d'avoir tenu des propos antisémites. La confusion, savamment entretenue, aidera à établir un cordon sanitaire autour de lui. Nombreux seront ceux qui refuseront de le franchir et qui prendront leurs distances. Tout infondée qu'elle était, l'accusation avait donc fait donc mouche.

Le 14 décembre 2000, Jean Charest, alors chef de l'Opposition officielle à l'Assemblée nationale, lance les hostilités contre l'aspirant député de Mercier. Il demande à Lucien Bouchard de condamner les propos tenus devant les États généraux sur la langue par Yves Michaud, « un ancien député de l'Assemblée nationale, de surcroît, un ancien délégué général du Québec à Paris, un candidat à l'investiture du Parti québécois dans le comté de Mercier ». Il propose une motion qui sera présentée par le député de D'Arcy-McGee, Lawrence Bergman, du Parti libéral, et secondée par le député de Sainte-Marie-Saint-Jacques, André Boulerice, du Parti québécois. Et il en fait la lecture : « Que l'Assemblée nationale dénonce sans nuance, de façon claire et unanime, les propos inacceptables à l'égard de la communauté juive tenus par Yves Michaud à l'occasion des audiences des États généraux sur le français à Montréal le 13 décembre 2000. »

Le premier ministre Lucien Bouchard, qui ne semble nullement surpris de la manœuvre, accepte que la motion soit présentée à l'Assemblée nationale, mais au terme de la période des questions. Tout semble avoir été préparé minutieusement mais en réalité, la motion est plus ou moins improvisée. L'extrême mollesse de la députation péquiste et le désir de respecter la discipline de parti contribueront à cette victoire, honteuse pour les deux camps. Pour Lucien Bouchard, il s'agit d'un incident politique choquant mais mineur. Il ne se rend pas compte qu'il participe à la mise à mort politique d'un militant de son camp, un allié certes souvent incontrôlable et encombrant, mais un allié tout de même.

À 11 heures, comme prévu, Lawrence Bergman présente la motion, qui est secondée par le député péquiste André Boulerice. Dix minutes plus tard, le texte est adopté sans débat, à la vitesse de l'éclair, à l'unanimité des 109 députés présents. La question est réglée. Le citoyen Michaud vient d'être jugé et condamné *in abstentia*, sans qu'il puisse s'expliquer et se défendre. Personne, à l'Assemblée nationale, ne semble avoir lu le texte du discours prétendument incriminant. C'est une première dans les annales parlementaires, qui bafoue les principes élémentaires du droit. «*Audi alteram partem* (il faut entendre la version de l'autre)», dira Bernard Landry en 2003, lorsque Jacques Parizeau sera attaqué pour ses propos sur le vote ethnique. Michaud, lui, n'a pas eu droit à tant de considérations. Du jour au lendemain, il est devenu une brebis galeuse et il aurait dès lors été bien surprenant qu'il revienne hanter les couloirs de l'Assemblée nationale à titre de député.

On l'a traité comme s'il avait tenu des propos haineux, ce qui est absolument faux. Et pour le juger sans délai, on a transformé l'Assemblée nationale en tribunal d'exception, le temps de le disqualifier à jamais. On a détruit l'honneur et la réputation d'un citoyen hier honoré pour sa défense de la patrie, avec la contribution, qui plus est, de ceux qu'il croyait être ses amis.

Il ne reste plus qu'à régler la question de l'investiture du candidat Michaud. Jean Charest insiste pour que le premier ministre intervienne afin de l'empêcher d'être élu par les membres de l'organisation péquiste de Mercier, dont on connaît le radicalisme. Mais Bouchard se montre plutôt évasif. Il fait valoir qu'il n'a pas les moyens d'agir en ce sens et qu'il revient aux « instances appropriées » de le faire. Le battage publicitaire autour de la motion de blâme a été immense. Il est facile, pour Bouchard, d'imaginer que le mouton noir aura bien du mal à se relever d'un tel coup bas. La suite va le confirmer.

Le principal intéressé, lui, assiste à son assassinat politique depuis sa maison, à Montréal, à plus de deux cents kilomètres de ce tribunal improvisé. Assis devant son téléviseur en compagnie du journaliste Michel Vastel, il n'en croit pas ses yeux ni ses oreilles. Tour à tour, ses collègues du Parti québécois, ses alliés naturels, se lèvent et appuient la motion de blâme qui le condamne, et sont suivis par les députés des deux autres formations politiques. C'est un spectacle ahurissant et insolite. Comment l'Assemblée nationale, qui a pour fonction de légiférer, peut-elle ainsi

outrepasser son rôle en s'immisçant dans le domaine judiciaire? N'y a-t-il plus de séparation des pouvoirs? Ne revient-
il pas aux tribunaux de mettre en accusation et de condamner les citoyens qui ont enfreint la loi?

Yves Michaud est bouleversé et profondément humilié
par ce qu'il voit et entend. Il se rappelle cette phrase de Paul
Valéry: «Je suis consterné par la méchanceté des hommes
et stupéfait qu'elle n'aille pas plus loin», et se dit que le Parlement est vraiment le tombeau de l'intelligence. La grosse
machine gouvernementale vient d'écraser un citoyen engagé depuis des années dans un combat pour la justice sociale, selon un scénario qui n'a pas de précédent dans l'histoire parlementaire du Québec. Il faudrait un Sherlock
Holmes pour découvrir, sous l'énormité des faux-fuyants,
les vraies raisons de cette mise à mort. L'activité du «Robin
des banques», commencée trois ans plus tôt quand la juge
Rayle lui avait donné raison contre la Banque Royale et la
Banque Nationale, en serait-elle la cause?

Michaud, ébranlé, tente tant bien que mal de joindre le
président de l'Assemblée nationale, Jean-Pierre Charbonneau, mais celui-ci lui oppose une fin de non-recevoir. Il
est d'avis que Michaud n'a aucun droit d'être entendu par
l'Assemblée nationale: «Quand on participe au débat public,
il y a des risques de se faire blâmer, juger, critiquer, évaluer.
Sinon, on se tait et on fait les choses en dehors de la scène
publique.» Belle philosophie! C'est comme si un joueur de
hockey victime d'une mise en échec vicieuse et gratuite n'avait
plus qu'à se tenir tranquille, et surtout, à ne pas se montrer sur
la patinoire, devant son public. C'est de sa faute, point final.

Le mal est fait. Un vieux dicton affirme que la réputation,
c'est comme une allumette: elle ne sert qu'une fois. Celle

d'Yves Michaud est ternie à jamais. On a semé le doute et il persistera toujours, même si, un jour, il y a réparation. Devant l'intransigeance de Lucien Bouchard et son insistance à salir sa réputation, chaque fois que l'occasion lui en est donnée, en alimentant la confusion sur ses propos, Michaud n'a plus d'autre choix que de renoncer à briguer l'investiture du Parti québécois dans le comté de Mercier.

Le B'nai Brith et Robert Libman ont finalement eu gain de cause, avec l'appui du premier ministre Lucien Bouchard et des députés de l'Assemblée nationale. Huit ans auparavant, le 15 octobre 1992, le *Halifax Daily News* rapportait les propos suivants de Lucien Bouchard, alors chef du Bloc québécois, tenus devant une cinquantaine de leaders de la communauté juive : « *Like Jews, Quebecers have been confined to a ghetto and excluded from international life because they don't have their own country.* » Une comparaison qui rappelle étrangement celle qui a valu à Yves Michaud d'être mis au ban de la classe politique.

La curée

On pouvait deviner que la polémique à propos de ce qu'il était désormais convenu d'appeler l'« affaire Michaud » n'allait pas retomber simplement. Michaud, meurtri par ces accusations fallacieuses d'antisémitisme, demande réparation et multiplie les interventions aussi bien auprès des députés péquistes que des militants de la base. Cette motion, « expéditive, irresponsable, irréfléchie, et illégale selon la jurisprudence compilée à ce jour », a gâché sa vie, estime le principal intéressé. Elle a aussi ravivé une blessure plus profonde qui provient de la mésaventure collective d'un peuple vaincu, soumis, complexé.

Et cela, c'est sans parler de ce qu'a subi la famille de Michaud, ses deux enfants et surtout sa femme. Monique a été très affectée par les accusations portées contre son mari et durant quelques mois, elle a dû suivre des traitements pour éviter de sombrer dans la dépression.

Le 16 décembre 2000, deux jours après la motion scélérate, Pierre Bourgault avait vertement dénoncé la lâche condamnation prononcée contre Michaud. Il s'était exprimé dans le *Journal de Montréal* en des termes non équivoques:

Cette assemblée dite nationale, qui n'a même pas été capable, la semaine dernière, de faire l'unanimité dans la défense des intérêts les plus fondamentaux du Québec, voilà qu'elle met tout son prestige, toute sa force et tout son poids dans la condamnation sans appel du citoyen Michaud sans même l'entendre et sans discuter ses propos.

Le geste, odieux, est sans précédent dans une démocratie parlementaire. On aurait pu discuter avec Michaud, on aurait pu le contredire, l'engueuler, le pourfendre, voire l'insulter: on aurait pu l'inviter à s'expliquer devant l'assemblée, on aurait pu même juger « inacceptables » ses propos, après l'avoir entendu, mais ce n'est pas ce que l'on a fait.

Tous les membres élus de l'Assemblée nationale se sont levés, l'un après l'autre et toute honte bue, pour affirmer haut et fort que les opinions d'un citoyen ne devaient ni être exprimées ni être entendues.

Une attaque aussi massive et brutale contre la liberté d'expression nous déshonore tous parce qu'elle est le fait des représentants légitimes de tout le peuple québécois.

[...]

Yves Michaud se défendra, c'est certain. Mais à quoi bon ? Le mal est fait et il ne s'en remettra jamais. En humiliant publiquement l'un de ses citoyens les plus éminents, l'Assemblée nationale a humilié tous les Québécois. À quoi bon, en effet. Michaud, crucifié par son chef Lucien Bouchard, est devenu un paria dans son propre parti. Les chiens sont lâchés. À gauche comme à droite, on s'en donne à cœur joie et l'accusé devient une sorte d'épouvantail qu'on brandit à tout bout de champ. Ici, c'est le journaliste du *Devoir*, Stéphane Baillargeon, qui parle de « l'affaire Michaud et de ses ramifications antisémites », reconnaissant du même coup la substance des accusations contre Yves Michaud. Ce dernier proteste, et le journaliste est forcé de s'expliquer : « Je ne portais aucun jugement sur les éventuelles opinions prosémites ou antisémites de M. Michaud. » Là, c'est Don Macpherson, journaliste à *The Gazette*, qui qualifie ses propos d'antisémites et de xénophobes. Ailleurs, c'est Marc Angenot, professeur à l'Université McGill, qui déclare sur les ondes de Radio-Canada que Michaud « avait le droit de tenir des propos antisémites », mais que lui a « le droit de les trouver abjects ». Le mal est fait.

En entendant la déclaration d'Angenot, Yves Michaud se sent « sali, souillé, couvert de crachats et de vomissures. Qu'ai-je donc dit pour mériter pareil châtiment et pour être jeté dans les poubelles de la réprobation publique ? se demande-t-il. Me découvrirais-je soudainement, à 71 ans révolus, une vocation à l'antisémitisme et au racisme ? » Et dire qu'on vient, quelques mois auparavant, de l'honorer comme un « grand serviteur du Québec ». C'était le 14 février 2000, devant quelque trois cents invités, dont le premier ministre Lucien Bouchard, son vice-premier ministre Bernard Landry, et plusieurs ministres et députés. Les organisateurs de la manifestation remerciaient ainsi Michaud pour « cinquante années de contribution exceptionnelle à la vie publique québécoise ».

À cette occasion, Bernard Landry a dit de lui :

> Je serais le plus heureux des hommes si Yves Michaud revenait en politique. Quand des observateurs disent que cela déplairait à l'establishment péquiste s'il était candidat, je peux vous dire que ce n'est sûrement pas mon cas. C'est un homme de très grande valeur qui serait bien accueilli par tout le monde.

C'est une des carrières les plus extraordinaires du Québec. Et François Aquin, le premier député indépendantiste à l'Assemblée nationale, a vanté le même jour son courage en ces termes : « En votant contre la loi 63, Yves Michaud a sacrifié son avenir parlementaire, mais ce qu'il a gagné devant l'histoire, c'est d'avoir sauvé l'honneur de l'Assemblée nationale du Québec. »

Le moins que l'on puisse dire, c'est que cette institution n'a pas fait montre de beaucoup de gratitude envers son sauveur. Heureusement, Michaud a des défenseurs dans la presse. Michel David, dans *Le Soleil* du 15 février 2001, semble accablé :

> Peu importe ce qu'il a dit exactement, il est l'agneau sacrificiel qui doit être immolé sur l'autel de la rectitude politique et du nationalisme civique. Cette opération purificatrice est trop impérieuse pour s'embarrasser de détails comme la présomption d'innocence.

Denise Bombardier n'est pas moins sévère dans *Le Devoir* du 21 avril :

Le lynchage d'Yves Michaud, par l'institution ultime de notre démocratie, à savoir l'Assemblée nationale, sans voix dissidente, est d'autant plus grave qu'il a soulevé peu de protestations, hormis de ceux qu'on pourrait appeler les amis d'Yves Michaud. Cette excommunication-là, improvisée, politiquement douteuse, fondée sur des rumeurs et des déclarations non vérifiées, s'insère dans une tradition culturelle religieuse dont nous nous croyions libérés. [...] Ils ont donc abusé de leur pouvoir et nié le droit d'un citoyen à s'exprimer librement, fût-ce imprudemment ou outrancièrement.

Une phrase prononcée par Yves Michaud en d'autres circonstances, revêt tout son sens : « Au Québec, on sera toujours en état de guerre. » L'associer, comme certains l'ont fait, au nationalisme religieux des années 1930 et 1940, c'est méconnaître le fait qu'il a commencé sa carrière de journaliste dans un journal anticlérical et antiduplessis, *Le Clairon de Saint-Hyacinthe* de T. D. Bouchard. Et le discréditer en l'associant à un « nationalisme dépassé et ethnocentrique », c'est jeter le bébé avec l'eau du bain, en niant la question identitaire au Québec.

Michaud ne se résigne pas à la défaite. Il est allé à l'école de René Lévesque et il connaît depuis longtemps les vertus de la résilience. Il contre-attaque. Un comité formé de nombreuses personnalités des milieux politique et artistique le soutient dans sa lutte. Michaud intente aussi devant les tribunaux une poursuite en diffamation contre le professeur Angenot.

Angenot est défendu par une grosse pointure, Mᵉ Julius
Grey. Il est bon de rappeler que Marc Angenot est l'époux
de Nadia Khouri, qui fut membre du comité de rédaction
de la revue *Cité libre* cofondée par Pierre Elliott Trudeau,
pour qui le nationalisme québécois n'a qu'une valeur ethnique, donc réactionnaire. Mari et femme sont des militants antinationalistes actifs et ils sont donc des ennemis
politiques de Michaud.

Si Michaud ne les connaît pas vraiment, Angenot et
Khouri doivent tout savoir, eux, du personnage public, du
journaliste, de l'ex-politicien, du militant pour un Québec
libre et, ne leur en déplaise, social-démocrate. Leur idéologie est explicitée dans un article publié dans la *Revue Toque-
ville* en 2001, où ils n'hésitent pas à décrire le sentiment
patriotique des Québécois comme un « particularisme » canadien, sans plus, et associent le nationalisme québécois
au « messianisme clérico-maurrassien canadien-français des
années trente », donc à une idéologie d'extrême droite, doc-
trinaire et archaïque. Ils prédisent « la décomposition du
mouvement indépendantiste » dont ils remarquent par ailleurs qu'il se dilue dans les « valeurs civiques canadiennes,
tant répudiées ». On n'est pas loin des accusations de racisme
et de fascisme. Toujours cette haine de soi, ce refus d'être
Québécois ; toujours ce même procès qu'on intente contre
un peuple que l'on accuse d'être fermé, replié sur lui-même,
de détester ses voisins, de haïr les immigrants. Toujours cette
sainte horreur du nationalisme québécois.

En septembre 2001, dans *Le Devoir*, Angenot affirme :
« Je ressens une hostilité de nature, et espérons de raison,
aux pensées identitaires et communautaires dans tout leur
éventail, de Charles Taylor à Yves Michaud inclusivement. »

Il éprouve donc une répulsion viscérale à l'égard de Michaud, et de tous ceux qui affirment haut et fort l'identité québécoise. L'accusation d'antisémitisme n'est pas fortuite, et elle peut même sembler politique : après tout, jamais Marc Angenot n'a porté d'accusations de même nature contre des individus ou des organismes d'ici, alors que le Congrès juif du Canada recense chaque année plusieurs dizaines de déclarations niant l'Holocauste. Yves Michaud était manifestement dans sa mire.

En cour, interrogé par Michaud qui plaide sans l'aide d'un avocat, le professeur Angenot est incapable de citer avec exactitude les propos antisémites qu'on attribue à Michaud. « Je ne peux le faire ici ; je ne les ai pas, les textes », admet-il benoîtement. « L'intimé, plaide Michaud, admet donc ouvertement que sa déclaration du 8 février ne repose sur aucun texte précis, aucune formulation exacte du plaignant, mais sur des ouï-dire [...], des commentaires de journaux, des déclarations malfaisantes de politiciens... »

Aussi invraisemblable que cela puisse paraître, Michaud perdra sa cause en première instance, puis en Cour d'appel. Toutefois, la solidarité s'active. De nombreux militants du Parti québécois se désolidarisent de la motion de l'Assemblée nationale et de leurs députés et réclament des excuses. Une pétition de soutien à Yves Michaud, condamnant la motion de blâme dont il a été victime, rassemble des centaines de signatures : des écrivains, des comédiens, des professeurs et étudiants, des journalistes, des syndicalistes, un ex-premier ministre, d'anciens députés et ministres, des fonctionnaires, des militants du Parti québécois et du Bloc québécois, des dirigeants d'organismes publics, bref des gens de tous les milieux de la société, autant de « clérico-maurrassiens canadien-français des années trente », selon Angenot.

Yves Michaud était condamné d'avance, dénoncent les signataires de la pétition, avant même la comédie du vote par appel nominal : on était partagé entre l'incrédulité et l'indignation devant ce spectacle, devant l'approbation programmée de la condamnation, dans une unanimité aussi affligeante que suspecte. On approuvait sans l'ombre d'un débat, sans même que quelques élus aient eu un scrupule, se soient interrogés sur le bien-fondé de la condamnation, aient demandé qu'on entende au préalable l'accusé.

Le professeur Guy Rocher, l'un des pères de la Révolution tranquille (en voilà un autre envers qui Angenot doit ressentir « une hostilité de nature »), écrit une lettre au *Devoir* : « En condamnant un supposé délit d'opinion, sans preuve, comme elle l'a fait, et sans audition, l'Assemblée nationale a commis une grave injustice. Je suis ici parce que l'injustice est haïssable et qu'elle doit être condamnée. »

Michaud, de son côté, menace de porter sa cause devant les tribunaux. Il envoie une lettre à tous les députés et demande à être entendu devant la Commission de l'Assemblée nationale, présidée par Jean-Pierre Charbonneau. Malgré l'intervention du syndicaliste Fernand Daoust et le dépôt d'une pétition de 4 000 noms par le député péquiste de l'Assomption, Claude St-André, le premier ministre Bernard Landry, pourtant ami de longue date d'Yves Michaud, refuse de l'entendre, invoquant toutes sortes de raisons, plus ou moins pertinentes, notamment la crainte de donner des munitions à l'opposition libérale. Commentant la motion, Michaud parle d'un « état avancé d'ébriété parlementaire. Les cinq années de bouchardisme, ajoute-t-il, ont laissé la

souveraineté en jachère, le Parti québécois en déshérence et
la députation ministérielle muette et sourde ».

D'autres sons de cloche se font entendre. Ainsi, l'avocat Giuseppe Sciortino, ancien candidat à l'investiture du
Parti québécois dans Mercier, dans une lettre publiée dans
Le Devoir en mars 2001 et intitulée « Cette motion de
blâme n'était pas appropriée », fait une critique sévère
mais circonstanciée des propos de Michaud :

> Dire que les juifs ne sont pas le seul peuple à avoir souf-
> fert, c'est dire vrai. Le dire de la façon, pour les raisons
> et dans le cadre que l'on connaît est crétin, choquant et
> intolérant. Bien sûr, d'autres peuples ont souffert, cer-
> tains souffrent encore aujourd'hui, mais il y a très peu
> d'exemples dans l'histoire où on a voulu faire de la dis-
> parition de tout un peuple une solution totale et finale.
> Certaines comparaisons, tout en ayant une base de vérité,
> sont parfois inacceptables. [...]
>
> M. Michaud ou qui que ce soit a le strict droit de dire
> et clamer ce que bon lui semble dans la mesure où il
> n'enfreint aucune loi connue et applicable. Vouloir em-
> pêcher quelqu'un d'exprimer ce qu'il pense, même une
> opinion intolérante, c'est une expression d'intolérance.
> [...] Péquistes et libéraux, certains en moutons, d'autres
> en renards, se sont jetés dans un blâme unanime sans
> nécessairement avoir réfléchi à la pertinence et à la por-
> tée d'une telle motion. [...] S'il y a un représentant coura-
> geux à l'Assemblée nationale, qu'il se lève, aille au-delà
> des raisons politiques et des raisons de parti et soumette
> une façon honorable de réparer.

La calomnie se poursuit néanmoins. C'est au tour de Robert Lévesque qui, dans une chronique fielleuse publiée dans l'hebdomadaire *Ici*, associe les prises de position d'Yves Michaud à des «entourloupettes allusivement anti-sémites» et à l'héritage du «nazi Adrien Arcand». Michaud poursuivra le journal et le chroniqueur en diffamation. La cause sera réglée hors cour, à l'avantage du plaignant, pour une somme minimale dont il est interdit de dévoiler le montant.

Finalement, après plus de trois ans de tergiversations, de promesses et d'espoirs déçus, en janvier 2004, Yves Michaud s'adresse à la Cour supérieure pour qu'elle prenne position sur le litige en déclarant que «l'Assemblée natio-nale n'est pas investie du pouvoir constitutionnel d'expri-mer une opinion approbatrice ou réprobatrice au sujet des propos d'un citoyen qui n'est pas membre de telle Assem-blée». Moins d'un an plus tard, la Cour tranche en faveur de l'Assemblée nationale et du clan des anti-Michaud, un in-vraisemblable cocktail qui réunit des adversaires politiques, hors de tout entendement.

Une blessure qui ne se referme pas

Peu de temps avant sa mort survenue en février 2001, un des grands leaders indépendantistes du Québec, André D'Al-lemagne, s'était lui aussi insurgé contre la motion de blâme. Voici le message qu'il avait transmis à la vice-présidente du PQ:

> Suite à l'odieuse résolution adoptée par l'Assemblée na-tionale le 14 décembre, et particulièrement à l'inaccep-table conduite du gouvernement et des députés du Parti

québécois en cette occasion, je vous renvoie ci-joint ma carte de membre.

Sachez bien qu'il m'en coûte de rompre ainsi une fidélité de plus de trente ans, mais je ne peux adhérer à un parti qui, alors qu'il est au pouvoir, participe à des manœuvres qui transforment le Parlement en une sorte de tribunal inquisitoire et porte gravement atteinte au droit de libre expression.

Ce geste d'indignation d'André D'Allemagne n'a pas empêché Lucien Bouchard de lui rendre hommage lors de ses funérailles.

En avril 2001, Yves Michaud prononce un très beau discours intitulé « Pour un nouveau matin du monde » au goûter-rencontre d'Impératif français, tenu au Salon du livre de l'Outaouais :

[Vous] risquez de payer fort cher le prix de votre liberté d'expression si tant est que d'aventure la témérité vous prenne de vous prononcer sur les débats de la société québécoise. Dans le malheur des temps qui nous accablent, l'addition est plutôt salée : de longues et vieilles amitiés compromises ; quarante ans au service de la patrie aux vidanges de l'Histoire ; une souveraineté qui prétend libérer un peuple en emprisonnant la parole et en se fondant sur une injustice ; voilà autant de sujets d'amère inquiétude et de troublante réflexion. Quoi qu'il en soit, l'affaire qui porte mon nom ne sera close que lorsque l'Assemblée nationale retrouvera son autorité morale en reconnaissant qu'elle a erré gravement en condamnant à la va-vite, sans nuance et sans débat, des propos dont pas un seul député n'a pris la peine de s'enquérir de leur nature exacte. Cette affaire dépasse de loin ma personne. Elle constitue un abus de pouvoir sans précédent dans l'histoire de notre démocratie parlementaire et porte atteinte à la loi suprême de l'État québécois, aux droits fondamentaux de toute personne « à la liberté d'opinion, la liberté d'expression, au droit à la sauvegarde de sa dignité, de son honneur et de sa réputation ». (Articles 3 et 4 de la Charte des droits et libertés de la personne du Québec.)

[...] Je me mépriserais moi-même si je permettais à quiconque, fussent les puissances coalisées des appareils partisans et des vestibules d'intérêts, de salir mon nom et celui de mes descendants. Comme la souveraineté, la réparation restera à faire tant qu'elle ne sera pas faite. Je saisirai bientôt l'Assemblée nationale du Québec d'une pétition pour le redressement de griefs, droit reconnu à toute personne par l'article 21 de la Charte des droits et libertés. En espérant, entre-temps, que la Commission de l'Assemblée nationale comblera la lacune procédurale de ses règlements internes qui invalide à toutes fins utiles cette disposition de la table des lois de notre État national. [...]

Quelques mois auparavant, en janvier 2001, la ministre des Relations internationales du Québec, Louise Beaudoin, qui avait toujours été une amie, déclare, dans une entrevue au quotidien français *Le Monde*, qu'elle va « lutter contre Yves Michaud et compagnie, [et] continuer de défendre la vision d'un Québec moderne » et assimile Michaud à ceux qui défendent « la vieille ethnie » canadienne-française. C'est une petite phrase qui fait très mal, surtout venant d'une personne proche. Pourtant, constate Michaud, le directeur du *Nouvel Observateur*, Jean Daniel, qu'on ne peut soupçonner d'antisémitisme et qui est lui-même un proche de Louise Beaudoin, est allé beaucoup plus loin que lui dans un texte publié dans *Le Monde des débats*, également en janvier 2001 : « Ce n'est pas parce que l'on est obsédé par l'effroyable Shoah, que l'on peut négliger les autres génocides et permettre à un peuple d'en opprimer un autre ». La phrase prétendument incriminante qu'a prononcée Yves Michaud (« d'autres peuples ont aussi souffert dans l'histoire de l'humanité »), si elle est de la même eau, est bien moins brutale. Elle dit une évidence, et n'a aucune connotation raciale.

Dans une lettre ouverte aux journaux, datée du 24 janvier 2001, celui qui se présente désormais comme « le premier Québécois condamné pour délit d'opinion » réplique à Louise Beaudoin :

Connaissez-vous des vieilles ethnies ? La plupart sont vieilles et viennent du fond des âges. Certaines ont trois à quatre mille ans, de plus récentes trois à cinq siècles, mais de jeunes, point. Il y a des mots fétiches à la mode, repris comme des perroquets par les révisionnistes de notre identité nationale, notamment celui d'« inclusion ». Comme si le Québec n'avait pas toujours été l'une des sociétés du monde parmi les plus ouvertes, les plus généreuses et les plus accueillantes pour ses immigrants, ce dont je m'enorgueillis avec tous mes concitoyens. [...] Est-ce au nom de l'inclusion qu'il faut dire adieu nation, peuple, histoire, mémoire, comme si nous venions de nulle part ? [...]

Dans sa chronique du *Journal de Montréal*, Pierre Bourgault réplique lui aussi à ces accusations :

Je pourrais m'étendre longtemps sur l'apport des purs
et durs au mouvement indépendantiste. Je me contente-
rai de rappeler quelques événements où ils ont joué un
rôle capital. Il n'y aurait pas de Parti québécois sans les
purs et durs. En effet, c'est contre la volonté de René
Lévesque et des « modérés » qui l'entouraient que les
militants durs et mous confondus ont choisi le nom de
leur parti. [...] Ce sont les purs et durs qui, en 1970, ont
permis au PQ de sortir indemne de la crise d'Octobre.
Je me souviens de Jacques Parizeau qui, devant moi, a
rappelé à René Lévesque que « sans les ex-militants du
RIN, le PQ n'aurait pas passé au travers ». La loi 101, c'est
aux purs et durs, Camille Laurin en tête, qu'on la doit.
On sait que René Lévesque s'y opposait farouchement.
[...] Les purs et durs ont tenu le fort pendant les années
de déprime qui ont suivi le référendum de 1980 et ils
ont permis au parti de se refaire des forces à l'aube du
référendum de 1995. [...] Aujourd'hui, il est de bon ton
de dénoncer les dinosaures dont je suis. [...] Je le prends
personnel parce que j'en ai plein le cul de me faire traiter, comme tous les dinosaures, de xénophobe, de raciste
et d'antisémite.

En avril 2003, le Parti québécois perd les élections. C'est
Jean Charest, chef du Parti libéral, qui dirigera les destinées
du Québec pendant les quatre – et finalement, les neuf – prochaines années. Le rapport de forces vient de changer complètement et Michaud doit modifier sa stratégie s'il veut un
jour obtenir réparation. Car même si Lucien Bouchard a démissionné, Yves Michaud ne se considère pas lavé du blâme
unanime prononcé par la plus haute institution du Québec.
« Le 14 décembre vint. Ce jour-là fut le plus triste de mon
existence parmi la race des hommes, raconte-t-il en 2004 à

l'assemblée annuelle des membres de Solidarité Yves Michaud. Chacun des 1 338 jours qu'il m'a été donné de vivre depuis cette date maudite, je revois 109 députés de l'Assemblée nationale se lever comme des automates pour me couvrir de honte et d'opprobre et salir ma réputation.»

En janvier 2005, sitôt le jugement de la Cour supérieure connu, Yves Michaud donne des instructions à son avocat, Me André Bois, pour interjeter appel. «Je me rendrai aux limites de mes ressources et de mes appuis pour barrer le passage à ce que j'estime être des abus de pouvoir», écrit-il dans une tribune libre sur le site internet *Vigile*.

Bernard Landry, alors chef de l'opposition, s'active depuis plusieurs mois pour présenter à l'Assemblée nationale un texte visant à réparer le tort causé à la réputation de ce vieux militant souverainiste. Les différentes instances du parti sont derrière lui, mais des questions de procédure l'empêchent de présenter cette motion à l'Assemblée nationale. Pour Landry, il s'agit avant tout «d'un devoir de justice». Il sera le premier, en 2006, à s'excuser publiquement d'avoir appuyé la motion de blâme, après avoir reconnu, en 2005, que le vote de l'Assemblée contre son vieil ami constituait «un geste qui n'était pas exemplaire au chapitre du respect d'autrui». Même s'il admet et dit regretter amèrement l'«une des deux grandes erreurs de [sa] vie politique», il rappelle qu'au moment du vote, il arrivait tout juste de Winnipeg où il avait assisté à une réunion des ministres des Finances du Canada.

Je me suis pointé très tôt le lendemain à l'Assemblée nationale. J'avais très peu dormi. Cela ne justifie pas mon erreur, je sais, mais je dois avouer que j'ai été mal conseillé, ce jour-là, par une personne qui m'avait déjà mal conseillé par le passé : j'aurais dû me méfier. Je parle de Sylvain Simard qui, lui, ne s'est pas encore excusé.

Le comité Solidarité Yves Michaud, créé quelques années auparavant, obtient de nouveaux appuis : l'Union des écrivaines et des écrivains québécois (UNEQ), la Centrale des syndicats du Québec (CSQ) et la Ligue des droits et libertés. Il sollicite des dons pour financer cette guérilla médiatique et judiciaire menée avec l'appui de nombreux écrivains, artistes, peintres, journalistes, professeurs, ex-politiciens et professionnels divers.

Nous avons assisté à un précédent d'une extrême gravité qui dépasse la personne d'Yves Michaud et la nature des propos qu'on lui prête, affirment dans une lettre publiée dans *Le Devoir*, le 19 décembre 2000, une trentaine de personnalités publiques ainsi que des représentants d'instances diverses du PQ et d'organismes des milieux politiques et syndicaux. Sont en cause des droits élémentaires des citoyens, leur liberté d'expression, la séparation des pouvoirs puisque le parlement joue les tribunaux, la mission et la dignité même de l'Assemblée nationale singulièrement mises à mal dans cette effarante et tragique mésaventure. Insensibles à la gravité de leur geste, inconscients des effets potentiels de leur initiative chez nous et même à l'étranger, nos parlementaires viennent d'assumer une grave responsabilité.

La Cour d'appel entend les parties le 20 février 2006 et, le 8 juin, elle rejette la requête du plaignant Yves Michaud : « En conclusion, peut-on lire à l'article 49 du jugement, tant l'Assemblée nationale que ses membres ont exercé le privilège de la liberté de parole en adoptant, le 14 décembre 2000, la motion dénonçant les propos tenus par l'appelant lors de sa comparution devant la Commission le 13 décembre 2000. »

Après ce jugement, Me Jean-Claude Hébert, un juriste connu et un habitué des médias, publie dans *Le Journal du Barreau* une analyse où il remet en question le droit que s'est octroyé l'Assemblée nationale du Québec d'« accuser sans préavis, condamner par défaut et exécuter la peine, sans possibilité d'appel ! [...] Ils peuvent diffamer les citoyens, faire des procès d'intention et juger quelqu'un *ex parte* pour ensuite le fustiger publiquement... »

Convaincu de la justesse de sa cause, et parce qu'il en va de son honneur, Yves Michaud demande par la voix de son avocat, le 11 septembre 2006, l'autorisation d'en appeler de ce jugement à la Cour suprême du Canada. Mais la Cour suprême refuse deux mois plus tard d'entendre la cause. Le principal intéressé en prend acte sur *Vigile.net* :

Le 14 décembre 2000, dans un moment d'égarement et d'irresponsabilité sans précédent dans l'histoire des démocraties, l'Assemblée nationale du Québec confondait tribune et tribunal en votant aveuglément une motion scélérate à mon endroit. Il revient de droit aux cours de justice d'appliquer la loi et de sanctionner l'abus de la liberté d'expression et non à des parlementaires muselés par la discipline des partis. [...] Je suis donc victime d'une suprême injustice et la Cour suprême du Canada n'en a cure. *The question shall not be raised !* La question ne sera pas posée, nous dit-elle aujourd'hui, dans un superbe détachement qui confine au désintérêt d'une affaire qui concerne tous les citoyens et les citoyennes.

Pour plusieurs juristes, il s'agit d'un déni de justice, d'autant plus flagrant que le premier ministre et le chef de l'opposition officielle de l'époque étaient tous deux des avocats. « Peu importe ce que M. Michaud pourra maintenant dire, note le journaliste Michel David dans *Le Soleil*, sa condamnation demeurera à jamais inscrite au procès-verbal. Il pourra s'égosiller à exiger réparation, ses chances d'être entendu en commission parlementaire sont nulles. [...] Après un lynchage, on ne peut que décrocher un cadavre, mais il peut devenir encombrant. »

En 2010, plusieurs lettres d'excuses parviennent à Yves Michaud. Il y a d'abord la députée de Rosemont, Louise Beaudoin, puis l'ex-député Joseph Facal, et d'autres. L'unique député de Québec solidaire, Amir Khadir, tente, le 14 décembre, de rallier les députés de l'Assemblée nationale autour d'un règlement qui éviterait à l'avenir ce genre de « dérapage ».

Le 14 décembre 2000, déclare-t-il, disposant de peu d'information et ignorant les propos réels tenus par M. Michaud, l'Assemblée nationale du Québec a commis l'erreur de le condamner d'une seule voix sans nuance, commettant ainsi une grave injustice. Injustice parce que d'abord les faits allégués n'étaient pas fondés, ensuite parce que le principal intéressé n'a pas été entendu, et finalement parce que le moyen pris par ses détracteurs était sans commune mesure et hors de proportion avec les moyens à la disposition du citoyen Michaud.

L'Assemblée nationale ne devrait pas s'arroger le droit de condamner par la voie de l'institution un citoyen ordinaire pour ce qu'il pense, ce qu'il croit ou ce qu'il dit. Il existe des lois de nature civile qui régissent les comportements des citoyens en société et cela suffit. C'est pourquoi, mes chers collègues, je vous annonce que vous recevrez, dans les prochains jours, une proposition de motion afin de rendre justice dans l'honneur à M. Michaud.

Puis c'est le député péquiste de Bellechasse, Claude Lachance, qui envoie à Yves Michaud une lettre d'excuses sans détour :

[...] En ce jour du 10ᵉ anniversaire du vote funeste de l'Assemblée nationale dont vous avez été injustement la victime, permettez-moi de venir vous offrir mes plus plates excuses et mes regrets les plus sincères. Je reconnais volontiers que c'est bien tard mais, après avoir lu le bouquin de Gaston Deschênes, je me suis dit qu'il valait mieux tard que jamais.

Comme seule excuse de mon comportement, qu'il me soit permis de vous dire que, comme la plupart de mes collègues du Parti québécois du temps, j'ai été carrément floué. Aucune discussion préalable, aucune explication au caucus avant le vote surprise. À vrai dire, nous nous sommes alors comportés comme les moutons de Panurge.

Avec le décalage d'une décennie, veuillez croire que ma participation au vote du 14 décembre 2000 constitue le geste dont je suis le moins fier de toute ma carrière parlementaire, d'une durée de trois mandats, dans notre Assemblée nationale.

Pauline Marois, alors chef de l'opposition, adopte une position ambiguë. Tout en refusant de s'excuser, elle admet que le traitement réservé à Yves Michaud n'a pas été équitable et qu'une telle situation ne devrait plus se produire.

Lorsque le journaliste du *Devoir* Antoine Robitaille lui demande si Michaud « a tenu des propos inacceptables à l'égard de la communauté juive en l'an 2000 », elle répond :

> Écoutez, moi, je ne veux pas revenir sur l'affaire Michaud, comme vous l'appelez, je crois que j'ai posé les bons gestes qu'il fallait poser à son endroit en reconnaissant que nous ne l'avions pas entendu, et que nous aurions dû l'entendre, et que c'était inéquitable de l'avoir traité de cette façon-là. Il me semble que ça dit bien ce que je souhaite pour l'avenir. Et je dis justement que, pour l'avenir, je demande au président de nous proposer de modifier les règles en ce qui a trait à des motions que l'on pourrait présenter et qui condamnent les propos de certaines personnes.

Ce à quoi Yves Michaud répond dans une lettre au *Devoir* :

> Madame Pauline Marois, je voudrais « dormir tranquille », comme vous dites. Hélas ! l'« inéquitable » somnifère que vous m'avez donné n'a aucun effet. Vous voudriez que je « passe à autre chose » ; je n'y arrive pas. Nous sommes des dizaines et des dizaines de milliers de Québécois qui souhaitent que vous vous excusiez carrément de l'injustice dont vous avez été complice, et que vous vous engagiez, une fois rendue aux plus hautes fonctions de notre État, à corriger les règlements de notre Assemblée nationale de sorte que nos droits imprescriptibles ne soient plus bafoués. Dans les plus hauts intérêts de notre parti, de ses membres, de nos concitoyens qui méritent mieux que la caricature barbouillée du gouvernement actuel, vous vous devez de prendre cet engagement.

Nous n'allons tout de même pas entreprendre une prochaine campagne électorale avec le boulet du 14 décembre 2000 à votre cheville. La soldatesque fédéraliste aiguise déjà ses couteaux devant l'ambivalence – le mot est faible – de plusieurs députés du PQ incapables de reconnaître que l'Assemblée nationale du Québec, par surcroît unanime, a violé l'une des libertés humaines les plus fondamentales du citoyen, la liberté d'expression. Tout parlementaire sait, ou devrait connaître par cœur, le XIe article de la Déclaration des droits de l'homme et du citoyen décrétée par l'Assemblée nationale française [en] 1789 : « La libre communication des pensées et des opinions est l'un des droits les plus précieux de l'homme ; tout citoyen peut donc parler, écrire, imprimer librement sauf à répondre de l'abus de cette liberté dans les cas déterminés par la loi. »

C'est cette liberté que vous avez bafouée il y a dix ans, avec 108 de vos collègues, dont une poignée eut la décence de s'excuser. Je reconnais que vous avez pris le bon chemin d'une amende honorable en avouant que l'Assemblée nationale n'avait pas été « équitable » à mon endroit. Entre plusieurs mots, vous avez choisi le moindre. Il n'est cependant pas question d'équité (*sic*) dans l'affaire qui nous préoccupe, c'est-à-dire de partage des torts, comme si j'avais été partie prenante à la motion scélérate. Vous regrettez sans doute d'avoir voté « en votre âme et conscience » pour employer une pieuse expression de l'une de vos collègues de l'époque. Il faut avoir une âme grise et une conscience élastique pour participer sans honte à une « exécution parlementaire » dont il n'existe aucun précédent depuis quatre siècles de l'histoire des démocraties. [...]

Je ne vous souhaite pas ce qui m'est arrivé. Un demi-siècle de services rendus à mes concitoyens de toutes origines jetés à la poubelle de l'Histoire. Et vous voulez que «je dorme tranquille et que je passe à autre chose»?

Plus de douze ans après sa condamnation, Yves Michaud clame toujours son innocence et continue d'exiger réparation pour laver son honneur. En 2005, il a même refusé l'honneur que l'Assemblée nationale s'apprêtait à lui faire en lui remettant l'Ordre national du Québec, estimant la démarche déplacée étant donné l'affront que cette même Assemblée nationale lui avait faite cinq ans plus tôt, sans jamais manifester le moindre repentir. Il ne se fait pas d'illusions pour autant.

Il y a infiniment plus de crimes impunis que châtiés sur la terre des hommes, écrivait-il douze ans après la motion scélérate de l'Assemblée nationale. Pour les députés de l'Assemblée nationale, anciens et nouveaux, de même que pour la multitude, la saloperie du 14 décembre 2000 est une affaire enterrée dans le cimetière des chiens écrasés. Il faut s'y faire et savoir raison garder.

Le 8 mars 2001, alors qu'il démissionnait de son poste de premier ministre en pleine tourmente de l'Affaire Michaud, Lucien Bouchard a déclaré qu'il s'en allait «parce qu'il existe au sein du mouvement indépendantiste un courant extrémiste, intolérant, peut-être antisémite». Quand, en 2011, au terme d'un repas en tête-à-tête, Denis Vaugeois a proposé à Lucien Bouchard de rencontrer Yves Michaud, l'ancien chef du Parti québécois a répondu, après une hésitation: «Pas encore.» Il est bon, alors, de rappeler qu'Yves

Michaud n'a pas en lui un atome d'antisémitisme et que rien dans ses propos ou dans ses actes n'a jamais indiqué le contraire. En février 1960, alors qu'il terminait son stage en France et avant de revenir de toute urgence au Québec où venaient de décéder coup sur coup deux premiers ministres, Yves Michaud a tenu à faire avec Monique un détour par Munich, pour se rendre, à une quinzaine de kilomètres de la joyeuse capitale de la Bavière, à Dachau, lieu « dont le seul nom évoque une tache sanglante dans l'histoire de l'humanité ». Peu de Québécois avaient alors visité le camp d'extermination nazi. Peut-être aucun, à part René Lévesque qui, en tant que correspondant de guerre, avait accompagné la première patrouille américaine à y entrer en mai 1945.

Michaud raconte qu'il a dû arrêter, sur la route, un jeep militaire de l'armée américaine pour qu'on lui indique le chemin car aucun Allemand ne semblait en mesure de le renseigner correctement. Voici ce qu'il écrivit dans sa « Lettre d'Europe » publiée dans *Le Clairon*, le 5 février 1960, sous le titre « Hitler et le nazisme : l'ombre hideuse d'une époque cruelle et inhumaine » :

[...] Intrigué par la résurrection du nazisme en Europe et un peu partout dans le monde, j'ai décidé de me rendre à Dachau, visiter le camp de concentration où, pendant la dernière guerre, les SS procédaient à des exécutions massives de milliers de juifs. Il faut dire que cette visite n'a rien de réjouissant. À la seule vue du camp et des fours crématoires où l'on brûlait les cadavres, on se sent pris d'un véritable dégoût. L'horreur est présente partout. On croit entendre encore dans les chambres à gaz les cris des hommes, des femmes et des enfants, les

hurlements épouvantables de ces milliers d'êtres humains condamnés à une mort ignominieuse. [...]

La réflexion qui nous vient immédiatement à l'esprit
est : « Comment des hommes, des êtres humains comme
vous et moi, ont-ils pu en arriver à un tel degré de
cruauté ? Par quelle force machiavélique a-t-on pu tortu-
rer des milliers de juifs, voir mourir dans des chambres
à gaz des enfants désespérément accrochés au cou de
leur mère qui ne comprenaient pas très bien mais qui
savaient qu'ils allaient mourir ? » [...]

Les milliers de victimes qui sont mortes à Dachau, sacri-
fiées au mythe affreux de la « race supérieure » et de la
haine des juifs, sont les témoins d'une époque cruelle et
inhumaine. Leurs visages horrifiés sont là, dans le grand
livre de l'Histoire. Impossible de ne pas les voir, de sauter la page. Dans leurs yeux suppliants, il est facile de
lire la détresse mais aussi l'espérance. L'espérance que
tout ceci ne recommencera pas, que les hommes ap-
prendront enfin à ne plus haïr, à détester la guerre, à
tout sacrifier à la paix. [...]

Yves Michaud restera marqué toute sa vie par cette visite. Ce témoignage sur l'horreur qu'il a été à même de
constater en personne n'est certainement pas celui d'un
homme capable de tenir des « propos inacceptables à l'égard
de la communauté juive ». Au contraire, son récit unique,
émouvant et solidaire prouve, hors de tout doute, qu'il méritait mieux que cette calomnie. Quelque chose qui s'appelle
la reconnaissance.

L'éternelle attente d'une possible réparation

Avec le retour au pouvoir du Parti québécois en septembre 2012, l'espoir renaît. Parmi la députation péquiste, seuls deux députés ne se sont pas encore excusés : Nicole Léger et Stéphane Bédard, et 59 autres l'ont fait. Ces statistiques ne tiennent pas compte de tous ceux qui ne sont plus à l'Assemblée nationale et qui ont refusé de s'excuser, comme Guy Chevrette. Huit députés de l'opposition : sept libéraux et un caquiste, François Legault, ont aussi refusé de le faire. Douze ans auparavant, cent vingt-cinq députés, l'Assemblée nationale au grand complet, avaient voté cette motion de blâme infâme qui a démoli la vie d'Yves Michaud et a fait de lui un proscrit – et cela, sans même avoir lu les déclarations de celui qu'elle condamnait ni lui permettre de se défendre. La réputation, c'est comme une allumette...

Dure époque. Malgré les années – comme si la poussière pouvait permettre d'oublier la blessure ou d'effacer l'opprobre ! –, Michaud demeure un homme profondément meurtri à qui l'on n'a plus jamais confié de tâches politiques. C'est un véritable désaveu pour celui qui a passé la majeure partie de sa vie au service de l'État québécois. Son nom est devenu tabou à l'Assemblée nationale et lorsqu'on n'a pas le choix d'aborder l'affaire Michaud, on pousse des soupirs navrés. On a beau dire de lui qu'il exagère, qu'il joue trop à la victime, qu'il est revanchard, etc., conséquent avec lui-même, treize ans après les faits, il exige toujours réparation et s'affaire à cette tâche jour après jour, en multipliant les courriels aux cent vingt-cinq députés du Québec, aux médias et à ses amis. Il n'y a pas d'autre attitude possible.

On peut l'imaginer également en train d'aider les plus démunis, de défendre la veuve et l'orphelin en versant une larme sur tous les perdants, tout en profitant des douceurs bien méritées de la vie, il n'en demeure pas moins que Michaud a beaucoup donné, il s'est beaucoup sacrifié, sans jamais exhiber ses blessures politiques. Malgré tout, l'homme est toujours prêt au combat. « Comme dans les arts martiaux, écrit-il en 2004, je carbure à l'énergie de mes ennemis, et lorsqu'il m'arrive d'en manquer, j'ai un don inné pour m'en faire! Ainsi a été ma vie. Je ne regrette rien. Les blessures se sont vite cicatrisées à une exception près. » Cette blessure est d'autant plus douloureuse qu'elle provient de l'Assemblée nationale, l'institution suprême de la démocratie de son pays. Comme on le dit des boxeurs, il a une bonne capacité à encaisser. Mais même en sachant depuis des lustres que le combat politique est dur et sans pitié, il n'aurait jamais pensé sortir de l'arène avec le cœur aussi amoché.

Machiavel, à qui on demandait s'il était préférable d'être aimé ou craint, répondait qu'il fallait être l'un et l'autre, mais qu'à choisir, il était beaucoup plus sûr de se faire craindre qu'aimer. Michaud n'a jamais spéculé ni calculé. En fait, il est tout le contraire d'un Machiavel, il a toujours dit les choses comme il les pensait, sans en évaluer savamment les conséquences et les retombées. Et c'est pour cette raison qu'on l'aime davantage qu'on le craint.

Il se serait attendu à autre chose, lui qui aurait pu demeurer paisiblement au sein du Parti libéral et attendre un poste de ministre dans le gouvernement de Robert Bourassa, plutôt que de se lancer à l'attaque de la politique linguistique du gouvernement de l'Union nationale, puis de démissionner du Parti libéral qui avait appuyé une loi favorisant l'assimilation des immigrants à la langue anglaise pour se lancer à l'aventure avec un parti inexpérimenté mais plein d'audace en suivant son grand ami René Lévesque. Il aurait pu s'éviter les tracas de fonder le premier quotidien indépendantiste et social-démocrate du Québec, en hypothéquant une partie de ses biens, et de tenir le quotidien à bout de bras. Et si les cinq années passées en France ont été une aventure passionnante, ce ne fut pas une sinécure de défendre fièrement les intérêts diplomatiques du Québec en jouant dans les plates-bandes de la puissante ambassade canadienne. Tout ça pour ça ? Si l'on ne s'attend pas nécessairement à recevoir les plus grands honneurs en se mettant au service de la nation, on ne s'attend pas non plus à ce que vous soit servi un coup bas si cruel.

Le député péquiste Stéphane Bédard, le fils de Marc-André Bédard, qui fut ministre de la justice sous le gouvernement de René Lévesque, a promis à Michaud de répondre à sa demande de réparation. Une nouvelle motion, qui le rétablirait dans son honneur, aurait certainement une chance d'être adoptée par une majorité de députés. Même si le Parti québécois n'est pas majoritaire, la motion pourrait passer, d'autant plus qu'une bonne partie des députés actuels de l'Assemblée nationale n'étaient pas présents au moment de la motion de blâme.

Amir Khadir, de Québec solidaire, qui est désormais accompagné de Françoise David à l'Assemblée nationale, a déjà proposé à Michaud de piloter une motion pour le défendre. Michaud lui a conseillé de se mettre d'accord avec Bédard, qui est le leader parlementaire du gouvernement, pour convenir de la marche à suivre. Le plus important, c'est qu'il y ait un débat à l'Assemblée nationale. Cette institution s'est tellement ridiculisée en votant à la sauvette la motion de blâme sans que la majorité des députés prennent la peine de la lire et de la commenter qu'elle en sortirait agrandie et ennoblie si elle reconnaissait enfin avoir mal agi.

Entre-temps, l'ancien député Mathias Rioux s'est excusé : « La présence d'un tel trouble-fête au sein de son caucus l'a conduit à opter pour l'exécution parlementaire », écrit-il à propos de Lucien Bouchard, dans une lettre qu'il a fait parvenir aux médias. « On imagine aisément la jubilation du chef de l'Opposition officielle de déposer une résolution accusant fallacieusement un militant séparatiste d'anti-sémitisme et de racisme », écrit-il à propos de Jean Charest. M. Rioux affirme avoir été « roulé dans la farine par des manipulateurs ».

L'Assemblée nationale est devenue un tribunal par la volonté de deux hommes. À de nombreuses occasions, Yves Michaud a témoigné de ses liens d'amitié avec la communauté juive de Montréal. Il a loué le courage d'un peuple qui a fait naître un pays souverain au cœur du monde arabe. En déclarant que les juifs n'avaient pas le monopole de la souffrance, il n'a pas voulu stigmati-ser cette communauté, tant s'en faut...

Lors de la dernière campagne électorale, le 4 septembre 2012, Yves Michaud s'est payé un petit placard publicitaire dans *Le Devoir*. Il y rappelait tout simplement que 13 dépu-tés qui se représentaient sous une bannière ou une autre étaient indignes d'être réélus car ils ne s'étaient pas encore excusés pour la motion infâme votée à son égard. Or, pour le directeur général des élections du Québec (DGEQ), ce message constituait une dépense électorale non autorisée et Michaud aurait contrevenu à l'article 413 de la Loi électo-rale. Le DGEQ a donc décidé de poursuivre Michaud et lui réclame 5 000 $ plus des frais de 1 264 $. Michaud n'entend pas en rester là : une nouvelle saga judiciaire s'annonce. « Je *ferai ce que dois,* sous réserve que le Grand Horloger prolonge mon séjour ici-bas, pour obtenir justice et réparation. Dussé-je y laisser ma peau avant de grignoter des pissenlits par la racine... » Alors que la commission Charbonneau a révélé, jour après jour, de nombreux scandales où des personnages douteux reliés au monde interlope ont cotisé de façon illégale et systématique aux caisses électorales des partis politiques, les accusations du DGEQ contre un homme de 83 ans qui ne fait que défendre son honneur apparaissent dérisoires, voire mesquines.

S'il avait publié le même texte dans une tribune de lecteurs du même quotidien, est-ce qu'Yves Michaud aurait été poursuivi ? Dans *L'Aut'Journal,* Martin Lachapelle s'interroge :

Comment peut-on reprocher à Yves Michaud d'avoir payé pour prendre position, lors de la dernière élection, sans faire le même reproche à Gesca, qui dénigre systématiquement les péquistes et les indépendantistes à l'année longue, et sans ajouter aux dépenses électorales des deux partis libéraux le coût des salaires des faiseurs d'opinion politique de l'empire Desmarais ainsi que la valeur de l'espace alloué à la propagande libérale dans chaque journal ? [...] On peut se poser des questions sur le jugement de l'actuel DGE, Jacques Drouin, qui applique un règlement discriminatoire à l'encontre d'un simple citoyen en quête de justice, déjà suffisamment bafoué, après être resté plutôt passif pendant presque trois ans sur un dossier nettement plus important tel que celui des prête-noms. Et ce, malgré des signes évidents et tout le travail de débroussaillage effectué par

Amir Khadir pour prouver l'existence de ce stratagème maintenant exposé à la commission Charbonneau.

Heureusement, le cercle d'amis d'Yves Michaud, ceux que Lucien Bouchard semble mésestimer et réduire à une marge insignifiante, à une quantité négligeable, s'est agrandi dans l'épreuve.

Les accusations de racisme et d'antisémitisme ont causé un préjudice moral dont Yves Michaud a terriblement souffert, raconte Bernard Dorin. Elles sont, à mes yeux, non seulement totalement fausses mais également ignobles et elles déshonorent tous ceux qui ont pu les proférer ou les répandre. Je puis assurer sur l'honneur qu'à aucun moment au cours de mes longues, fréquentes et intimes conversations avec Yves, je ne l'ai entendu dire quoi que ce soit qui ressemble à du racisme ou à de l'antisémitisme.

Marjolaine Preiss, cette militante française qui avait favorisé la rencontre historique entre Yves Michaud et la direction de la centrale syndicale communiste CGT lors des négociations avec Pechiney, s'empresse, elle aussi, de voler au secours de l'ex-délégué du Québec: «Yves Michaud mérite une digne réparation pour cette blessure d'injure nationale et publique qu'il porte depuis 12 années», écrit-elle sur le site *Vigile.net*.

En décembre 2012, après l'élection du Parti québécois, Richard LeHir, qui dirige *Vigile.net*, et Pierre Cloutier, avocat à la retraite et militant indépendantiste de longue date, expédiaient une lettre au nouveau ministre de la Justice, Bertrand Saint-Arnaud, «pour lui demander de présenter une motion devant l'Assemblée nationale pour faire annuler la motion scélérate et rendre enfin justice au citoyen Michaud ». Il n'y avait pas d'obligation de résultat : les deux signataires demandaient simplement qu'on présente devant l'Assemblée nationale une motion pour réparer une injustice. Ils n'ont pas reçu d'accusé de réception.

Une histoire à suivre.

12
Le Robin des banques

L'histoire est bien racontée par Monique Morissette Michaud, dans son livre *Tant qu'il y aura des étoiles. Voyage autour d'une vie* (Carte blanche, 2007). Elle commence autour de 1993. Yves n'avait alors aucun intérêt particulier pour les rapports bancaires. À peine s'intéressait-il à la chose de temps en temps. Mais un événement fâcheux va le forcer à examiner de plus près le fonctionnement des banques.

Monique, sa femme, a accumulé la somme de 60 000 $, qu'elle veut placer en vue de sa retraite. Elle a demandé à son courtier de faire fructifier cette somme par des placements « pépères », comme le suggérait un article du journaliste spécialisé de *La Presse*, Michel Girard. Que des valeurs sûres, lui précise-t-elle. Il ne lui reste plus beaucoup d'années avant de prendre sa retraite et elle veut s'assurer que cet argent produira quelques dividendes, mais sans risquer de tout perdre.

En mars 1993, elle reçoit son relevé de placement et constate que l'argent qu'elle avait placé n'y figure plus. Étonnée, elle montre le document à Yves qui s'enquiert auprès du courtier. Il apprend alors que la compagnie d'assurances Industrielle-Alliance, propriétaire de Trustco général du Canada, est dans l'impossibilité d'honorer les porteurs de débentures de Trustco, en raison de la chute des prix de l'immobilier au début des années 1990. Malgré ses plaintes auprès de la Bourse et de la Commission des valeurs mobilières, rien ne semble aboutir. Non seulement il n'y a plus de dividendes, mais le capital initial a disparu. Tout cela est trop nébuleux et grave pour qu'on n'y regarde pas de plus près.

Dans son rapport annuel de 1992, le président de Trustco, Raymond Garneau, annonçait pourtant bel et bien un retour à la rentabilité. Et voilà que, trois mois plus tard, en mars 1993, au cours d'une assemblée des prêteurs, la compagnie au bord de la faillite offre un remboursement de 0,30 $ pour chaque dollar venant à échéance en 1993. C'est la catastrophe pour des milliers de petits épargnants comme Monique!

En fouillant un peu le passé récent de la compagnie, Yves découvre que l'inspecteur général des institutions financières du Québec a pourtant octroyé une somme de plus de 80 millions de dollars à la Banque nationale pour qu'elle se porte acquéreur du Trust général du Canada. Que s'est-il donc passé entre-temps? Doit-on y voir l'action de ce que Karl Marx appelle dans ses écrits «les furies de l'intérêt privé», celles qui suscitent «les passions les plus vives, les plus mesquines et les plus haïssables du cœur humain» alors que «tout ce qui avait solidité et permanence s'en va en fumée, [et que] tout ce qui était sacré est profané»?

Michaud veut que l'on mette en branle une enquête impartiale, une demande qui ne recevra, dans un premier temps, aucun écho. Pourtant, comme l'explique Michaud, il y a largement de quoi lancer une investigation; la matière est là, abondante:

1) Douze millions de dollars ont été versés en dividendes alors que la compagnie était réputée insolvable.

2) Raymond Garneau, ancien ministre libéral des Finances du Québec, avait annoncé, en 1991, dans son message aux actionnaires, le retour à la rentabilité pour l'année suivante. Or le déficit de 59 millions enregistré en 1991 passe, en 1992, à 157 millions.

3) L'Industrielle-Alliance, propriétaire de Trustco et responsable de la faillite de cette compagnie, de même que le courtier Lévesque Beaubien, qui a entraîné plus de mille épargnants dans cette galère, s'inscrivent en priorité sur le deuxième versement en capital suivant la liquidation des actifs. On écarte les petits épargnants comme s'il s'agissait de la chose la plus normale au monde.

4) Quelque 600 000 $ ont été versés à la compagnie Burns Fry Limited, chargée de rédiger un rapport insignifiant de quelques pages, plus « frais et débours raisonnables », plus honoraires des conseillers juridiques. Ce rapport totalement inutile et grossier conclut que Burns Fry n'a pas eu le mandat d'envisager d'autre solution que celle proposée par la compagnie fautive.

Ce n'est là que la pointe de l'iceberg, car l'Industrielle-Alliance utilisera d'autres stratagèmes pour berner ses petits prêteurs et brouiller les pistes, comme la création d'une société fantôme, Corporation financière Génécan.

Pour ne pas que les économies de Monique partent totalement en fumée, Yves se porte acquéreur des débentures de sa femme. Il devient par le fait même actionnaire. Ce statut lui permet de critiquer l'Industrielle-Alliance et il ne se gênera pas pour le faire. Michaud est prêt à monter dans le grand pommier sans craindre que la branche ne se brise sous le poids de ses revendications. Il demande donc des comptes, comme la loi l'y autorise. Peine perdue: en haut lieu, on ne veut rien savoir des requêtes d'un Michaud. Plutôt, on organise des assemblées bidon où tout est joué d'avance pour épater la galerie. Manifestement, on ne s'introduit pas sans invitation dans le saint des saints de la finance.

Mais temporiser ainsi, c'est mal connaître le côté pugnace et l'ardente patience du militant Michaud. Il n'en faut pas plus pour qu'il se sente appelé à combattre pour tous les épargnants spoliés par les banques. Après plus de cinquante ans de pérégrinations, il se dit que le repos viendra plus tard. Notre don Quichotte de 65 ans revêt donc l'armure pour défendre les 2000 porteurs de débentures floués par une compagnie qui fut jadis un joyau des institutions financières du pays. Il fonde sans tarder une association de défense des petits actionnaires, TRUGÉCAN, où l'on reconnaît les premières syllabes de «Trustco général du Canada».

En 1995, il met sur pied l'Association de protection des épargnants et investisseurs du Québec (APÉIQ). Il refuse d'écouter ceux qui lui répètent qu'on ne peut rien contre les requins de la finance. Il veut en savoir davantage sur la transaction de la Banque nationale, et il se rend compte que sa curiosité gêne énormément de monde. Avec son optimisme habituel, il est convaincu qu'il aura gain de cause, tout en sachant que l'Inspecteur général des institutions financières ne fera rien pour lui venir en aide. N'ayant pas les moyens financiers de défrayer les honoraires d'un brillant

avocat, Michaud se plonge dans l'étude de la Loi fédérale
sur les banques, une sorte de sésame qui lui ouvrira les portes
des assemblées d'actionnaires. C'est un véritable travail de
moine, mais il finit par découvrir ainsi que les actionnaires
ont le droit de faire des propositions aux banques lors de
leurs assemblées annuelles. Alors il ne se gêne pas pour le
faire auprès des six autres banques canadiennes : BMO,
CIBC, la Laurentienne, la Banque Royale, la Scotia et Toronto Dominion. Mais toutes rejettent ses propositions en se
fondant sur l'article 141 de la Loi fédérale sur les banques
(paragraphe 5, alinéas b et c) :

> La banque n'est pas tenue d'annexer la proposition s'il
> apparaît nettement que la proposition a pour objet prin-
> cipal soit de faire valoir contre la banque, ou ses admi-
> nistrateurs, ses dirigeants ou les détenteurs de ses valeurs
> mobilières, une réclamation personnelle ou d'obtenir
> d'eux la réparation d'un grief personnel, soit de servir
> des fins générales d'ordre économique, politique, racial,
> religieux, social ou analogue.

Cette disposition fourre-tout permet aux banques d'écarter du revers de la main toute proposition sensée venant
d'un actionnaire. Michaud est sidéré : « Une vénérable dame
de quatre-vingt-dix printemps qui fit à une banque des propositions similaires aux miennes se vit opposer le même
refus en allégation de cet article honteux. Comme si la vie
elle-même n'était pas faite tout naturellement de questions
d'ordre "économique, politique, religieux, social ou analogue" ! »

Se défendant seul, Yves Michaud s'adresse alors à la
Cour supérieure. En décembre 1996, il se retrouve pour la
première fois en cour, et il est tout impressionné par ce qu'il
voit : d'abord le juge au centre, puis une batterie d'avocats

en toge tirant de petites valises à roulettes remplies de documents. Toute cette cérémonie, tout ce dispositif de guerre parce qu'il a eu, aux yeux des banquiers, l'indécence et la témérité de formuler des propositions à trois banques canadiennes (la Banque Royale, la Banque Nationale et la Banque Scotia), et d'exiger d'elles une plus grande transparence et une meilleure régie de leur entreprise. « Elles opposèrent à mes propositions un refus global, avec le résultat que je fus dans l'obligation de faire appel aux tribunaux pour faire respecter mes droits d'actionnaire », écrit-il en préface de l'ouvrage de Richard Langlois, *Requins* (VLB, 1998).

Michaud s'adresse ainsi à la juge Pierrette Rayle :

La requête que vous avez devant vous est unique dans l'histoire des lois canadiennes. Pour la première fois, un simple citoyen, actionnaire de banques et habilité à voter aux assemblées générales, se prévaut du droit qui lui est reconnu par la loi de soumettre des propositions d'une simplicité déconcertante : limitation raisonnable de la rémunération des hauts dirigeants ; séparation des postes de président du conseil d'administration et de chef de la direction ; exclusion d'un important fournisseur de services de la banque du conseil d'administration (exemple : un avocat dont lui-même ou son bureau reçoit des millions d'honoraires qui serait appelé à se prononcer sur la rémunération de ceux qui le nourrissent) ; abolition du programme d'endettement des hauts dirigeants autorisés à effectuer des emprunts au tiers ou à la moitié du taux de base alors qu'ils gagnent plus d'un million de dollars ; bref, des propositions à propos desquelles il n'y a pas de quoi fouetter un chat et qui claquent d'évidence.

Un premier jugement, rendu le 9 janvier 1997, lui donne raison. Michaud a remporté une victoire sur la mauvaise foi. C'est l'euphorie. La juge Rayle ordonne à la Banque Nationale et à la Banque Royale « d'inclure les propositions et les notes explicatives du requérant à l'appui de ces dernières dans la circulaire de direction accompagnant l'avis de convocation des prochaines assemblées générales des actionnaires », à défaut de quoi elle empêchera « la tenue des assemblées des deux banques, et ordonne[ra] l'exécution provisoire nonobstant appel », c'est-à-dire l'application du jugement, quelle que soit l'intention des banques de se pourvoir en appel du jugement devant un tribunal de deuxième instance. Cette décision courageuse a été qualifiée d'« acte fondateur de la démocratie actionnariale ».

Cette première victoire inespérée sème la pagaille dans le milieu de la haute finance, peu habitué à la contestation et aux feux de la rampe. Le journaliste de *La Presse* Yves Boisvert, qui couvre l'actualité judiciaire au palais de justice de Montréal, est le premier à affubler Yves Michaud du surnom de « Robin des banques », qui lui colle à la peau depuis ce temps. Le petit gars de Saint-Hyacinthe n'en demandait pas tant, mais il a bel et bien encore été un précurseur, comme en 1969, quand il ouvrait le bal contre le bill 63.

Mais les banques n'entendent pas se faire imposer de nouvelles façons de faire par ce trouble-fête souverainiste et portent naturellement ce jugement en appel. Quelques jours plus tard, leurs avocats s'adressent donc à la Cour d'appel, mais celle-ci déboute séance tenante leur requête, ne trouvant aucun motif valable d'en appeler du jugement de la Cour supérieure. Justice est rendue! Michaud vient de lancer une bombe dans le monde des institutions financières où la transparence n'a jamais été de rigueur. « Une grande bataille est engagée, affirme-t-il, dans *Paroles d'un homme libre*: celle de l'homme contre le mur de l'argent et les grands prêtres d'une nouvelle secte religieuse dont les fidèles sont à genoux devant le veau d'or du profit. »

Comme l'affirme Monique Morissette Michaud, dans *Tant qu'il y aura des étoiles*, « Yves devint le premier citoyen du Québec et du Canada à se voir reconnaître par les tribunaux le droit de saisir les institutions financières du pays de propositions relatives à la gouvernance et à l'administration des compagnies qui font appel à l'investissement du grand public ». Yves Michaud est euphorique:

Ce qu'il m'en aura coûté d'efforts, de luttes, de plaidoiries, d'allers et retours devant les cours de justice, « d'interrogatoires marathons », pour employer l'expression de la juge Rayle, pour en arriver à faire reconnaître les droits des actionnaires à intervenir dans leurs propres affaires! Désormais, l'air est pur, la route est large, et il n'y a plus aucun obstacle à ce que les véritables propriétaires des banques, les actionnaires, demandent des comptes aux conseils d'administration de ces institutions sur la manière dont ils disposent des investissements qui leur sont confiés. [...]

Je suis un homme de peu de biens, vivant modestement d'une maigre retraite que l'État québécois me verse en retour des modestes services que j'ai pu lui rendre, mais il me répugne souverainement que les puissants cassent du sucre sur le dos des sans-défense, des sans-voix, des simples citoyens, exploitables et corvéables à merci. Je n'ai comme seule richesse que celle de ma parole. Au dernier versant de ma vie, j'ai la ferme intention de l'investir, conscient de mes propres limites, au service de mes concitoyens.

Ce qu'il exige, en fait, c'est rien de moins que la démocratisation des institutions financières publiques, et sur ce principe fondamental, il sait que la majorité des actionnaires l'appuient, tout comme les citoyens ordinaires. Cela signifie, entre autres, que les banques doivent divulguer les honoraires des vérificateurs comptables et leur statut vis-à-vis du conseil d'administration. Il se demande également pourquoi on ne pénalise pas les dirigeants lorsque les résultats sont mauvais. « Lorsqu'il arrive que les affaires sont bonnes, c'est grâce à eux. Si elles sont mauvaises, c'est la faute à la conjoncture, à la récession, à la faiblesse du marché immobilier, au marché mondial, au ralentissement de la consommation... » s'étonne-t-il. Or, pour pouvoir remettre en question les pratiques des hauts dirigeants d'entreprises cotées en bourse, qu'il s'agisse de banques, de compagnies d'assurances, de BCE, de Trans-Canada Pipelines ou de Power Corporation et pour pouvoir faire des propositions, la loi exige que l'on en soit actionnaire. Qu'à cela ne tienne : Michaud décide d'acheter des actions dans le plus grand nombre possible d'entreprises, pour accroître sa visibilité et sa force d'impact.

À la suite de sa victoire et de sa campagne visant à dénoncer les salaires exorbitants des dirigeants des institutions bancaires et à exiger une juste représentation des femmes au sein des conseils d'administration, des associations similaires de défense des actionnaires et des investisseurs voient le jour aux États-Unis, en Allemagne, au Japon. Le journal *Le Monde* consacre même une pleine page au nouveau combat de l'ancien délégué général du Québec.

Du jour au lendemain, Michaud sera appelé à donner des conférences aux quatre coins du Québec devant toutes sortes d'auditoires. Le Robin des banques sera très occupé, lui qui n'a «l'étoffe ni d'un héros, ni d'un croisé, ni d'un sauveur». Ce qu'il a pour lui, c'est cette capacité d'indignation devant les puissants qui s'enrichissent au détriment des petits. Sa colère contre ces dirigeants et leurs avocats grassement payés, «carburant au compteur et discourant à perdre haleine pendant des heures et des heures» et qui l'accusent de faire des procès d'intention, le nourrit et l'encourage à aller plus loin.

Dix ans après la fondation de l'APÉIQ, ses membres se donnent un nouveau nom qui correspond mieux à leur action: le Mouvement d'éducation et de défense des actionnaires (MÉDAC). «Plus qu'un changement de dénomination, peut-on lire sur le site de cette organisation sans but lucratif, cette initiative marque un tournant dans l'action du mouvement qui, tout en accentuant sa vigilance sur le front de l'activité des entreprises québécoises et canadiennes cotées en bourse, déploiera des outils d'information et de formation destinées aux actionnaires.»

Michaud abandonne la présidence de cette OSBL tout en demeurant actif au sein du conseil d'administration. Avec un budget annuel d'à peine 80 000$, il est bien conscient que le pouvoir d'action du MÉDAC est limité. Les responsables, tous bénévoles, ne peuvent couvrir l'ensemble des dossiers ni tout le territoire canadien. Pour se transformer en une véritable association de protection des investisseurs, sur le modèle de l'Association de protection des consommateurs, il faudrait un budget récurrent de quelques millions de dollars, qui pourrait être prélevé à même le

Fonds d'indemnisation des services financiers. Mais cela, c'est un autre combat.

Outre Yves Michaud, membre fondateur, le conseil d'administration comprend Fernand Daoust (président), Daniel Thouin (vice-président), Jean Dorion (trésorier), Sylvie Brown (secrétaire), Claire Joly (administratrice), Michelle Buissières et Jacques Parizeau. Le MÉDAC se veut également une école pour assurer la relève de la défense de la démocratie actionnariale. Certes, il n'y a pas de recette pour la transmission du culot et de l'audace, pas plus qu'il n'y a de collège ou d'université pour décerner de tels diplômes. Mais Yves Michaud, fréquemment invité à donner des conférences sur son combat, s'efforce tout de même de former ceux qui reprendront le flambeau.

Une des plus récentes batailles du MÉDAC concerne la demande de divulgation des états financiers de Gesca, le groupe de presse de l'empire Desmarais. Michaud a acheté des actions de Power Corporation afin de pouvoir faire une demande d'accès aux documents financiers, comme l'autorise la loi canadienne. En septembre 2009, après trois ans d'escarmouches épuisantes, la Cour d'appel du Québec tranche en rejetant la demande de Power Corporation d'empêcher que les états financiers de sa filiale Gesca, propriétaire, entre autres, de *La Presse* et du *Soleil*, soient rendus publics. Power prétextait que la demande de Michaud et du MÉDAC était politique et que la divulgation des états financiers la « placerait dans une position désavantageuse par rapport à quiconque, notamment son principal concurrent ». Faux, rétorque Michaud, puisque son principal rival, Québecor Média, publie ses résultats financiers tous les trois mois. Michaud n'a jamais caché ses véritables intentions. Il

veut démontrer que Power Corporation soutient «financièrement Gesca et les filiales de cette dernière pour promou-
voir la cause fédéraliste», au prix de sa rentabilité, donc au
détriment de ses actionnaires. «À supposer – c'est une hypo-
thèse – qu'ils perdent de l'argent, un actionnaire pourrait
demander, avec raison, pourquoi ils gardent leurs journaux. »

Finalement, après quelques années de tergiversations
et d'entourloupettes, Power Corporation décide d'en appeler du jugement de la Cour d'appel auprès de la Cour suprême du Canada. Le MÉDAC, de guerre lasse, abandonne
la bataille. Le petit organisme ne dispose ni du financement
suffisant – l'Autorité des marchés financiers n'a pas renou-
velé sa subvention annuelle de 100 000 $ – ni d'avocats et
d'experts financiers capables d'éplucher et d'évaluer les documents que lui fournirait éventuellement Power corporation. Par ailleurs, Power Corporation exige, pour donner
accès à ses documents, que le MÉDAC s'engage à la confidentialité : les membres de l'OSBL ne pourraient donc jamais
rendre publiques les informations obtenues.

Mais Yves Michaud, qui a fait plier les banques, n'en
démord pas, il veut poursuivre le combat, dût-il se battre
seul : «Comme actionnaire de la Corporation Power, je veux
savoir si Gesca est rentable ou non. Si elle ne l'est pas, je vais
demander à Power de la vendre. » « *La Presse* est un journal libéral farouchement anti-souverainiste. Il y a donc possibilité de conditionnement de l'opinion publique. » «La
proposition de Power d'une clause de confidentialité est
grotesque et contraire aux principes de transparence. [...] Je ne
vois pas en quoi le fait de dévoiler 1 % des activités de Power
Corporation, c'est-à-dire le poids de l'activité des médias au
sein du groupe, pourrait porter préjudice à cette société. »

Michaud retient les services de Me Stéphane Rivard, un ancien bâtonnier du Québec, qui le représentera *pro bono.* Il adresse aussi verbalement une demande d'aide au Fonds de solidarité de la FTQ. « Nous avons obtenu un jugement important de la Cour d'appel. Le fardeau de la preuve est inversé et c'est à Power de démontrer que la divulgation des états financiers nuirait à leur situation concurrentielle. »

À 82 ans, après plus de quinze ans d'un combat inégal, on ne sent nullement chez Michaud l'usure générale qui atteint normalement les guerriers. Il se remémore sans doute la légende du Chien d'or :

> Je suis le chien qui ronge l'os
> En le rongeant je prends repos
> Un temps viendra qui n'est venu
> Où je mordrai qui m'a mordu

Michaud persiste. Il a gagné la première manche et il fera cavalier seul. Sa bataille devant les tribunaux a peut-être quelque chose à voir avec un autre combat, celui qu'il mène pour rétablir sa dignité. Michaud n'est pas un jusqu'au-boutiste, il ne se bat que lorsqu'il se sait dans son plein droit ; mais alors, il ne craint pas de s'en prendre aux mastodontes politiques ou financiers. Il y a bien, dans cet affrontement de David contre Goliath, un côté casse-cou qui ne lui déplaît pas. « Il faut être capable de soutenir le mépris, le dégoût, la haine qui se lit dans les yeux des dirigeants. Il ne faut pas se laisser intimider et se rappeler que les actionnaires sont les vrais propriétaires de l'entreprise. Ce sont des qualités qui ne sont pas données à tout le monde », confie-t-il au journaliste Jean-François Cloutier. Le simple fait de mentionner Michaud, dans les milieux financiers, fait grincer des dents. Comme disait Sénèque, que Michaud aime citer, le courage croît en osant. Alors osons la démocratie bancaire!

Du côté des grandes banques canadiennes, la situation n'a guère évolué. La Banque Laurentienne a accepté, de son côté, d'augmenter le nombre de femmes sur son conseil d'administration. Mais les banques continuent de verser des salaires astronomiques à leurs dirigeants. Ainsi, Louis Vachon, le PDG de la Banque Nationale, a touché, en 2012, 8,5 millions de dollars pour ses services, un salaire nettement exagéré aux yeux du public mais que l'intéressé estime « en deçà de la médiane du marché de référence de la banque ». « Il n'y a pas un homme assez intelligent au monde pour valoir ça », estime Michaud qui, à lui seul, a présenté plus de propositions à l'occasion des assemblées des actionnaires des banques que tous les autres actionnaires réunis. « Une démocratie se nourrit de discussions et de confrontations, dit-il. Autrement, c'est le totalitarisme, où règne le silence. Or, jusqu'à maintenant, dans les banques, c'est le silence total. L'actionnaire qui présente des propositions est vu comme un gêneur, un empêcheur de tourner en rond, et on le hait. »

Le 4 mars 1998, Yves Michaud se présente à Toronto à l'assemblée annuelle de la CIBC. Il est venu seul dans cette salle à majorité anglophone et il prend la parole en français. Un précédent qui ne plaît pas aux dirigeants, qui doivent faire appel à un service de traduction simultanée. La scène est captée sur le vif par une équipe du *Point* de Radio-Canada. « Vous êtes nos invités d'honneur à cette réunion, dans cette salle qui appartient aux actionnaires, leur lance-t-il en français. Le temps de l'arrogance est terminé. Il est de

votre devoir impératif d'écouter et d'étudier nos propositions et vous n'avez pas le droit de les balayer du revers de
la main.» Le Robin des banques réclame plus de démocratie, un meilleur contrôle sur les salaires des hauts dirigeants
et la création d'un poste d'ombudsman indépendant. C'est
du jamais vu! Un véritable pavé dans une mare d'unanimité. On trouve son attitude doublement arrogante: non
seulement il conteste la gestion des plus hauts dirigeants
mais il ose s'adresser à eux en français. Preuve que ses paroles portent: les appuis fusent de partout, aussi bien au
Canada qu'aux États-Unis et en Europe. Il se trouve même
un militant du Reform Party pour souhaiter que l'organisation que Michaud a mise sur pied s'étende au reste du pays.

Une à une, les flèches tirées par le Robin des banques
atteignent leurs cibles. Les syndicats et les caisses de retraite
sont désormais de son côté et appuient ses propositions.
Les actionnaires, hier quantité négligeable et laissés-pour-
compte du système, sont devenus les bêtes noires des banquiers qui ne peuvent plus faire la pluie et le beau temps.
L'organisation mise sur pied par Yves Michaud et celles qui
l'ont imitée partout dans le monde sont des chiens de garde
qui surveillent de très près les intérêts des petits actionnaires. La voie ouverte par le MÉDAC peut maintenant être
empruntée par tous ceux, individus ou organismes, qui dé-
sirent prendre leurs intérêts en main et garder un œil sur
ceux qui reçoivent des salaires faramineux pour le faire à
leur place. Le tintamarre des casseroles, organisé par Yves
Michaud, commence à porter fruit.

L'existence des paradis fiscaux, qui constitue l'un des plus
grands scandales financiers actuels, est un autre sujet de préoccupation de Michaud. Environ la moitié des flux financiers

mondiaux transite par ces zones de non-droit fiscal. On en dénombre environ 80 dans le monde, qui permettent aux individus, aux multinationales, aux banques, aux compagnies minières et même au crime organisé d'agir comme bon leur semble. « Ils sont devenus les sanctuaires financiers du crime et du terrorisme international, de même que les lieux de dissimulation de l'escroquerie fiscale et d'une forme nouvelle de l'immoralité collective. » Les gouvernements refusent toujours de s'attaquer au problème qui ne va qu'en s'aggravant. Pourquoi les paradis fiscaux sont-ils tolérés ? Pourquoi sommes-nous incapables de mettre un frein à ces sorties d'argent massives alors que ce sont les contribuables honnêtes qui en paient le prix avec leurs impôts ? Les banques canadiennes possèdent 90 filiales dans les paradis fiscaux. Elles jouent un rôle de courroie de transmission et permettent de détourner des milliards de dollars du trésor public.

L'évolution des caisses Desjardins, qui prennent un « virage bancaire » évident, inquiète aussi Michaud au plus haut point, lui qui possède un compte dans une « caisse pop » depuis plus de soixante-dix ans. « J'avais huit ou neuf ans, j'étais servant de messe, ça me rapportait cinq cennes par jour et à la fin de la semaine, j'avais un gros vingt-cinq sous que je déposais fièrement dans mon compte de la caisse populaire. » Aussi s'apprête-t-il à fonder, avec Jacques Bergeron et l'ancien sous-ministre Yves Martin, le Mouvement de surveillance des caisses Desjardins (MSCD). Il s'indigne du mouvement de fermeture de succursales des caisses populaires dans les villages dont la population âgée, souvent peu rompue à l'internet, doit maintenant faire des dizaines de kilomètres pour avoir accès à des services bancaires. Le salaire de la PDG est également un autre sujet d'irritation. En 2012, Monique Leroux a touché 3,34 millions de dollars, une hausse de 8,4 % par rapport à son salaire de 2011, et 38 fois le salaire moyen de ses subalternes au sein de la coopérative Desjardins. C'est une preuve de plus, affirme Yves Michaud, que le mouvement Desjardins n'a plus rien de coopératif depuis le départ de Claude Béland et qu'il agit comme une véritable banque, sans même consulter ses membres.

On aurait tort de croire que ces coups de gueule ne sont que de l'esbroufe. Ainsi, le 30 mars 2013, le quotidien *Le Soleil* titrait : « Desjardins consultera sur le salaire de sa présidente ». « La sortie médiatique du "Robin des banques" Yves Michaud semble avoir porté ses fruits, écrivait le journaliste Pierre Couture. Pour la première fois de son histoire, le Mouvement Desjardins permettra aux délégués qui assisteront à son assemblée annuelle, la semaine prochaine, de voter sur son approche en matière de rémunération des cadres et des employés. » Bien sûr, on va alors tenter de justifier le haut salaire de la PDG (« 62 % de la médiane du marché financier canadien », selon Desjardins) en le comparant à la rémunération des autres présidents de banques, mais ce sera tout de même une première dans l'histoire du mouvement coopératif fondé par Alphonse Desjardins.

Yves Michaud lutte dans son pays contre une dérive dont il sait pertinemment qu'elle est civilisationelle, et planétaire :

Les États-nations sont devenus de plus en plus les descentes de lit ou les paillassons des nouveaux maîtres du monde, apprentis sorciers qui tirent les ficelles de la finance, déplore Michaud. Les trois personnes les plus riches du monde possèdent une fortune supérieure à la somme des produits intérieurs bruts des 48 pays les plus pauvres, soit le quart de la totalité des États du monde.

*

L'un des derniers combats de Michaud est celui qu'il veut livrer contre ceux qu'il appelle les cumulards de l'État, et qui constituent à ses yeux « une nouvelle espèce de parasite ».

> Il n'est ni juste ni moral, dénonce-t-il, qu'un employé reçoive à la fois un revenu et une pension du même employeur. Il me semble que cela tombe sous le sens. [...] Certains « appelés » cumulent une pension d'ancien ministre ou de député du gouvernement du Québec, une autre du même genre du gouvernement d'Ottawa, dans certains cas une troisième pension du secteur de l'enseignement ou de la fonction publique, une quatrième de la Régie des rentes du Québec s'ils le désirent à l'âge de 60 ans, et une cinquième du régime fédéral de la sécurité de la vieillesse, s'ils ont atteint l'âge de 65 ans.

Depuis une vingtaine d'années, les députés de l'Assemblée nationale se sont en effet votés de juteuses retraites et des allocations dites de transition pour leur permettre, soi-disant, de se chercher du travail après une défaite ou une démission. Un tel régime n'existe pas dans le secteur privé. C'est ce qui a permis, entre autres, à l'ex-ministre des Finances Monique Jérôme-Forget de quitter la vie politique à 69 ans et d'encaisser la somme rondelette de 146 000 $ pour son allocation de transition, adossée à une pension annuelle de 49 786 $ pour ses dix ans de service au gouvernement. Trois mois plus tard, elle était embauchée par un cabinet d'avocat de Montréal.

« C'est ce que l'on appelle le "cornet à deux boules" dans le milieu politique », écrivait Vincent Marissal dans *La Presse* du 17 juin 2009, en se référant à une étude de la Ligue des contribuables du Québec.

On n'a pas besoin de gratter très longtemps, poursuivait-il, pour comprendre que le sujet est tabou. Madame Jérôme-Forget n'est pas la seule à avoir reçu double ration. Depuis les dernières élections, onze autres anciens députés partis à la retraite ont aussi touché une allocation de transition tout en étant pleinement pensionnés, dont Louise Harel, Rita Dionne-Marsolais et Michel Bissonnet.

Ces chiffres mériteraient d'être actualisés. Dans plusieurs cas, un député démissionnaire se voit octroyer une allocation de transition pour aller travailler dans le secteur privé, avant de revenir sur les bancs de l'Assemblée nationale quelques années plus tard, sans avoir à rembourser un sou de sa prime de départ. Plus d'une quarantaine de députés, tous partis politiques confondus, ont pu ainsi siphonner les fonds de l'État.

Yves Michaud juge évidemment cette situation inadmissible :

J'ai toujours été farouchement opposé au principe de la double rémunération d'un organisme public, salaire et pension provenant du même employeur. Ce n'est pas demain que je vais changer d'idée. Si un ancien député ou ministre retraité est appelé à occuper des fonctions dans l'appareil gouvernemental ou parapublic, il ou elle ne devrait pas être admissible à une autre forme de rémunération permanente. Sous bénéfice d'inventaire, tout au plus pourrait-on envisager dans certains cas le paiement de la différence entre le montant de la pension et le salaire de la fonction. Je pense ici à d'anciens élus invités à effectuer des prestations universitaires. J'ajouterais, sans trop y croire, que les gouvernements n'ont même pas à édicter des règles à ce sujet et que la plus élémentaire décence commanderait aux intéressés de renoncer de leur propre chef à toucher simultanément un salaire complet et une pension à vie tirés des fonds publics.

*

Chaque fois qu'il soulève une pierre pour mettre au grand jour les injustices qu'elle dissimule, Yves Michaud fait œuvre de santé publique. Lorsqu'il n'aura plus l'énergie de dénoncer les abus de la nouvelle voyoucratie des intouchables, nous réaliserons tout le vide que son absence creuse autour de nous. La force et la diversité de ses interventions auront néanmoins laissé leur marque : d'autres diables d'hommes prendront la relève et trouveront de nouvelles voies pour poursuivre son action.

INDEX DES NOMS PROPRES

Remerciements

Merci à toutes celles et à tous ceux qui ont accepté de partager avec moi leurs souvenirs, en entrevue ou par écrit : François Aquin, Guy Beaubien, Paule Beaugrand-Champagne, Diane Beaulieu, Claude Bédard, Sylvie Brown, Claude Charron, Anne Cublier, Jean-Pierre Curtat, Bernard Dorin, Denise Filiatrault, Louis Fournier, Claudette Gaulin, Pierre Godin, Gabriel Goulet, Pierre Gravel, Bernard Landry, Anne Michaud, Luc Michaud, Claude Morin, Jacques Parizeau, Hélène Pelletier-Baillargeon, Louis-Bernard Robitaille, Jean Tardif et Denis Vaugeois.

Merci également à Yves Deschênes, dont le livre *L'affaire Michaud* m'a permis de retracer le fil des événements.

Un merci tout spécial à Monique Morissette Michaud qui, en plus de se confier à moi, a maintes fois joint l'utile à l'agréable en m'invitant à la table familiale.

TABLE DES MATIÈRES

Cet ouvrage composé en Celeste corps 12, a été achevé d'imprimer au Québec
sur les presses de Marquis Imprimeur le vingt-deux octobre deux mille treize
pour le compte de VLB éditeur.